HORIZONTE 7

Geschichte Realschule Bayern

Autorinnen und Autoren

Dr. Elmar Geus
Dr. Christian Höpfner
Thomas Kuban
Ulrike Lohse
Dr. Ruth Stepper
Reinhard Trummer
Marc Weippert

westermann

mit Beiträgen von:

Dr. Ulrich Baumgärtner
Gregor Meilchen
Dr. Herbert Rogger
Dr. Wolf Weigand

Umschlagabbildungen
Vorderseite: Inkastadt Machu Picchu, heutiges Foto
Karte: Konfessionen um 1570 in Mittel- und Westeuropa
Rückseite: Die Schlacht von Bouvines. Miniatur, 14. Jh.

Druck A[1] / Jahr 2009
Alle Drucke der Serie A sind im Unterricht parallel verwendbar.

Redaktion: Jörg Musiol
Herstellung: Andreas Losse
Umschlaggestaltung: Klaxgestaltung, Braunschweig
Typografie: Hannes Thies, Thomas Schröder
Satz: pva, Druck und Medien-Dienstleistungen GmbH, Landau
Druck und Bindung: westermann druck GmbH, Braunschweig

ISBN 978-3-14-**112087**-5

Methodenseiten im Überblick:

Hinweiszeichen

In diesem Buch findest du verschiedene Hinweiszeichen, die dir helfen, dich in deinem Geschichtsbuch zurechtzufinden.

Manche Wörter sind **fett** gedruckt. Diese Begriffe werden im Minilexikon näher erklärt.

Alle Begriffe, die auf den jeweiligen Zusammenfassungsseiten der Kapitel **fett** gedruckt sind, gehören zum sogenannten Grundwissen. Im Minilexikon werden diese Wörter farbig **hervorgehoben**.

Einige Wörter sind *kursiv* geschrieben. Sie werden am Rand der jeweiligen Seite erklärt.

M Der Buchstabe **M** bezeichnet alle Materialien, die den Text ergänzen und mithilfe der Arbeitsaufgaben erschlossen werden. **M** kann ein Bild, eine Karte, ein Diagramm, eine Zeichnung oder eine Textquelle sein.

Die Lupe kennzeichnet Aufgaben, die nicht allein mit den Materialien der Seite gelöst werden können. Hier musst du selbst Dinge erforschen oder erkunden.

1. Das Werden des mittelalterlichen Europas

Kaiserthron in der Pfalzkapelle in Aachen

Römisch-Deutsches Reich, um 1200 n. Chr.

Karlsbüste in der Aachener Domschatzkammer

Krone des Römisch-Deutschen Reiches

Reiterstandbild von Kaiser Otto I. in Magdeburg

Das Mittelalter - eine ferne und fremde Zeit?

M 1 Die Marksburg in der Nähe von Koblenz
Sie blieb in der ursprünglichen mittelalterlichen Form erhalten.

Die Vorstellung vom Mittelalter

Denken wir an das **Mittelalter,** so glauben wir häufig, es handle sich nur um die Zeit der Ritter und Burgen, um die Zeit von großen Seuchen, Aberglauben, Hexenverbrennungen, geheimnisvollen Schätzen, abenteuerlichen Reisen und Königreichen. Unsere Vorstellungen und Erwartungen sind jedoch durch die heutige Zeit geprägt und historisch kaum korrekt. Sogar die meisten Burgen taugen als Zeugnisse wenig, denn viele wurden in den letzten beiden Jahrhunderten an die „Vorstellung vom Mittelalter“ angepasst.

Historisch betrachtet ist das Mittelalter dennoch oft näher, als man glaubt. Fachwerkhäuser, Tore und Wehrmauern sind bis heute in unseren Dörfern und Städten sichtbar. Dass sogar die „Stadt“ an sich aus dem Mittelalter stammt, erstaunt sicher. Vielleicht kann man es aber noch im Stadtwappen erkennen. Schwieriger ist es bei anderen Einrichtungen, die gleichfalls ihren Ursprung in jener „fernen“ Zeit haben: Markttag, Stadtrat und Bürgermeisteramt, Rathaus, der Begriff des „Bürgers“, sowie die Einrichtungen Schule und Universität. Selbst unsere alltäglichen Grußformeln sind Kurzformen mittelalterlicher Ausdrücke: „Gott gebe dir einen guten Morgen!“ oder: „Gott grüße dich!“ Sogar scheinbar moderne Begriffe wie „Tschüss“ oder „Ciao“ gab es in ähnlicher Form schon damals. Fern ist das Mittelalter also kaum.

M 2 Restaurierte Stadtmauer in Schweinfurt

Die Epoche

Um 1500 wollten Historiker die ihnen bekannte Geschichte in Abschnitte unterteilen. Ihre eigene Zeit sahen sie dabei als „hochstehend“. Auf den vorherigen Zeitabschnitt blickten sie herab. Die Jahrhunderte nach den Römern beschrieben sie als ungebildete Zeit, finster und wenig einladend. Für jene „Zwischenepoche“ prägten die damaligen Historiker den Begriff vom Mittelalter. Heute kennzeichnet man mit der Epoche ungefähr die Zeit zwischen 500 und 1500 n.Chr.

M 3 Dom in Bamberg
Im Inneren findet sich das Grab Kaiser Heinrich II. und seiner Frau Kaiserin Kunigunde sowie das einzige Papstgrab nördlich der Alpen.

Die Vorstellung der damaligen Menschen

Das Mittelalter bleibt für uns moderne Menschen aber eine sehr fremde Zeit, wenn man sich nicht auf die tiefe Religiosität jener Zeit einlässt. Für Jahrhunderte standen weder die Existenz Gottes, des Teufels, der Seele oder die Auferstehung zur Debatte. Das irdische Dasein als Mensch war nur eine Zwischenstation in die Ewigkeit.

Die Kirche und die Religion gaben den Menschen einen gewissen Halt im täglichen Überlebenskampf. Denn mehr als heute war der Tod allgegenwärtig: Krankheit, Unfall oder Hungersnot bedrohten ständig das Leben. Da die Menschen glaubten, die Weltgeschichte verlaufe nach einem festgefügten Plan, sah man sich am Ende der Zeiten angekommen. Die Generationen des Mittelalters erwarteten den Weltuntergang und das folgende Jüngste Gericht.

Den Einfluss von Religion und Kirche muss man bei jeder Beschäftigung mit dem Mittelalter berücksichtigen. Sie spiegeln sich nicht nur in Bildern und Bauwerken wider, sondern prägten und bestimmten auch die Politik der Könige und Kaiser des Mittelalters.

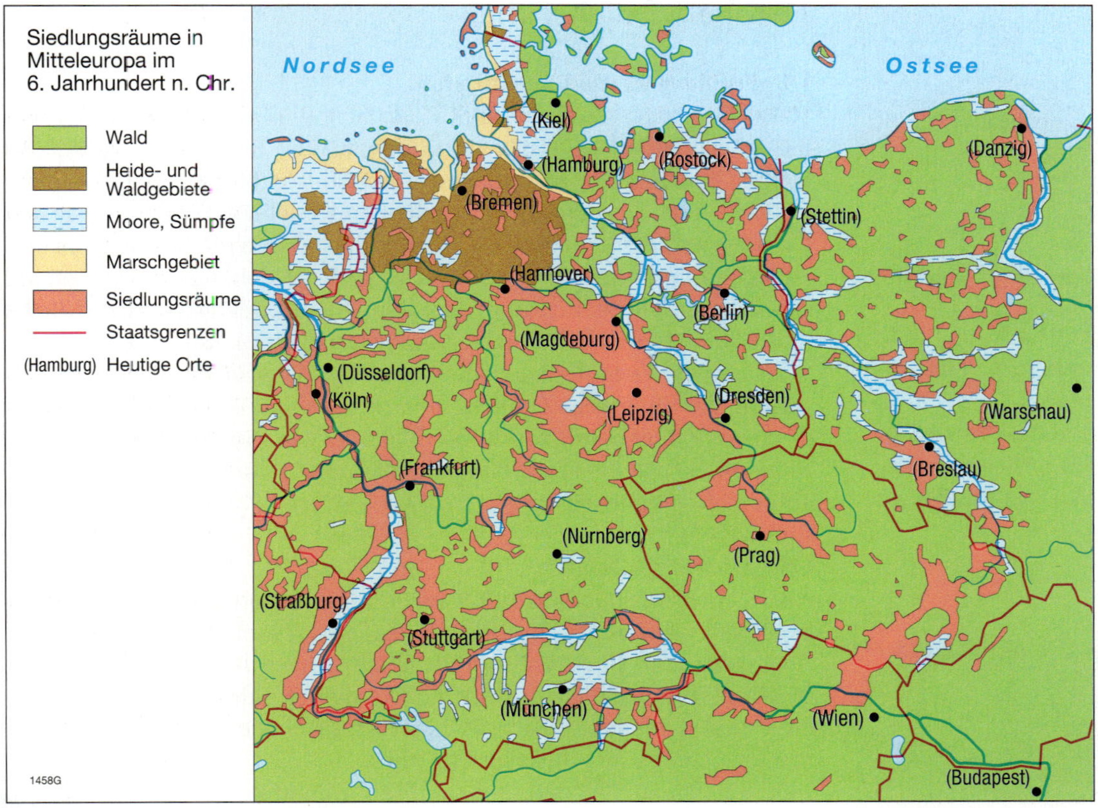

M 4

M 5 Das Mittelalter als Epoche

Ein Wissenschaftler erklärt im Jahr 2007 das mittelalterliche Geschichtsbild:

Die Menschen des Mittelalters waren überzeugt, dass die gesamte Schöpfung durch den göttlichen Heilsplan vom ersten bis zum letzten Tag vorausbestimmt sei. Seit Aurelius Augustinus (353–430) [einem Mönch] teilte man die Geschichte in sechs Weltalter, die den menschlichen Lebensaltern entsprachen. Deren letztes, so wusste man, war durch das Erscheinen Jesu Christi auf Erden eröffnet worden und würde mit dem Jüngsten Gericht enden. Dessen Datum und Verlauf erschlossen die Theologen [aus der Bibel]. [...] So war klar, dass das Römische Reich [...] die vierte und letzte Weltmonarchie sein musste. Dass es inzwischen ebenfalls erloschen war, die Welt aber fortbestand, erlaubte nur noch eine Erklärung: dass es prinzipiell doch noch existiere, durch eine translatio imperii [Übertragung des Reichs] aber auf ein anderes Volk übergegangen sei. [...]
So fühlten sich die Zeitgenossen letztlich noch als Mitbürger der Römer. [...]
Denn die Lehre von den Weltmonarchien und der translatio imperii [Übertragung des Reichs] verlieh der kaiserlichen wie der kirchlichen Herrschaft ihre [...] Legitimation [Rechtfertigung].

Walter, G.; in: Oldenbourg Geschichte Lehrbuch. S. 161 f.

Aufgaben

1. Finde Gebäude, Straßennamen, Wappen oder anderes, die auf das Mittelalter verweisen. Hilfe findest du bei deiner Gemeinde, im Archiv, Museum oder Tourismusbüro. Gestalte aus den Informationen ein Plakat.
2. Bestimme deinen Schulort auf der Karte und betrachte den dortigen Siedlungsraum. → M4
3. Erkläre, warum das Römische Reich auch nach seinem Untergang scheinbar fortbestand. → M5

Europa wird christlich

- **313 n. Chr.**
  „Konstantinische Wende"
- **391**
  Christentum im Römischen Reich Staatsreligion
- **498**
  Taufe des fränkischen Königs Chlodwig
- **um 675–754**
  Missionierung durch Bonifatius
- **um 1000**
  Christianisierung von Dänemark, Norwegen und Ungarn

M 1 Stationen der Christianisierung Europas

M 2 Taufe durch Bonifatius
Buchmalerei, um 975 (Ausschnitt)

M 3 Benediktinermönch heute

Die Franken werden zu Christen

„Jesus Christus, gewährst du mir den Sieg über meine Feinde, so will ich an dich glauben und mich taufen lassen." So soll der fränkische König Chlodwig vor einer Schlacht um Hilfe gebeten haben.

Nach dem Sieg und dem anscheinend erlebten Beistand ließ sich Chlodwig in einer feierlichen Zeremonie sogar öffentlich taufen. Gleichzeitig nahmen die meisten seiner Gefolgsleute den neuen Glauben an. Das Christentum stand fortan unter dem Schutz des fränkischen Königs und konnte in den beherrschten Gebieten weiter Fuß fassen.

Chlodwig stammte aus dem fränkischen Geschlecht der Merowinger, die das ehemalige Gallien beherrschten. Die Franken kamen hier in engen Kontakt mit römischer Kultur, Verwaltung und christlicher Religion. So war die Frau Chlodwigs bereits vor ihm getauft und glaubte an den christlichen Gott.

Christliches Mittelalter

Auch wenn uns das Mittelalter noch heute in den gewaltigen Domen begegnet, so waren die damals lebenden Menschen doch nicht von Beginn an vom Christentum überzeugt. Dessen Ausbreitung zog sich in Mittel- und Nordeuropa noch bis in das 11. Jahrhundert hinein. Es dauerte also nochmals rund 500 Jahre, bis sich die christliche Religion in Europa endgültig durchgesetzt hatte.

Zeitgleich zur Ausdehnung des Fränkischen Reiches kam es vom 5. bis zum 9. Jahrhundert zur großräumigen Verbreitung des christlichen Glaubens in Mittel- und Nordeuropa. Wandermönche, wie Columban, Kilian, Bonifatius oder Willibald, predigten, tauften, zerstörten heidnische Kultstätten, bauten dafür einfache Kirchen und gründeten Klöster und Bistümer. Dieses Handeln nennen wir Missionierung.

Die Taufe allein bedeutete noch nicht, dass die Germanen auch tatsächlich zu Christen wurden. Manche folgten vielleicht einfach nur dem Vorbild des jeweiligen Anführers. Oft behielten sie gleichzeitig noch ihre heidnischen Bräuche bei und vermischten sie mit christlichen Festen wie Ostern oder Weihnachten.

Klöster und Mönchtum

Zu wichtigen Stützpunkten bei der Missionierung wurden die **Klöster,** in denen Männer als Mönche gemeinschaftlich zusammenlebten. Ihr gesamtes Leben ordneten sie der Verbreitung des christlichen Glaubens, dem Gebet und der Verehrung Gottes unter.

Die europäischen Wurzeln für das Klosterleben sind in Italien zu finden. **Benedikt von Nursia** gründete 529 im südlich von Rom gelegenen Monte Cassino eine Mönchsgemeinschaft und regelte das Zusammenleben. „Ora et labora" – „Bete und arbeite", so werden die Vorschriften der Benediktinermönche oft zusammengefasst. Benedikt hatte vor allem drei wichtige Regeln aufgestellt, die jeder Mönch bei seinem Eintritt in das Kloster anerkennen und von da an einhalten musste:

- das Gebot der Armut,
- das Gebot der Ehe- und Kinderlosigkeit
- und das Gebot des Gehorsams in der Klostergemeinschaft.

M 4

Innerhalb der Klostergemeinschaft gab es keine Unterschiede: Alle waren gleich und dem **Abt,** dem Klostervorstand, untergeordnet. Nach dem Vorbild der Benediktinermönche entstanden im Laufe des Mittelalters noch eine Reihe weiterer Mönchsgemeinschaften wie Franziskaner, Dominikaner und Zisterzienser. Auch weibliche Gemeinschaften von Nonnen unter Führung einer **Äbtissin** bildeten sich. So leitete **Hildegard von Bingen** ein Benediktinerinnenkloster. Ihre Schriften und Erkenntnisse sind bis heute bekannt.

Am Ende des 7. Jahrhunderts gab es mehr als 400 Klöster im fränkischen Gebiet. Neben der Missionierung wurden die Klöster auch zu Wirtschaftszentren und sorgten für eine Verbreitung von Wissen, Schrift und Kultur im gesamten Fränkischen Reich.

Aufgaben

1. Erkläre, warum der Übertritt des merowingischen Königs Chlodwig zum Christentum so wichtig war. → M1
2. Beschreibe die Himmelsrichtungen der Ausbreitung des merowingischen Reiches und der Missionierung. → M4 Orientiere dich an der Methode „Umgang mit Geschichtskarten". → S. 32
3. Beurteile die klösterlichen Gebote für das Zusammenleben in der Mönchsgemeinschaft.
4. Informiere dich, ob es in der Nähe deines Ortes ein Kloster gibt.

M 5 Ein folgenreiches Erlebnis

Gregor von Tours berichtet über die Schlacht des merowingischen Königs Chlodwig gegen den Stamm der Alemannen:

Als die beiden Heere zusammenstießen, kam es zu einem gewaltigen Blutbad und Chlodwigs Heer war nahe daran, völlig vernichtet zu werden. Als er das sah, erhob er seine Augen zum Himmel, sein Herz wurde gerührt, seine Augen füllten sich mit Tränen und er sprach: „Jesus Christus, Chrodechilde [Chlodwigs Frau] verkündet, du seiest der Sohn des lebendigen Gottes. Man sagt, du gebest Hilfe den Bedrängten und Sieg den auf dich Hoffenden. Dich flehe ich demütig an um deinen mächtigen Beistand. Gewährst du mir jetzt den Sieg über diese meine Feinde und erfahre ich so jene Macht, die das Volk, das deinem Namen sich weiht, an dir erprobt zu haben rühmt, so will ich an dich glauben und mich taufen lassen auf deinen Namen [...]. Und als er so gesprochen hatte, fingen die Alemannen an zu fliehen.

Padberg, L.: Christianisierung Europas. S. 230 ff.

M 6 Die Taufe Chlodwigs

Gregor von Tours berichtet zur Taufe weiter:

[...] es schimmerten hell die duftenden Kerzen, und das ganze Heiligtum der Taufkirche wurde von himmlischem Wohlgeruch erfüllt [...]. Zuerst verlangte der König vom Bischof getauft zu werden. Er ging, ein neuer Konstantin, zum Taufbade hin, sich reinzuwaschen [...]. Also bekannte der König den allmächtigen Gott als den dreieinigen und ließ sich taufen im Namen des Vaters, des Sohnes und des Heiligen Geistes und wurde gesalbt mit dem heiligen Öl unter dem Zeichen des Kreuzes Christi. Von seinem Heer aber wurden mehr als dreitausend getauft.

Padberg, L.: Christianisierung Europas. S. 230 ff.

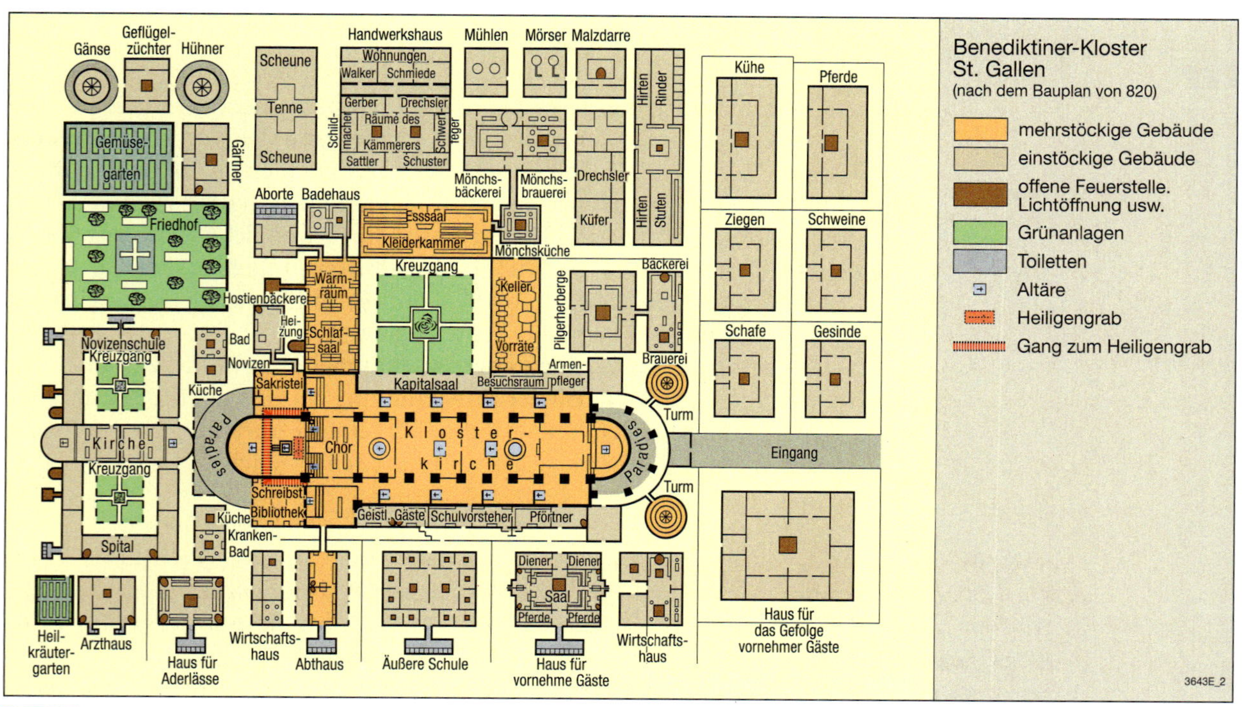

M 7 Ein ideales Kloster

Eines der wichtigsten Klöster in Mitteleuropa war St. Gallen. Der hier abgebildete Bauplan, der um 820 entstand, war ursprünglich für das Kloster gedacht, wurde aber in dieser Form nie ausgeführt. Er wurde im Original auf fünf zusammengereihten Pergamentblättern gezeichnet und misst 122 cm x 77,5 cm.

M 8 Aus dem Leben des Missionars Bonifatius

Der Mönch Willibald beschrieb nach dem Tod des Bonifatius dessen missionarisches Wirken.

Mit deren Rat und Hilfe unternahm er [Bonifatius] es, eine ungeheure Eiche, die mit ihrem alten heidnischen Namen die Jupitereiche genannt wurde, [...] im Beisein der ihn umgebenden Knechte Gottes zu fällen. Als er nun in der Zuversicht seines standhaften Geistes den Baum zu fällen begonnen hatte, verwünschte ihn die große Menge der anwesenden Heiden als einen Feind ihrer Götter [...]. Als er jedoch nur ein wenig den Baum angehauen hatte, wurde sofort die [...] Eiche von höherem göttlichem Wehen geschüttelt und stürzte [...] zur Erde und wie durch höheren Winkes Kraft barst sie sofort in vier Teile [...] von gleicher Länge [...]. Als dies die vorher fluchenden Heiden gesehen, wurden sie umgewandelt, ließen von ihrem früheren Lästern ab, priesen Gott und glaubten an ihn. Darauf aber erbaute der hochheilige Bischof, nachdem er sich mit den Brüdern beraten, aus dem Holzwerk dieses Baumes ein Bethaus [...].

Padberg, L.: Christianisierung Europas. S. 230 ff.

M 9 In der Schreibstube eines Klosters
Buchmalerei, um 1040

M 10 Ein Mönch bei der Getreideernte
Buchmalerei, 12. Jh.

Aufgaben

1. Beurteile Chlodwigs Verhalten beim Übertritt zum Christentum. → M5
2. Erläutere, auf welche historische Gestalt sich Gregor bezieht. → M6
3. a) Erstelle eine Liste der Handwerksberufe, die dem Klosterplan zu entnehmen sind. → M7
   b) Sortiere die einzelnen Gebäude nach ihrer Zugehörigkeit zum Bereich „Religion" und „Arbeit". → M7
   c) Benenne das Gebäude, welches das Zentrum der gesamten Klosteranlage bildet. → M7
4. a) Fasse die Erzählung Willibalds in vier Sätzen zusammen. → M8
   b) Benenne den Grund, warum sich die Germanen taufen ließen. → M8
5. „Klöster wurden zu Zentren des Wissens." Erläutere diesen Satz. → M7, M9, M10

Das karolingische Großreich

Karl Martell	(714–741)
Pippin der Jüngere	(751–768)
Karl der Große	(768–814)
Ludwig I., der Fromme	(781–840)
Westfranken:	
Karl II., der Kahle	(843–877)
Italien:	
Ludwig II. von Italien	(839–875)
Ostfranken:	
Ludwig II., der Deutsche	(843–876)
Ludwig IV., das Kind	(899–911)

(Herrschaftszeit in Klammern)

M 1 **Wichtige Karolinger**

Der Aufstieg der Karolinger

Ein heidnischer Brauch, der bei den Merowingern die Zeit überdauerte, war der Glaube an ein „Königsheil". Man meinte, der König stamme unmittelbar von den Göttern ab und verfüge deshalb über besondere Kräfte. Mit dem Übertritt Chlodwigs zum Christentum wandelte sich dieser heidnische Gedanke zwar, blieb aber erhalten. Nun sah man eine besondere Beziehung des Königs zum christlichen Gott darin, dass der König in Schlachten gegen Heiden erfolgreich war.

Am merowingischen Königshof stieg langsam die Familie der Karolinger auf. Sie waren Berater der Könige, leiteten die Verwaltung und zogen sogar für den König in den Krieg. Je erfolgreicher die Karolinger die ihnen übertragenen Aufgaben ausführten, desto mehr entglitt die Herrschaft dem eigentlichen König. Auch das Vertrauen in sein besonderes Königsheil nahm stetig ab.

Der Karolinger Karl Martell verteidigte das merowingische Reich immer wieder gegen Feinde. Karls Sohn Pippin versuchte nun wirklich die Krone zu bekommen und ließ sich im Jahr 751 von seinen Anhängern zum neuen König wählen.

Sofort schickte er Boten zum Papst nach Rom, um die eigene Herrschaft bestätigen zu lassen. Pippin sicherte ihm zukünftig Schutz in Italien zu und übertrug ihm später sogar ein eigenes Herrschaftsgebiet. Im Gegenzug wurde er vom Papst gesalbt. Die Salbung Pippins symbolisierte mehreres gleichzeitig:

- eine besondere „Auswahl durch Gott" (Gottesgnadentum),
- die enge Beziehung des neuen Königs zum geistlichen Oberhaupt,
- der König wurde einem Priester gleichgestellt,
- einen Ersatz für das „Königsheil" in der Merowingerfamilie.

Das fränkische Königtum wurde mit der Salbung Pippins christlich überhöht und erhielt eine besondere Rechtfertigung durch den Papst. Diese Tradition blieb im gesamten Mittelalter bestehen.

M 2 **Karl der Große**
Reiterstatue aus Bronze, um 870 n. Chr.

Die Erweiterung unter Karl

Um das karolingische Königtum zu wahren, hatte Pippin unmittelbar nach seiner eigenen Krönung auch seine beiden Söhne vom Papst salben lassen. Nach Pippins Tod wurde das Reich zunächst unter ihnen aufgeteilt. Doch da der jüngere bald verstarb, fiel das Reich wieder in eine Hand.

Karl, Pippins ältester Sohn, regierte die nächsten 43 Jahre als Alleinherrscher. Dies tat er so erfolgreich, dass er von Historikern den Beinamen „der Große" erhielt. Im gesamten Mittelalter wurde er als Idealbild eines christlichen Herrschers gesehen. Nach seinem Tod im Jahr 814 wurde **Karl der Große** im Aachener Dom beigesetzt. Sein dortiger Thron und sein vergoldeter Sarkophag wurden für Jahrhunderte zum Zentrum des Römisch-Deutschen Reiches.

Die Herrschaft Karls des Großen war zu Beginn nicht unumstritten. Zunächst musste er sich gegen innere Feinde wehren. Auch danach blieb Karl ein Mann des Krieges und führte fast jeden Sommer einen Feldzug gegen benachbarte „unchristliche" Völker. Zielstrebig erwei-

M 3 Karlsschrein im Aachener Dom, 12. Jh.
Karl thront zwischen dem Papst und einem Bischof, darüber schwebt Jesus Christus.

Normannen („Nordmänner")

waren Wikinger, die als Piraten entlang der Nordsee- und Atlantikküsten plünderten, aber auch auf den Flüssen ins Landesinnere vordrangen.

M 4 Reichsteilung 870 n. Chr.

terte oder verteidigte er das karolingische Herrschaftsgebiet mit seinen Heeren und Panzerreitern, bis es fast ganz Mitteleuropa umfasste:

- im Süden – gegen die Langobarden in Oberitalien und die Araber an der Grenze zu Spanien,
- im Osten – gegen die Baiern unter ihrem Herzog Tassilo und die Awaren im heutigen Ungarn,
- im Nordosten – gegen die Sachsen und immer wieder gegen die eindringenden *Normannen.*

Die vollständige Unterwerfung der Sachsen dauerte fast 30 Jahre. Sie leisteten den fränkischen Eroberern erbitterten Widerstand. In den Sachsenkriegen vermischten sich Machterweiterung und Christianisierung sehr deutlich miteinander. Extrem grausame Kämpfe und Massentaufen wechselten wiederholt einander ab. Am Ende waren die Sachsen besiegt und deren Gebiet dem karolingischen Reich einverleibt.

An den Grenzen sicherte er sein Reich durch Marken. In diesen besonderen Gebieten verteidigte jeweils ein Graf als Stellvertreter des Königs eigenständig mit Truppen das Reich. Gleichzeitig verlagerte sich unter Karl die Herrschaft immer mehr in den Osten, kristallisierte sich das Gebiet um Aachen als Herrschaftszentrum heraus.

Die Reichsteilungen nach dem Tode Karls

Ludwig der Fromme, der Sohn Karls des Großen, war schon als Kind zum Mitkönig gekrönt worden. Im Jahr 814 erbte er das Reich als Ganzes und konnte es auch zusammenhalten. Doch unter seinen Söhnen und Enkeln wurde es, wie damals üblich, erneut aufgeteilt. Diese Teilreiche waren zwar nicht mehr miteinander verbunden, aber auch noch nicht vollständig voneinander getrennt. Ein einzelner Herrscher konnte das riesige Herrschaftsgebiet aber nicht mehr dauerhaft vereinen. Nach weiteren Reichsteilungen bildeten sich schließlich drei Herrschaftsgebiete aus. Das karolingische Großreich war also knapp sechzig Jahre nach Karl dem Großen schon wieder zerfallen.

Die Gebiete strebten auseinander, es bildeten sich voneinander unabhängige Adelsgruppen und auch sprachlich entwickelten sich der west- und ostfränkische Teil eigenständig. Im ostfränkischen Teil sprach man allerdings sehr unterschiedliche althochdeutsche Dialekte. Trotz des gemeinsamen Ursprungs entwickelten sich langsam unterschiedliche Kulturen. Von den heutigen Staaten war man aber noch weit entfernt.

Etwa einhundert Jahre nach dem Tod Karls des Großen starb im Jahr 911 n. Chr. mit Ludwig IV. schließlich der letzte karolingische König des Ostfränkischen Reiches. Die Adligen in Ostfranken wählten sich einen neuen Herrscher aus einer anderen Familie.

Aufgaben

1. Erkläre die Rolle von Karl Martell beim Übergang der Herrschaft von den Merowingern zu den Karolingern.
2. Beschreibe das Verhältnis zwischen Pippin und dem Papst.
3. Vergleiche die Darstellungen Karls des Großen in M2 und M3 mit seinem Vorgehen gegen die Sachsen und andere Völker.
4. Nenne die Länder, die heute auf dem Gebiet des Ostfränkischen Reiches liegen. → M4

M 5 Der Aufstieg der Karolinger

Der Mönch Einhard (um 770–840) leitete die Hofschule Karls des Großen. Nach dessen Tod verfasste er eine Lebensgeschichte und erzählte von den Taten Karls. Einhard schilderte am Beginn der Erzählung den Niedergang der Merowinger.

Das Geschlecht der Merowinger, aus dem die Franken ihre Könige zu wählen pflegten, endete […] mit König Childerich, der auf Befehl des römischen Papstes […] abgesetzt, geschoren und ins Kloster geschickt wurde.
Aber obwohl es erst mit ihm ausgestorben ist, so war es doch schon längst ohne alle Lebenskraft und hatte außer dem […] Königstitel nichts Ruhmvolles an sich; denn die Macht und die Gewalt der Regierung waren in den Händen der Pfalzvorsteher, die Hausmeier hießen und denen die ganze Regierung oblag. Dem König blieb nichts übrig, als zufrieden mit dem bloßen Königsnamen, mit langem Haupthaar und ungeschorenem Bart auf dem Throne zu sitzen und den Herrscher zu spielen, […] da er außer dem nutzlosen Königstitel [… nichts hatte]. Die Staatsverwaltung aber und alles, was im Innern oder nach außen hin zu tun und zu ordnen war, besorgte der Hausmeier.

Quellen zur Reichsgeschichte 1. S. 167 ff.

M 7 Salbung Pippins

Einhard berichtet von der Salbung Pippins durch den Missionar und Erzbischof Bonifatius im Jahr 751. Tatsächlich wurde Pippin aber wohl einige Jahre später vom Papst gesalbt.
Kupferstich, um 1800

M 6 Pippin wird König der Franken

Am Hof Karls des Großen entstand um 790 n. Chr. eine Textsammlung, in der der Aufstieg der Karolinger geschildert wurde.

Bischof Burkhard von Würzburg und der Kaplan Folrad wurden zu Papst Zacharias gesandt, um wegen der Könige in Franken zu fragen, die damals keine Macht als Könige hatten, ob das gut sei oder nicht. Und Papst Zacharias gab Pippin den Bescheid, es sei besser, den als König zu bezeichnen, der die Macht habe, statt den, der ohne königliche Macht blieb. Um die Ordnung nicht zu stören, ließ er kraft seiner apostolischen Autorität [Macht des Papstes] den Pippin zum König machen.
Pippin wurde nach der Sitte der Franken zum König gewählt und gesalbt von der Hand des Erzbischofs Bonifatius heiligen Andenkens und von den Franken in Soissons zum König erhoben.

Deutsche Geschichte in Quellen 1. S. 31 ff.

M 8 Maßnahmen gegen die Sachsen

Nach einem siegreichen Feldzug über die Sachsen erließ Karl eine Verordnung (Kapitular), um die Verhältnisse in Sachsen zu ordnen.

2. Sucht einer Zuflucht in der Kirche, so nehme sich keiner heraus, ihn mit Gewalt daraus zu vertreiben, sondern jener habe Frieden, bis er vor Gericht gestellt wird […].
3. Wenn einer mit Gewalt in eine Kirche eindringt und dort raubt und stiehlt oder die Kirche in Brand steckt, soll er des Todes sterben. […]
5. Tötet einer einen Bischof, Priester oder Diakon, soll er gleichfalls an Haupt und Leben gestraft werden. […]
7. Verbrennt jemand den Körper eines Toten nach heidnischem Brauch und lässt dessen Gebeine zu Asche werden, so soll er an Haupt und Leben gestraft werden.
8. Wer sich fortan vom Stamme der Sachsen ungetauft unter seinen Stammesgenossen verbirgt, zur

Taufe zu kommen verachtet und freiwillig Heide bleibt, der soll des Todes sterben. […]

18. An Sonntagen darf keine Versammlung noch ein öffentliches Gericht stattfinden, außer in großer Not oder Feindesgefahr, sondern alle sollen zur Kirche kommen, um Gottes Wort zu hören, zu beten und gute Werke zu tun.

22. Die Leichen der christlichen Sachsen sollen auf die Friedhöfe der Kirchen, nicht an die Heidenhügel gebracht werden. […]

34. Wir untersagen allen Sachsen, öffentliche Versammlungen abzuhalten, außer wenn unsere Boten sie auf unseren Befehl hin einberufen […].

Deutsche Geschichte in Quellen 1. S. 42 ff.

M 9

Aufgaben

1. a) Wie beschreibt Einhard das merowingische Königtum? → M5
   b) Wer hatte tatsächlich die Macht im Reich? → M5
2. a) Erkläre, warum sich Pippin an den Papst wandte. → M6
   b) Beschreibe die Antwort des Papstes. → M6, M7
3. Benenne die Bestimmungen, die sich ausschließlich gegen die Sachsen richteten. → M8
4. Suche auf der Karte das Gebiet, welches der Papst von Pippin zugesichert erhielt. → M9
5. a) Benenne die von Karl eroberten Gebiete. → M9
   b) Erkläre, durch welche besonderen Gebiete Karl sein Reich gegen Angriffe von außen absicherte. → M9
   c) Beschreibe den geografischen Vorteil der Stadt Aachen im karolingischen Reich. → M9

Die Erneuerung des Kaisertums

M 1 Außenansicht der Pfalzkapelle
Die ursprüngliche Kapelle der Aachener Pfalz wurde später in den Bau des Domes einbezogen. Sie blieb aber in ihrer achteckigen Form und der inneren Ausgestaltung erhalten.

Karl der Große und die Pfalz Aachen

Aachen war der vielleicht wichtigste Ort im Reich Karls des Großen. Mittelalterliche Könige kannten allerdings noch keine feste Hauptstadt im heutigen Sinn. Ihre Herrschaft übten sie auf einer ständigen Reise quer durch das Reich aus. Sie blieben nur wenige Tage oder Wochen am jeweiligen Ort. Die dortigen Pfalzen (lat. palatium, „Palast") dienten dem König gleichzeitig als Aufenthalts- und Regierungsort.

Die Pfalz in Aachen unterscheidet sich davon ein wenig, da sich Karl der Große hier am häufigsten aufhielt. Seinen Lieblingsort ließ er zur größten und prachtvollsten Pfalzanlage seines Reichs ausbauen. Im Mittelpunkt lag die Pfalzkapelle mit dem Königsthron in der Kirche. Dieser steht auf einer Galerie und symbolisiert die Stellung des christlichen Königs, zwischen Himmel und Erde.

Die Kaiserkrönung in Rom

Bereits sein Vater Pippin hatte ein gutes Verhältnis mit dem Papst in Rom gesucht. Auch Karl nutzte die Kirche zur Absicherung der eigenen Herrschaft. Die Eroberungen in Oberitalien hatten ihn auch räumlich dem Papst in Rom nahe gebracht. Seine überragende kriegerische Macht und die Aufgabe, den Papst zu beschützen, vermehrten das Ansehen Karls als König. Doch erst durch die **Erneuerung des Kaisertums** am 25.12.800 wurde diese besondere Stellung festgeschrieben. Der fränkische König wurde von Papst Leo III. gleichsam zum Nachfolger des ersten christlich-römischen Kaisers Konstantin ernannt.

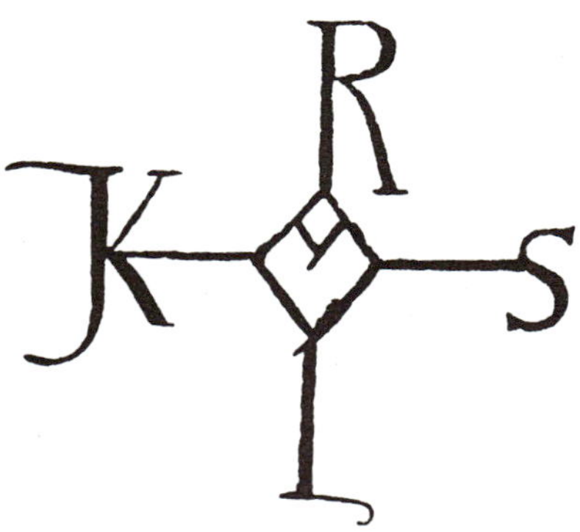

M 2 Namenszeichen Karls des Großen (Carolus Magnus)
Die beiden kleinen Striche in der Raute galten als Unterschrift des Königs.

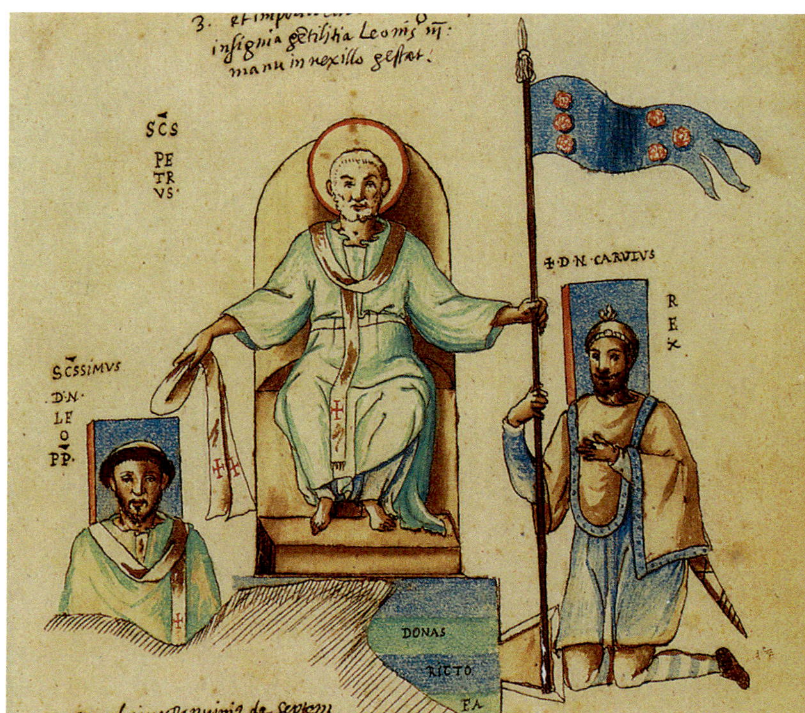

M 3 Pallium und Fahne
Der Apostel Petrus verleiht König Karl die Fahne Roms als Ausdruck der Schutzherrschaft über die Stadt und an Papst Leo das sogenannte Pallium als Ausdruck der Bischofswürde. Farblithografie aus dem 16. Jahrhundert (nach der Vorlage eines um 800 entstandenen Mosaiks).

M 4 Karl auf einer Münze
Nach der Kaiserkrönung 800 wurde diese Münze geprägt. Die Umschrift lautet:
CAROLUS IMP[ERATOR] AUG[USTUS]
Die Umschrift der Rückseite lautet CHRISTIANA RELIGIO (christliche Religion) und zeigt eine Kirche in der Mitte.

M 5 Karolingische Minuskel
„In diesem Jahr feierte der Kaiser Ostern in Aachen."
Typisch für diese Schrift ist, dass sie nur aus einfachen Kleinbuchstaben besteht.

Ob Karl selbst den Kaisertitel angestrebt hat, ist aus den Quellen nicht mehr zu erkennen. Die ursprüngliche lateinische Herrscherbezeichnung heißt auf Deutsch: „Karl, der erlauchteste Erhabene, von Gott gekrönt, großer friedbringender Kaiser, der das Römische Reich regiert und auch durch Gottes Gnade König der Franken und Langobarden ist."

Der Kaiser war demnach nicht nur höchster weltlicher Herrscher, sondern direkt von Gott auserwählt und von ihm gekrönt – der Papst war dabei gleichsam das Werkzeug. So stellte man sich dies zumindest vor.

Alle nachfolgenden mittelalterlichen Kaiser betonten die christlich-römische Ausrichtung in ihrem Titel. Daher sprechen Historiker auch vom römisch-deutschen Kaiser, bezeichnen das Herrschaftsgebiet als Römisch-Deutsches Reich oder als „imperium".

Das Bündnis mit der Kirche

Am Hof Karls des Großen nahmen Kirchenleute sehr bedeutende und wichtige Aufgaben wahr. Im Mittelpunkt standen die Männer der Hofkapelle, einer Art Verwaltungszentrum. Von hier aus wurden geistliche und weltliche Angelegenheiten erledigt:

- die königlichen Güter verwaltet und Hofbeamte ausgebildet,
- weltliche und geistliche Königsboten ins Reich ausgesandt, um die Einhaltung der Befehle zu kontrollieren,
- die Nachfolger der Äbte und Bischöfe ausgebildet,
- die Schrift in der sogenannten karolingischen Minuskel vereinheitlicht,
- die Bildung gefördert, wichtige Bücher abgeschrieben und an Klöster weitergereicht,
- Vorschriften für einen einheitlichen Gottesdienst erlassen.

Karl verstand sich als christlicher Herrscher. Daher setzte er auch wie selbstverständlich Bischöfe oder Äbte in ihr geistliches Amt ein, die ihm im Gegenzug die Treue schworen. Am Hof bildete sich so eine Art Gegengewicht zu den Grafen und sonstigen Adligen, deren Gehorsam dem König gegenüber immer wieder angemahnt und eingefordert werden musste.

Verbindendes Glied europäischer Geschichte

Als „der Große" wird Karl im deutschen Sprachraum bezeichnet, in Frankreich oder Belgien als „Charlemagne". Eine Reihe heutiger Nationen stellen ihn gleichsam an den Anfang ihrer Geschichte. Manchmal wird er auch „Vater Europas" genannt, denn in seiner Person und Herrschaft wird die gemeinsame europäische Traditionslinie sichtbar. Dass Karl aber ein Herrscher war, für den Kampf und Krieg, Unterdrückung und Tod selbstverständlich waren, wird dabei zumeist vergessen.

Aufgaben

1. Suche Informationen zur Bedeutung der Zahl Acht im Christentum und erkläre daraus die Form der Aachener Pfalzkapelle. → M1
2. Erkläre den Begriff „Gottesgnadentum". → M3
3. a) Vergleiche die bildlichen Darstellungen Karls des Großen. → M3, M4
   b) Begründe, warum auf der Münze auch eine Kirche zu sehen ist. → M4

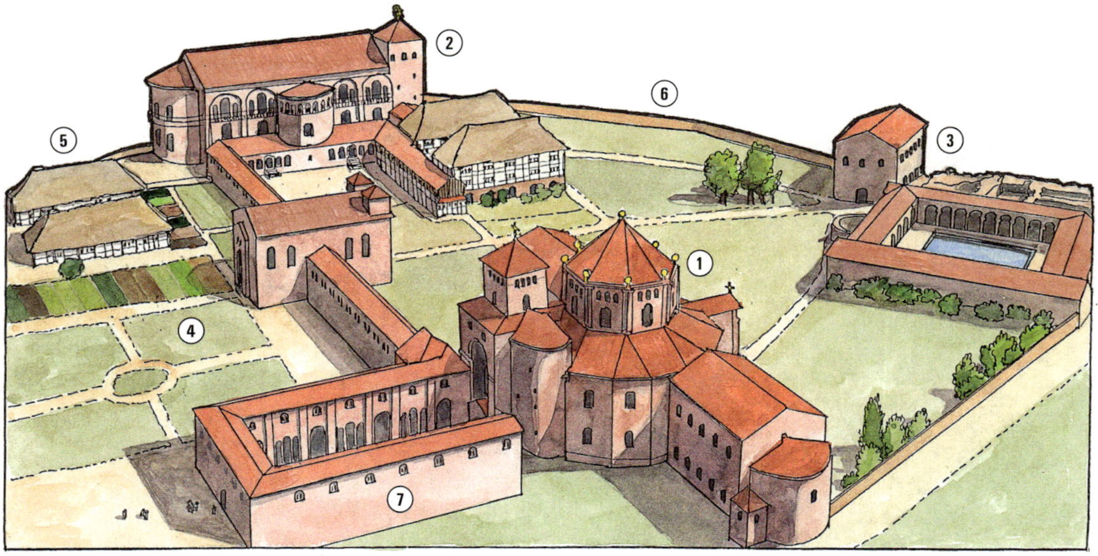

M 6 **Rekonstruktion der Pfalz in Aachen,** ① Pfalzkapelle, ② Kaiserpfalz, ③ Kaiserbad, ④ Gärten der Pfalz, ⑤ Wohnbezirk der Kaufleute, ⑥ Grenze des Pfalzbezirkes, ⑦ Säulenvorhalle

M 7 Berichte zur Kaiserkrönung Karls des Großen am 25.12. 800 in Rom

a) Die Sicht des Papstes findet sich im „Liber Pontificalis", einer Sammlung von Lebensbeschreibungen der Päpste:

Am Tag der Geburt unseres Herrn Jesu Christi [...] krönte ihn der ehrwürdige und Segen spendende Vorsteher [Papst] eigenhändig mit der kostbaren Krone. Darauf riefen alle gläubigen und getreuen Römer, die den Schutz und die Liebe sahen, die er der römischen Kirche und ihrem Vertreter gewährte, einmütig mit lauter Stimme auf Gottes Geheiß und des heiligen Petrus, des Himmelreiches Schlüsselträger, Eingebung aus: Dem heiligsten Augustus Karl, dem großen, von Gott gekrönten und Frieden bringenden Kaiser, Leben und Sieg! Vor [dem] heiligen [...] Petrus ist das, unter Anrufung vieler Heiliger, dreimal ausgerufen worden, und von allen ist er als Kaiser eingesetzt worden. Auf der Stelle salbte der heilige Vorsteher [Papst] [...] mit heiligem Öl Karl, seinen hervorragendsten Sohn, an demselben Tage der Geburt unseres Herrn Jesu Christi zum König.

b) Die Lebensbeschreibung Einhards liefert folgende Variante der gleichen Vorgänge in Rom:

Seine letzte Reise nach Rom hatte mehrere Gründe. Die Römer hatten Papst Leo schwer misshandelt, ihm die Augen ausgestochen und die Zunge ausgerissen, sodass er sich gezwungen sah, den König um Schutz zu bitten.
Daher begab sich Karl nach Rom, um die verworrenen Zustände der Kirche zu ordnen, das dauerte den ganzen Winter. Bei dieser Gelegenheit erhielt er den Kaiser- und Augustustitel, der ihm anfangs so zuwider war, dass er erklärte, er würde die Kirche selbst an jenem hohen Feiertage nicht freiwillig betreten haben, wenn er die Absicht des Papstes geahnt hätte. Die Eifersucht der oströmischen Kaiser, die ihm die Annahme der Titel schwer verübelten, ertrug er dann allerdings mit erstaunlicher Gelassenheit.

c) In der Fränkischen Reichsgeschichte wird die Szene so dargestellt:

Als der König gerade am hl. Weihnachtstag sich vom Gebet des seligen Apostel Petrus zur Messe erhob, setzte ihm Papst Leo eine Krone aufs Haupt, und das ganze Römervolk rief dazu: dem erhabenen Karl, dem von Gott gekrönten großen und friedbringenden Kaiser, Leben und Sieg! Und nach den lobenden Zurufen wurde er vom Papst nach der Sitte der alten Kaiser durch Kniefall geehrt und fortan [...] Kaiser und Augustus genannt.

Deutsche Geschichte in Quellen 1. S. 53 ff.

M 8 Die Pfalzkapelle im Aachener Dom

In der Pfalzkapelle steht der Thron Karls auf einer Galerie oberhalb des Kirchenraumes. Er besteht aus vier Marmorplatten auf einem Kalksteinblock und sechs Stufen führen zum Thron hinauf.
Als erstes deutsches Bauwerk wurde der Aachener Dom 1980 in die Liste des „Weltkulturerbes“ aufgenommen.

M 9 Die Hofkapelle in Aachen

Im folgenden Textauszug wird die Erneuerung von Bildung, Literatur und Kunst am karolingischen Hof beleuchtet:

In organischem [unmittelbarem] Zusammenhang mit der Kirchenreform standen Karls Bemühungen, den Verfall von Bildung und Wissenschaft zu beheben, die im Frankenreich vor allem durch die Begegnung mit Iren und Angelsachsen bewusst geworden war. Es ging dabei [...] einfach darum, in Gottesdienst und Glaubenslehre Fehler und Wildwuchs zu überwinden, wozu es vermehrten Unterrichts, verbesserter Texte und weiträumigen Austauschs bedurfte. [...]
Das [...] Zentrum war der Königshof, wo Karl seit etwa 780 auswärtige Gelehrte von Rang um sich scharte [...].
Sie [...] widmeten sich in seinem Auftrag auch dem Betrieb der Hofschule, dem Aufbau einer Bibliothek sowie der Abfassung von Gutachten, Lehrbüchern und Mustertexten. Ihr Interesse erstreckte sich [...] auch auf naturwissenschaftliche Disziplinen wie die Astronomie [...].
Damit zogen sie begabte Schüler aus dem ganzen Reich an [...] und sie gaben zugleich das Vorbild für die Errichtung und Verbesserung vieler Schulen bei Klöstern und Bischofsitzen ab, die einen gebildeteren geistlichen Nachwuchs heranzogen, die Schreibtätigkeit stimulierten [anregten] und die Verbreitung von Büchern innerhalb weniger Jahrzehnte vervielfachten. Im Ergebnis bedeutet dies die Vereinheitlichung der Buchschrift in den Formen der karolingischen Minuskel. [...] Als bemerkenswerte Nebenfrucht sind die ersten Versuche zu werten, mit lateinischen Buchstaben auch die fränkische bzw. althochdeutsche Volkssprache zu Pergament zu bringen.

Schieffer, R.: Die Zeit des karolingischen Großreichs. S. 132 ff.

Aufgaben

1. Untersuche und begründe, welches Gebäude im Mittelpunkt der gesamten Pfalz lag. → M6
2. Vergleiche die drei Krönungsberichte miteinander. → M7
   a) Wähle den Bericht aus, der die Krönung am ausführlichsten wiedergibt.
   b) Charakterisiere jeweils in einem Satz die Rolle des Papstes, des Volkes und Karls.
   c) Beschreibe die Einstellung Karls zur Krönung.
3. Die Textquellen a) und c) unterscheiden sich erheblich voneinander. Begründe, welche Handlung jeweils genau dargestellt wird. → M7
4. Begründe, warum sich der Thron auf einer Galerie befindet. → M8
5. Erkläre die Bedeutung der Hofkapelle. → M9

Grundherrschaft und Lehenswesen

Das Mittelalter erscheint uns auch deshalb so fremd, weil es die heutige Vorstellung von „Freiheit“ damals nicht gab. Wurde man als Kind einer Bauernfamilie geboren, so war das Leben ebenso vorgezeichnet wie als Kind von Handwerkern, Kaufleuten oder eines Ritters.

M 1 **Grundherr und Hörige in der Grundherrschaft**

Die Grundherrschaft

Grundherrschaft bedeutete, über Land zu herrschen und gleichzeitig über die Menschen jenes Gebietes zu bestimmen. Vielleicht erinnert dies auf den ersten Blick an Sklaverei, doch Grundherrschaft ist etwas anderes. Wie ungleich die Partner in diesem Machtgefüge auch waren, sie blieben doch immer miteinander verbunden und aufeinander angewiesen.

Einer der Partner war der **Grundherr.** Ihm gehörten das Land, die Dörfer, Felder, Wälder, Seen und alles, was dort lebte. Im Reich gab es sehr viele Grundherren und sie unterschieden sich stark voneinander:

- Ein Grundherr war natürlich der König, auch wenn er nicht selbst alles Land in Besitz hielt.
- Weitere Grundherren waren Adlige oder auch Klöster, die beide Land und Herrschaft für sich beanspruchten.

Den anderen Partner der Grundherrschaft bildeten die unfreien Bauern, auch Hörige genannt. Sie hatten ihrem Grundherrn zu gehorchen.

Das Leben in der Grundherrschaft

Der Grundherr bestimmte und regelte das gesamte Zusammenleben in seiner Grundherrschaft. Die genaue Ausformung der Grundherrschaft war so unterschiedlich wie die Grundherren selbst. In der Regel mussten die Hörigen:

- die Felder des Grundherrn und die ihnen überlassenen Felder bewirtschaften,
- an den Grundherrn Naturalabgaben leisten, also z. B. Schweine, Ziegen, Hühner oder Schinken, Käse und Eier.

Für die Aufgabe ihrer Freiheit erhielten die Hörigen vom Grundherrn vor allem eines: Schutz. Er schützte sie mit eigenen Kriegern vor Raub und Plünderung. Vorteilhaft für die unfreien Bauern war, dass sie dem König keinen Kriegsdienst mehr schuldeten. Diese Pflicht erfüllte der jeweilige Grundherr für sie.

Neben den Abgaben mussten die Bauern eine festgelegte Anzahl von Tagen für den Grundherrn arbeiten. Alle direkten Arbeiten für den Grundherrn nennt man **Frondienste.** Für manche Arbeiten gab es dabei einen festen Termin, doch eigentlich musste der Hörige dem Grundherrn immer verfügbar sein. So wurden zum Beispiel zuerst die Felder des Grundherrn abgeerntet. Wechselte plötzlich das Wetter und die Ernte der Hörigen verdarb, so war der Grundherr nur indirekt davon betroffen. Die Abgaben, oft auch Zehnt genannt, musste der Hörige trotzdem in gleicher Höhe leisten. Selbst in guten Erntejahren blieb den Bauern meist nur so viel Nahrung übrig, dass die gesamte Familie nur mit Mühe überleben konnte.

M 2 **Das Lehenswesen**

Im „Sachsenspiegel" wurden die mittelalterlichen Rechtsgrundsätze durch Bilder veranschaulicht.

Der Handgang

Die grüne Kleidung verdeutlicht die adlige Herkunft beider Lehnspartner.

Der Treueid des Lehnsmannes

Die erhobenen Finger symbolisieren das Gelöbnis, welches durch das Anfassen einer Reliquie noch gesteigert wird.

Die symbolische Lehnsübergabe

Der König belehnt einen geistlichen und weltlichen Adligen.

Das Lehenswesen

Das Lehenswesen unterscheidet sich wesentlich von der Grundherrschaft: Es war eine freiwillige Übereinkunft zwischen Adligen, die gleichberechtigte Partner blieben. Das Lehenswesen bildete das wichtigste Element mittelalterlicher Herrschaft. Ohne das Lehenswesen ist das damalige Miteinander überhaupt nicht denkbar.

Es beruhte auf einfachen Prinzipen, die beide Partner miteinander eingingen. Der Lehnsherr verlieh zeitlich begrenzt eine Sache oder ein Recht: das **Lehen.** Der Lehnsnehmer oder **Vasall** leistete dem Lehnsherrn dafür Dienste. Beide Personen schworen sich die gegenseitige Treue. Bei erwiesener Untreue konnte das Lehnsverhältnis allerdings auch aufgekündigt werden.

Der königliche Lehnsverband

Oberster Lehnsherr des Reiches war der König. Von ihm ging immer alle Herrschaft aus. Um sein riesiges Reich auch wirklich zu beherrschen, brauchte er ihm treu ergebene Gefolgsleute. Durch die Vergabe von Herrschaftsrechten band er Kronvasallen unmittelbar und persönlich an sich. Neben dem Treueschwur leisteten sie dem König verschiedene Dienste, wobei die Heeresfolge am wichtigsten war.

Die Kronvasallen vergaben wieder Herrschaftsrechte an Untervasallen weiter, die ihnen ihrerseits einen Treueid und Dienste leisten mussten. Das Treueverhältnis von Lehnsherr und Vasall setzte sich wie in einer Pyramide nach unten fort. Oft dienten die Untervasallen mehreren Lehnsherren gleichzeitig, was häufig zu Konflikten führte.

Die Lehnsübergabe

Die eigentliche Belehnung lief meist in der folgenden Form ab:

- Der Lehnsherr versprach dem Vasallen Schutz und legte symbolisch seine Hände um die des Vasallen,
- der Vasall versprach und schwor dem Lehnsherren die Treue,
- abschließend wurde dem Vasall ein Symbol für das Lehen überreicht. Belehnte der König einen Bischof mit seinem Amt, wurde ihm ein Zepter übergeben, ein Herzog erhielt eine Fahne.

Herrschaft über Land und Leute

Noch weit über das Mittelalter hinaus bestimmten beide Herrschaftsformen in Mitteleuropa das Zusammenleben. Als der König dem Adel die Erblichkeit seiner Lehen zusicherte, erfolgte die Lehnsvergabe nur noch äußerlich. Das Lehenswesen hatte seine Bedeutung verloren. Die Grundherrschaft hingegen regelte noch für Jahrhunderte das Leben der Menschen auf dem Land. Der Grundherr blieb Eigentümer von Land und Leuten, hielt Gerichtstage und vergab sogar die Erlaubnis zur Heirat.

Aufgaben

1. Beschreibe die Pflichten des Grundherrn und der Hörigen. → M1
2. Nenne den wesentlichen Unterschied von Grundherrschaft und Lehenswesen.
3. Ermittle auf den bildlichen Darstellungen jeweils Lehnsherr und Vasall. → M2

M 3 „Wer sich in die Knechtschaft begibt"

In einer fränkischen Urkunde aus der Zeit um 700 n. Chr. erklärt ein Bauer die Gründe für die Aufgabe seiner persönlichen Freiheit und den Eintritt in eine Grundherrschaft:

An meinen Herrn [...]. Ich besitze nun kein Vermögen [mehr], womit ich Eure Wohltaten vergelten könnte; deshalb habe ich beschlossen, dafür den Stand meiner Freiheit Euch unterwürfig zu machen, derart, dass ich von diesem Tage an aus Eurem Dienst mich durchaus nicht begeben werde, sondern gelobe, auf Euren und Eurer Beamten Befehl alles zu tun, was Eure übrigen Knechte tun.
Wenn ich dies nicht tun werde oder mich in irgendeiner Absicht Eurem Dienste entziehen will, oder unter die Herrschaft eines anderen [zu kommen] trachten will [...], sollt Ihr das Recht haben, mich nach Eurem Ermessen mit beliebiger Strafe zu belegen oder zu verkaufen oder mit mir zu tun, was Ihr sonst beschließen wollt. [...]

Franz, G.: Quellen zur Geschichte. S. 17

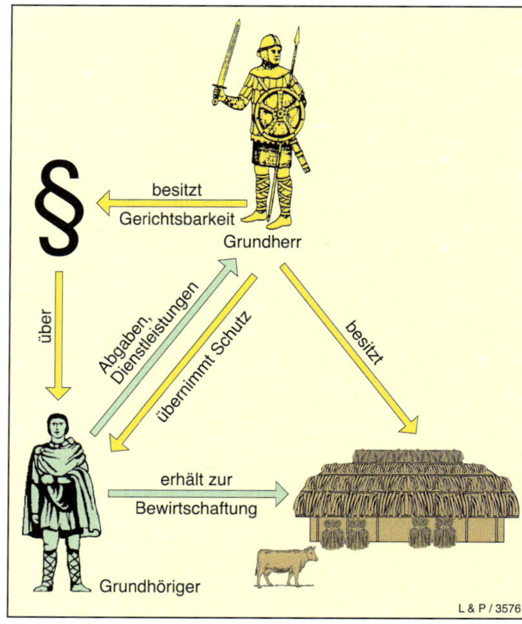

M 4 Leben in der Grundherrschaft

Arbeit auf den Feldern des Grundherrn

Magddienste der Bäuerin für den Grundherrn

Bauer darf nicht im Wald jagen

Wachdienste für den Grundherrn

Kornzehnt am 13. Juli

Fleischzehnt vom Rind, Kalb, Ziege und Geflügel am 24. Juni

Lämmerzehnt am 1. Mai

Obst- und Weinzehnt am 25. Mai

Heirat nur mit Erlaubnis des Grundherrn

Das beste Stück Vieh, wenn der Bauer stirbt

Bauer darf nicht aus dem Dorf wegziehen

Gänsezehnt am 15. August

Bauer darf nicht fischen

M 5 Der Grundherr bestimmt das Leben eines Bauern, Illustration: bäuerliche Abgaben, Sachsenspiegel, 13. Jh.

M 6 **Hörige entrichten Abgaben an den Grundherren,** Holzschnitt

M 7 Eine Übereinkunft unter Gleichen

Im Sachsenspiegel wird die Lehnsvergabe des Grafen Wilhelm von Flandern an einen seiner Untervasallen geschildert:

Der Graf fragte den zukünftigen Vasallen, ob er ohne Vorbehalt sein Mann werden wolle, und dieser antwortete: „Ich will es."
Alsdann umschloss der Graf die zusammengelegten Hände des anderen mit seinen Händen, und sie besiegelten den Bund durch einen Kuss.
Zweitens gab derjenige, der Mannschaft geleistet hatte, dem „Vorsprecher" des Grafens mit folgenden Worten sein Treueversprechen: „Ich verspreche bei meiner Treue, von nun an dem Grafen Wilhelm treu zu sein, aufrichtig und ohne Trug."
Drittens bekräftigte er sein Versprechen durch einen Eid.

Koschorrek, W.: Sachsenspiegel. S. 118 f.

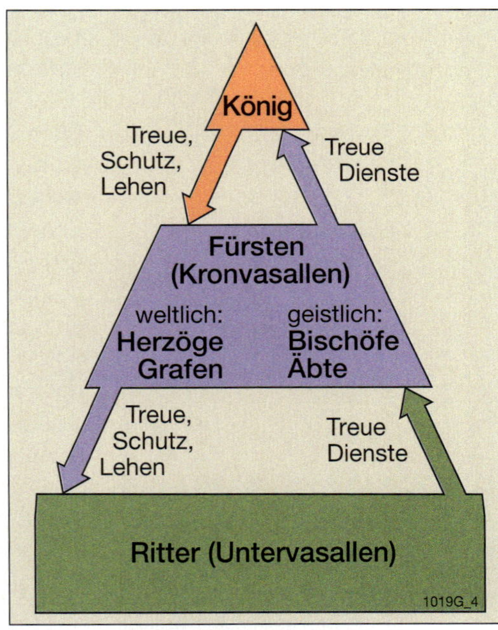

M 8 **Das Lehenswesen**

Aufgaben

1. a) Welcher Grund wird für den Eintritt in die Grundherrschaft genannt? → M3
   b) Welche Rechte wurden an den Grundherren abgetreten? → M3
2. Nenne die Aufgaben des Grundherrn. → M4
3. a) Benenne die Abgaben der Bauern. → M5, M6
   b) Zeichne ein Schaubild und ordne die Frondienste und Abgaben in einen Jahreskreis ein. → M5
4. An welche moderne Zeremonie erinnert die Belehnung? → M7
5. Vergleiche das Lehenswesen mit der „hierarchischen Gesellschaft" des Alten Ägypten. → M8

Die Konradiner	
Konrad I.	(911–918)
Die Ottonen	
Heinrich I.	(919–936)
Otto I.	(936–973)
Otto II.	(961–983)
Otto III.	(983–1002)
Heinrich II.	(1002–1024)

M 1

Herzog

(ahd. herizogo, „der vor dem Heer herzieht")
Die Herzöge waren später die ranghöchsten weltlichen Adligen, so z. B. der Herzog von Bayern, der Herzog von Sachsen oder der Herzog von Schwaben.

Vom Beginn deutscher Geschichte

Die deutschen Stämme einigen sich

Sucht man nach dem **Beginn der deutschen Reichsgeschichte,** so findet man ihn am ehesten im 10. Jahrhundert. Das ostfränkische Reich befand sich damals in einer schwierigen Situation. Der karolingische König war ohne Erben gestorben und das Reich von Feinden wie den Wikingern oder den Ungarn bedroht, die auf Raubzügen immer wieder das Land plünderten.

Zunächst übernahm der Herzog von Franken, Konrad I., die Führung, doch wurde er nicht von allen Stämmen als König anerkannt und konnte sich nicht durchsetzen. Kurz vor seinem Tod schickte er die Krone durch Boten an den sächsischen *Herzog* Heinrich. Jener erreichte tatsächlich die Zustimmung aller ostfränkischen Stämme.

Dass sich Heinrich I. auch in der Abwehr der Ungarn bewährte, sogar einen Waffenstillstand erreichte, stärkte seine Anerkennung als König deutlich. Im Osten hatte sich kein neues, aber ein neu geeintes Reich gebildet. Es war ein neues Zusammengehörigkeitsgefühl entstanden.

Otto I., der Große

König Heinrich I. vermochte die Nachfolge in der eigenen Familie zu sichern. Anders als früher wurde das Reich nicht aufgeteilt. Die Großen und Mächtigen des Reiches wählten im Jahr 936 übereinstimmend **Otto I.,** den Sohn Heinrichs, für den Herrscherthron aus.

Doch es kam zu Streitigkeiten innerhalb der Königsfamilie. Mancher fühlte sich übergangen oder nicht genug an der Herrschaft beteiligt. Es wurden einige Mordanschläge und Aufstände geplant. Erst nach fünf Jahren kehrte Ruhe ein.

Als oberster Lehnsherr ordnete Otto I. das Reich neu und baute nun gezielt seine Herrschaft aus:

- das Herzogtum Franken wurde Königsgebiet,
- im eigenen Herzogtum setzte er einen Stellvertreter ein,
- die Herzogtümer Bayern, Schwaben und Lothringen wurden eng an die Familie Ottos gebunden.

Auch in den Bistümern und Klöstern setzte Otto systematisch eigene Anhänger ein. Diese treuen Gefolgsleute sicherten fortan die Königsherrschaft. Als Stellvertreter übernahmen sie wichtige Aufgaben wie Rechtsprechung, trieben Abgaben an den König ein oder stellten Soldaten.

Im Jahr 955 konnte Otto mit einem geeinten Heer aller ostfränkischen Stämme in einer großen Schlacht die Ungarn endgültig besiegen. In mittelalterlichen Quellen wird berichtet, dass Otto noch auf dem Schlachtfeld in der Nähe von Augsburg den Beinamen „der Große" erhalten habe. Damit endete jener unruhige Teil der Königsherrschaft.

M 2 **Otto der Große** zusammen mit seiner Gemahlin Editha. Das Symbol in der rechten Hand des Kaisers soll wahrscheinlich die Himmelssphäre darstellen. Figurenpaar aus dem Magdeburger Dom, um 1250.

Die Erneuerung des Kaiserreiches

Genau wie Karl der Große wurde auch Otto I. vom Papst um Beistand und Schutz gebeten. Mit großem Heer und Gefolge zog der König über den Brennerpass. Am 2. Februar 962 wurde Otto vom Papst zum

M 3 Das Kaiserpaar huldigt Christus, Elfenbeintafel, um 983. Kaiser Otto II. küsst den rechten Fuß Christi, die Kaiserin hält den Thronfolger im Arm.

M 4 Kaisersiegel Ottos III. Der Kaiser hält eine Kugel mit Kreuz in der linken Hand. Sie soll die Weltherrschaft und die Unendlichkeit Gottes symbolisieren. Wachssiegel, 6. Feb. 998

Kaiser gekrönt und gesalbt. Jene Zeremonie begründete das mittelalterliche Römisch-Deutsche Kaiserreich. In dieser Bezeichnung werden die beiden wesentlichen Herrschaftsgebiete nördlich und südlich der Alpen deutlich. Bis zu seinem Untergang 1806 wird es auch als **Heiliges Römisches Reich** bezeichnet.

In der Kaiserwürde war zwar noch der Anspruch auf eine Oberherrschaft vorhanden. Wirklich durchsetzbar war diese für den Kaiser aber nicht.

Italienpolitik und heilige Kaiser

Jeder ottonische Herrscher zog nach Italien, um dort vom Papst die Kaiserwürde entgegenzunehmen. Fast alle Nachfolger taten es ihnen bis zum Ende des Mittelalters gleich oder strebten es zumindest an. Denn über Italien zu herrschen brachte immer einen beträchtlichen Gewinn mit sich. Das Gebiet zwischen Mailand und Rom zählte zu den am höchsten entwickelten Regionen in ganz Europa. Anders als im Reich gab es dort

- Geldwirtschaft,
- eine Vielzahl von Städten mit Handwerkern und Kaufleuten
- und ein vorbildliches Verwaltungswesen.

Die Nachteile jener Herrschaft über Italien wurden bereits unter den Ottonen deutlich, blieben aber noch ohne größere Folgen:

- die oft lange Abwesenheit des Königs stärkte den Machtanspruch der Fürsten im Reich,
- das beschwerliche Reisen kostete den Königen Zeit und Kraft, die nicht auf das Reich verwendet werden konnten,
- auf den Italienzügen kam es immer wieder zu Seuchen, bei denen oft eine Vielzahl wichtiger Personen starb, so z. B. die gleichnamigen Nachfolger Ottos I.

Eine Alternative zur Italienpolitik gab es für den „Schutzherrn der Kirche" allerdings nicht. Der Weg zum Kaisertitel führte nicht nur geografisch durch dieses Gebiet, sondern erforderte, dieses auch dauerhaft zu beherrschen.

Nach dem Tod Ottos blieb die Königsherrschaft für lange Zeit direkt in der sächsischen Herrscherfamilie, dann folgte mit Heinrich II. ein Verwandter nach. Kaiser Heinrich II. und seine Frau Kunigunde wurden zum Idealbild eines christlichen Herrscherpaares verklärt und sogar heiliggesprochen. Neben Mission und Bistumsgründung standen allerdings selbst bei diesem König Krieg und rücksichtslose Machtpolitik.

Aufgaben

1. Beschreibe den Einfluss der Ungarn auf die Einigung der deutschen Stämme.
2. Schildere mithilfe des Textes, wie Otto I. seine Königsmacht sicherte.
3. a) Erkläre mithilfe des Textes und der Abbildungen, warum es für den König notwendig war nach Italien zu ziehen. → M2, M3, M4

   b) Nenne einen Grund, warum ein Italienzug die Königsmacht auch gefährden konnte.
4. Vergleiche die drei Königsdarstellungen miteinander. Beschreibe, wie die Weltherrschaft jeweils dargestellt wird. → M2, M3, M4
   Orientiere dich an der Methode „Umgang mit gegenständlichen Quellen". → S. 62

M 5

M 6 Das Reisekönigtum Ottos I.

Mittels der ausgestellten Urkunden kann man feststellen, wie häufig, wie lang und an welchen Orten sich Otto I. im Laufe seiner Regierungsjahre aufgehalten hat.

Orte	Anzahl der Aufenthalte	Überlieferte Aufenthaltsdauer
Frankfurt	12	226 Tage
Magdeburg	22	105 Tage
Aachen	8	87 Tage
Quedlinburg	17	69 Tage
Regensburg	5	57 Tage
Nimwegen	3	44 Tage
Ingelheim	10	43 Tage
Worms	5	26 Tage
Köln	7	24 Tage
Memleben	6	14 Tage
Mainz	6	12 Tage
Dortmund	5	5 Tage

Müller-Mertens: Die Reichsstruktur, S. 269.

M 7 Die Ungarnschlacht 955 n. Chr.

Der sächsische Geschichtsschreiber Widukind lebte zur Zeit Ottos I. und berichtete in seiner „Sachsengeschichte" von den Taten Ottos des Großen:

Sobald der König dies hörte, brach er sofort gegen die Feinde auf […] und nahm sehr wenig Sachsen mit, weil ihnen schon der Krieg mit den Slawen zu schaffen machte. Im Bereich von Augsburg schlug er sein Lager auf und hier stieß zu ihm das Aufgebot der Franken und Bayern. Mit seinem starken Reiterheer kam auch Herzog Konrad [von Franken] ins Lager und durch seine Ankunft ermutigt, wünschten die Krieger nunmehr den Kampf nicht länger aufzuschieben. Im Lager wurde ein Fasten ausgerufen und an alle der Befehl ausgegeben, sich für den nächsten Tag zum Kampf bereitzuhalten. Im ersten Dämmerlicht standen sie auf, machten untereinander Frieden und gelobten dann zuerst ihrem Anführer, darauf ein jeder dem andern eidlich seine Unterstützung; dann rückten sie mit aufgerichteten Feldzeichen aus dem Lager […]

Aber die Sache kam anders, als man glaubte. Denn die Ungarn […] unternahmen […] mit ungeheurem Geschrei einen Angriff […] und trieben die übrigen Bewaffneten […] in die Flucht. Als der König erkannte, dass nun der Kampf in seiner ganzen Wucht unter ungünstigen Umständen bevorstehe, […] ergriff er den Schild und die heilige Lanze und richtete selbst als Erster sein Pferd gegen die Feinde, wobei er seine Pflicht als tapferster Krieger und als bester Feldherr erfüllte. Durch den herrlichen Sieg mit Ruhm beladen, wurde der König von seinem Heer als Vater des Vaterlandes und Kaiser begrüßt; darauf ordnete er für die höchste Gottheit Ehrungen und würdige Lobgesänge in allen Kirchen an […] und kehrte von Jubelstürmen und höchster Freude begleitet als Sieger nach Sachsen heim, wo er von seinem Volk herzlichst empfangen wurde. Denn eines solchen Sieges hatte sich kein König vor ihm in zweihundert Jahren erfreut.

Deutsche Geschichte in Quellen 1. S. 154 ff.

M 8 Otto I. schwört vor der Kaiserkrönung

Im Jahr 968 leistete Otto I. dem Papst gegenüber unmittelbar vor der Krönung ein Versprechen und einen Sicherheitseid:

Dir, dem Herren Papste Johannes, werde ich, König Otto, beim Vater, beim Sohne und beim Heiligen Geiste versprechen und schwören […]: Wenn ich, so Gott will, nach Rom komme, dann werde ich die heilige römische Kirche und dich, ihren Leiter, nach bestem Vermögen hoch- und sicherstellen. Und du sollst niemals mit meinem Willen oder meiner Zustimmung oder auf meine Veranlassung […] einen Schaden nehmen. Ich werde in allen Dingen, die dich oder deine Römer angehen, keinen Gerichtstag halten. […] Wem ich auch in Zukunft das itali(eni)sche Königreich anvertrauen werde […]: Er soll bei der Verteidigung des Territoriums des heiligen Petrus dir nach allen seinen Kräften beistehen.

Deutsche Geschichte in Quellen 1. S. 158 ff.

M 9 Die Heilige Lanze
galt als wundertätige Reliquie, in der angeblich ein Nagel vom Kreuz Christi eingefügt war. Die Lanze ist zerbrochen und deshalb mit einer Goldblende umhüllt.
Wien, Schatzkammer, Länge ca. 50 cm

Aufgaben

1. a) Ordne den Herzogtümern die heutigen Bundesländer oder Staaten zu. → M5

Herzogtümer	Bundesländer
Franken	Bayern, Hessen

   b) Ermittle aus den Aufenthaltsorten, welche Herzogtümer Otto häufig aufsuchte. → M5, M6

2. a) Fasse den Bericht Widukinds über die Ungarnschlacht in fünf Sätzen zusammen. → M7

   b) Beschreibe, wie Otto in der Textquelle dargestellt wird. → M7

3. a) Nenne die Versprechungen, die dem Papst vom König gegeben werden. → M8

   b) Untersuche die Lage und Ausdehnung des päpstlichen Gebietes in Italien. → M5

4. Erkläre die Bedeutung der Heiligen Lanze. → M7, M9

M 1 **Reichskreuz, um 1025**
Im Querbalken des Reichskreuzes befindet sich eine Aussparung für die Heilige Lanze.

M 2 **Alba, um 1180**
Bei der Krönungszeremonie trug der König ein solches Seidengewand.

M 3 **Reichskrone, um 1025**
Sie enthält sehr viel christliche Symbolik: Die Form steht für das himmlische Jerusalem, die Edelsteine für die Dreifaltigkeit, auf den Bildplatten wird aus der Bibel erzählt.

Die Königswahl im Hochmittelalter

Im Hochmittelalter, der Zeit zwischen 900 und 1250, liefen die Königserhebungen häufig nach dem Vorbild der Wahl von Otto I. ab. Nur ein Kandidat, der von allen Mächtigen des Reiches gewählt, in Aachen gesalbt und gekrönt war, wurde im Reich als rechtmäßiger König anerkannt.

Bestimmung des Nachfolgers – Designation
Am Anfang stand meist eine Berufung zum Königskandidaten durch den Vorgänger. Dies konnte durch die Übersendung der Herrschaftssymbole, der **Insignien** – von Krone, Reichskreuz und Reichsschwert – geschehen oder auch durch eine direkte Benennung. Im günstigsten Fall trat die **Erbfolge** ein, folgte der Sohn dem Vater auf dem Thron nach. Doch dies war im Reich nicht immer der Fall. Ein besonderes Vorrecht hatte der Kaiser, denn er konnte einen „Mitkönig" ernennen, der später automatisch sein Nachfolger wurde.

Berufung durch Gott – Gottesgnadentum
Seit dem Übertritt der fränkischen Könige zum Christentum ersetzte das Gottesgnadentum das alte Königsheil. Der König und spätere Kaiser war gleichsam direkt von Gott erwählt. Bei der Krönung wurde er wie ein Priester gesalbt und geweiht. Dies verdeutlicht nochmals die Vorstellung einer besonderen Stellung zwischen Himmel und Erde. Der Thron, die Krone und die übrigen Insignien versinnbildlichen dies ebenso.

Wahl durch die Fürsten
Wichtigstes Element jeder Königserhebung war die Wahl durch die Mächtigen – Herzöge, Grafen und übrigen Adligen – des Reiches in Aachen. Nur selten waren jedoch alle anwesend oder vom Kandidaten überzeugt. Oft holte der neue König daher die fehlende Zustimmung erst auf seiner ständigen Reise durch das Reich und den abgehaltenen Hoftagen ein. Denn für eine gültige Königswahl wurde eine einstimmige Haltung aller als notwendig gesehen.

M 4 Die Wahl und Krönung Ottos I. im Jahr 936

Der sächsische Geschichtsschreiber Widukind erzählte erst später davon. Da sie jedoch zum Vorbild nachfolgender Krönungen wurde, dürfte seine Schilderung der Wirklichkeit nahekommen.

Nachdem also der [...] König Heinrich gestorben war, wählte sich das gesamte Volk der Franken und Sachsen seinen Sohn Otto, der bereits vorher vom Vater zum König designiert [vorherbestimmt] worden war, als Herrscher aus. Als Ort der allgemeinen Wahl [...] bestimmte man die Pfalz Aachen. [...] [Dort] versammelten sich die Herzöge und obersten Grafen mit der übrigen Schar vornehmster Ritter in dem Säulenhof, der mit der Pfalzkapelle Karls des Großen verbunden ist, setzten den neuen Herrscher auf einen dort aufgestellten Thron, huldigten ihm, gelobten ihm Treue [...].

Während dies die Herzöge [...] vollführten, erwartete der Erzbischof mit der gesamten Priesterschaft und dem ganzen Volk im Innern der Pfalzkapelle den Auftritt des neuen Königs. [...]. [Der Erzbischof] wandte sich zum Volk um, das ringsumher [in der Pfalzkapelle] stand [...] und sagte: „Seht, ich bringe euch den von Gott erwählten und von dem mächtigen Herrn Heinrich einst designierten, jetzt aber von allen Fürsten zum König gemachten Otto; wenn euch diese Wahl gefällt, zeigt dies an, indem ihr die rechte Hand zum Himmel emporhebt." Da streckte das ganze Volk die Rechte in die Höhe und wünschte unter lautem Rufen dem neuen Herrscher viel Glück.

Dann schritt der Erzbischof mit dem König [...] hinter den Altar [-tisch], auf dem die königlichen Insignien lagen: das Schwert [...], der Mantel [...], der Stab mit dem Zepter und das Diadem. [...] Derselbe [...] wandte sich an den König und sprach: „Nimm dieses Schwert, auf dass du alle Feinde Christi verjagst [...]".

[...] legte ihm den Mantel um, [...] nahm [...] Zepter und Stab und sprach: „Durch diese Abzeichen bist du aufgefordert [...] deine Untertanen zu leiten [...]."

Auf der Stelle wurde er mit dem heiligen Öl gesalbt und mit dem goldenen Diadem gekrönt [...]. [Dann] wurde er von denselben Bischöfen zum Thron geführt, zu dem man über eine Wendeltreppe hinaufstieg [...], dass er von da aus alle sehen und selbst von allen gesehen werden konnte. Nachdem man dann das Lob Gottes gesungen und das Messopfer feierlich begangen hatte, ging der König hinunter zur Pfalz, trat an die [...] mit königlicher Pracht geschmückte Tafel und nahm mit den Bischöfen und dem ganzen Adel Platz [...]. Der König aber ehrte danach einen jeden Fürsten freigebig [...].

Deutsche Geschichte in Quellen 1. S. 143 ff.

M 5 Bild aus dem Evangeliar Ottos III.
Otto schwebt innerhalb eines Heiligenscheines. Am unteren Bildrand stehen Bischöfe und Herzöge. Buchmalerei, um 1000

Aufgaben

1. a) Ermittle die vier Stationen der Königserhebung. Trage den genauen Ort, die beteiligten Personen und die Handlung in eine Tabelle ein.

Ort	Personen	Handlung
Säulenhof	...	...

   b) Worauf konnte sich der König zur Rechtfertigung seiner Herrschaft berufen? → M4

2. a) Erkläre den Begriff „Gottesgnadentum". → M5
   b) Beschreibe die Insignien und das Krönungsgewand. → M1, M2, M3

Das Reich der Ottonen (919–1024)

Stammesherzogtümer des deutschen Königreichs

Reichsgrenze um 1020

Grenzen der sächsischen Marken

Gebiete slawischer Stämme

Einzugsbereich des Königshofes

Königsstraßen

Aufenthalte Ottos I.

- ein- oder zweimaliger Aufenthalt
- drei- oder viermaliger Aufenthalt
- vielfacher Aufenthalt

Erzbistum

Kloster

Geschichtskarten – die Darstellung historischer Räume

Der Umgang mit Karten ist eine wichtige Kulturtechnik: Karten sind anschaulich, übersichtlich und begrenzen Informationen auf das Wesentliche. Der Betrachter soll gleichzeitig eine Information des geografischen Raumes und der historischen Gegebenheiten erhalten.

Historiker unterscheiden zwischen zwei Arten von Karten: „Historische Karten" stammen direkt aus zurückliegender Zeit. In „Geschichtskarten" dagegen wird versucht, die Vergangenheit aus der Sicht des gegenwärtigen Wissensstandes darzustellen.

Eine Geschichtskarte besteht häufig aus einer Vielzahl von Zeichen, Farben und Symbolen. Diese muss man als Betrachter verstehen, zuordnen und auswerten können. Erst dann sind historische Folgerungen oder Bewertungen möglich.

Die Karte des Römisch-Deutschen Reiches verdeutlicht, welcher Raum der unmittelbaren Herrschaft Ottos des Großen unterworfen war. Nach mittelalterlichem Verständnis hatte der Herrscher nur Macht über Personen und nicht über Gebiete. Unbesiedelte oder unzugängliche Gegenden fielen somit aus dem Herrschaftsgebiet heraus. Eindeutige Grenzlinien gab es nicht. Wann und warum Otto irgendwo war, ist für die Kartendarstellung unwichtig. Hingegen wurden die Orte gekennzeichnet, die besonders häufig vom ihm besucht wurden.

Fragen an alle Geschichtskarten

1. Thema der Karte
- Wie lautet die Überschrift der Karte?
- Überlege dir einen eigenen Titel für die Karte.

2. Inhalt der Karte
- Was wird auf der Karte dargestellt?
- Orientiere dich anhand der Flüsse und eingezeichneten Städte.

3. Bestandteile der Karte
- Welche Bedeutung haben die Symbole der Kartenlegende?
- Suche jedes Symbol in der Karte.

4. Auswertung der Karte
- Wofür werden die Farben, Symbole, Schraffuren und Pfeile verwendet?
- Erkläre die Bedeutung jeweils anhand von Beispielen.

5. Folgerung aus der Karte
- Welche Entwicklung kann man aus der Karte ablesen?
- Diskutiert mögliche historische Auswirkungen und Folgen.

Fragen an diese Geschichtskarte

1. Erstelle eine Tabelle, in der du die vom König besuchten Herzogtümer und dortigen Städte einträgst.

Herzogtümer	Städte
Sachsen	Magdeburg, Werla usw.

2. Betrachte den vom König bereisten Raum. Erkläre die daraus entstehenden Folgen für die Königsherrschaft im Reich.

Die Salier

Konrad II.	(1024–1039)
Heinrich III.	(1039–1056)
Heinrich IV.	(1056–1106)
Heinrich V.	(um 1106–1125)

Die Supplinburger

Lothar III.	(1125–1137)

M 1

Der Investiturstreit – ein Kampf um Macht

„Ich, Heinrich, durch die Gnade Gottes König, sage dir zusammen mit allen meinen Bischöfen: Steige herab, steige herab!“, so ist in einer königlichen Urkunde eines der prägendsten Ereignisse des Mittelalters überliefert. Es ist der Beginn eines Kampfes um Macht, zwischen König und Papst, aber auch zwischen König und Fürsten.

Ein neues Herrschergeschlecht

Als Konrad II. an die Macht kam, war man vom späteren Konflikt noch weit entfernt. Er konnte sogar das Königreich Burgund erwerben, welches fortan auch zum Reich gehörte. Sein Sohn Heinrich III. musste sich bereits mit den Fürsten des Reiches auseinandersetzen, denn diese wollten mehr an der Herrschaft beteiligt werden. Heinrich aber versuchte gleichzeitig das Königtum von deren Wahl zu lösen. Dieser Plan des Königs scheiterte schließlich, denn die Fürsten wussten, dass das Recht der Königswahl ihre eigentliche Macht war.

Heinrich IV. war als Kind mit sechs Jahren seinem Vater auf den Thron nachgefolgt. Natürlich nutzten die Fürsten jene Zeit, um die eigene Macht auszubauen. In ihren Gebieten nahmen sie Rechte in Anspruch, die eigentlich dem König zustanden. Als Heinrich mit 15 Jahren schließlich die tatsächliche Königsherrschaft übernahm, wollten die Fürsten keinesfalls ihre Macht wieder aufgeben. Bei jeder Krankheit des jungen Königs hoffte man auf dessen Tod oder plante Mordanschläge. Doch Heinrich konnte sich im Reich durchsetzen und die Fürsten versprachen sogar, Heinrichs Sohn zum Nachfolger zu wählen.

Der eigentliche Streit

Seit Karl dem Großen setzten die Könige Bischöfe und Äbte in ihre Ämter ein, vergaben Land und Herrschaft an sie: die sogenannte **Investitur.** Als „vicarius christi“, Stellvertreter Jesu Christi auf Erden, sahen die Könige ihre Aufgabe auch darin, die Kirche zu lenken. Dies konnte auch bedeuten, dass man für einen rechtmäßigen Papst zu sorgen hatte.

Heinrich IV. hatte die übliche Investitur von Bischöfen betrieben, sie in ihr Amt eingesetzt. Doch seit einigen Jahrzehnten mehrten sich in der Kirche Stimmen, die dies als unrechtmäßige Einmischung sahen, auch weil die Investitur seit jeher mit einer Geldzahlung verbunden war. So konnte leicht der Anschein entstehen, ein Bischof habe sich das Amt erkauft.

Als Papst Gregor VII., der als Mönch zuvor Hildebrand hieß, im Jahr 1073 auf den Papstthron kam, forderte er in Leitsätzen, dem „dictatus Papae“, eine kirchliche Erneuerung. Vor allem aber verbot er jede andere als die päpstliche Investitur. Ein Konflikt mit dem römisch-deutschen König war somit unausweichlich!

M 2 **Heinrich IV.**, um 1075
Das Bild stammt aus einer Bibel, die der König einem Kloster kurz vor dem Investiturstreit schenkte.

Der Streit schaukelt sich hoch

Als Kaiser Heinrich IV. dennoch weiterhin Bischöfe einsetzte und das päpstliche Gebot missachtete, reagierte der Papst. Er drohte dem Kaiser den **Bann** an. Dies bedeutete den Ausschluss aus der Kirchengemeinschaft. Doch noch standen die Bischöfe des Reiches auf der Seite ihres Königs. Gemeinsam verfasste man im Januar 1076 ein Schreiben,

M 3 Heinrich unterwirft sich in Canossa dem Papst
Der Fußkuss entspricht dabei wohl dem echten Geschehen.
Fresko aus dem Vatikan, um 1655

M 4 Heinrich übergibt die Herrschaft an seinen Sohn
Das Bild zeigt nicht den wirklichen Ablauf. Heinrich V. konnte sich erst nach einem Krieg und der Gefangennahme des Vaters durchsetzen.
Handschrift, um 1106

in dem der König kraft seiner Schutzherrschaft über die Stadt Rom den Papst absetzte. Jener wiederum reagierte prompt und ließ seiner Drohung tatsächlich den Bann folgen.

Nun überstürzten sich die Ereignisse:

- Eine Reihe von Bischöfen stellte sich auf die Seite des Papstes,
- die Fürsten wollten mehr Macht für sich selbst und
- sie schlossen ein Bündnis gegen den König,
- man drohte einen anderen König zu wählen, sollte sich Heinrich nicht aus dem Bann lösen,
- der schwäbische und der bayerische Herzog versperrten den direkten und einfachen Weg nach Italien.

Doch Heinrich nahm den weiten und beschwerlichen Umweg über Burgund in Kauf. Um sich rechtzeitig aus dem Bann zu lösen und einer Absetzung zu entgehen, zog er mitten im Winter über die Alpen. Dies war ein riskantes und lebensgefährliches Unternehmen. Doch er erreichte sicher Italien. Vor den Toren der Burg Canossa unterwarf er sich schließlich dem Papst und erreichte von Gregor VII. die Aufhebung des Bannspruches. Der König aber hatte damit die Macht des Papstes anerkannt und seine eigene geschwächt.

Obwohl Heinrich IV. die wesentliche Forderung erfüllt hatte, kehrte keine Ruhe ein. Die Fürsten brachen sogar ihren geleisteten Treueid und wählten erstmals einen Gegenkönig. Dieser starb jedoch nach einer Schlacht gegen Heinrich, dessen treueste Verbündete eine Vielzahl der Städte entlang des Rheins waren.

Die gefundene Lösung

Im Reich tobte noch über Jahrzehnte hinweg die Auseinandersetzung zwischen Heinrich und den Fürsten. Obwohl Heinrich IV. im Jahr 1084 nach Rom zog, dort einen Papst ernannte und so die Kaiserkrönung erreichte, änderte dies an der Gesamtlage wenig. Es kam sogar so weit, dass sein Sohn und designierter Nachfolger Heinrich V. gegen ihn in die Schlacht zog. Erst der Tod Heinrichs IV. ebnete den Weg zur Lösung des Streits mit dem Papsttum.

Im Wormser **Konkordat** von 1122 einigte man sich darauf, dass die Bischöfe und Äbte künftig nur noch vom Papst eingesetzt wurden. Von ihm erhielten sie ihr geistliches Amt. Erst danach wurden sie vom König mit weltlichen Rechten und Gebieten belehnt und mussten ihm den Treueid leisten. Die Bischöfe und Äbte waren somit enger an den Papst als an den König gebunden.

Aber auch alle anderen Fürsten hatten am Ende des Investiturstreits eine neue Position inne. Sie ließen sich vom König eigenständige Herrschaftsrechte in ihren Gebieten garantieren. Dort betrieben sie künftig eine eigenständige Politik. Dem römisch-deutschen König traten sie selbstbewusst gegenüber und strebten weiter nach Unabhängigkeit.

Aufgaben

1. Erkläre den Kernpunkt des „Investiturstreits".
2. Stelle die zeitliche Abfolge des Konflikts auf einem Zeitstrahl dar.
3. Vergleiche die Darstellungen von Heinrich IV. miteinander. Beachte dabei Kleidung, Insignien und Körperhaltung. → M2, M3, M4

M 5 „Dictatus Papae" (Leitsätze des Papstes)

Papst Gregor VII. legte zu Beginn seines Pontifikats (Amtszeit eines Papstes) in 27 kurzen Sätzen seine Vorstellungen vom Papsttum und der Kirche fest:

II. Dass allein der römische Bischof mit Recht „allgemein" genannt wird.

VIII. Dass er allein die kaiserlichen Herrschaftszeichen verwenden kann.

IX. Dass alle Fürsten allein des Papstes Füße küssen.

X. Dass allein sein Name in den Kirchen genannt wird.

XII. Dass es ihm erlaubt ist, Kaiser abzusetzen.

XXVI. Dass nicht für katholisch gilt, wer sich nicht in Übereinstimmung mit der römischen Kirche befindet.

Quellen zum Investiturstreit. S. 149 ff.

M 6 Schreiben von König Heinrich IV. an Papst Gregor VII. vom 24. Januar 1076

Nachdem der Papst den König drohend aufgefordert hatte, die Belehnung einiger italienischer Bischöfe wieder rückgängig zu machen, antwortete Heinrich im Bündnis mit den deutschen Bischöfen, und ließ dieses Schreiben auch im Reich verkünden:

Heinrich, nicht durch Anmaßung, sondern durch Gottes gerechte Anordnung König, an Hildebrand, nicht mehr den Papst, sondern den falschen Mönch. Diese Anrede hast du nämlich für die von dir angerichtete Verwirrung verdient [...]. Um nämlich aus vielem nur einiges Wenige und Wichtige zur Sprache zu bringen: du scheutest dich nicht nur nicht, die Lenker der heiligen Kirche, nämlich Erzbischöfe, Bischöfe und Priester, die doch Gesalbte des Herrn sind, anzutasten, nein, wie Knechte, die nicht wissen, was ihr Herr tut, zertratest du sie unter deinen Füßen [...]. Und

M 7

wir haben dies alles ertragen, während wir uns bemühten, die Stellung des apostolischen Stuhles zu wahren.
Aber du hast unsere Demut für Furcht gehalten und dich daher nicht gescheut, dich sogar gegen die uns von Gott verliehene königliche Gewalt zu erheben; du hast zu drohen gewagt, du würdest sie uns nehmen, als ob wir von dir das Königtum empfangen hätten, als ob in deiner und nicht in Gottes Hand Königs- und Kaiserherrschaft lägen. Dieser unser Herr Jesus Christus hat uns zum Königtum, dich aber nicht zur geistlichen Herrschaft berufen. [...] So steige du denn, der du durch diesen Fluch und das Urteil aller unserer Bischöfe und unser eigenes verdammt bist, herab, verlasse den apostolischen Stuhl, den du dir angemaßt hast. [...]
Ich, Heinrich, durch die Gnade Gottes König, sage dir zusammen mit allen meinen Bischöfen: Steige herab, steige herab!

Deutsche Geschichte in Quellen 1. S. 294 ff.

M 8 Antwort von Papst Gregor VII. am 14. Februar 1076

Der Papst antwortete in Form eines Gebetes und erklärte den deutschen König für abgesetzt:

Heiliger Petrus, Fürst der Apostel [...] höre mich, Deinen Knecht [...]. Du bist mein Zeuge und meine Herrin, die Mutter Gottes, und der heilige Paulus, Dein Bruder, mit allen Heiligen, dass Deine Heilige Römische Kirche mich wider meinen Willen zu ihrer Leitung berufen hat [...]. Und deshalb glaube ich, [...] dass die Christenheit, welche Dir besonders anvertraut ist, mir gehorche. Besonders ist mir an Deiner statt und durch Deine Gnade von Gott die Gewalt, zu binden und zu lösen im Himmel und auf Erden, anvertraut und verliehen worden.
Auf diese Zuversicht also bauend, zur Ehre und zum Schutz Deiner Kirche, widersage ich im Namen des allmächtigen Gottes, kraft Deiner Macht und Gewalt, dem König Heinrich, Kaiser Heinrichs Sohn, der gegen Deine Kirche mit unerhörtem Hochmut sich erhoben hat, die Herrschaft über das gesamte Reich der Deutschen und Italiens und löse alle Christen von dem Band des Eides, welchen sie ihm geleistet haben oder noch leisten werden, und ich untersage jedem, ihm fortan als einem König zu dienen.

Quellen zur Allgemeinen Geschichte. S. 101 ff.

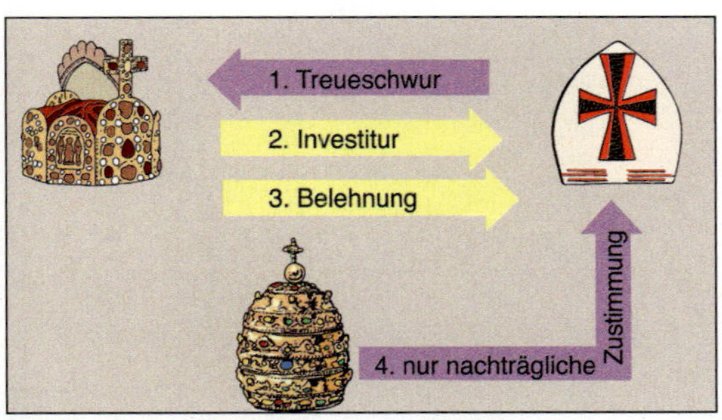

M 9 Die Investitur vor dem Investiturstreit

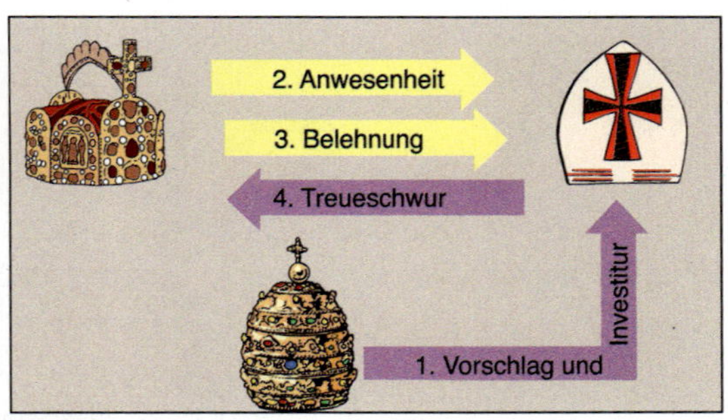

M 10 Die Investitur nach 1122

Aufgaben

1. Benenne alle päpstlichen Gebote, welche die Macht des Königs gefährdeten. → M5
2. a) Analysiere beide Texte: auf wen sich beide berufen, was sie befehlen, womit sie drohen. → M6, M8
   b) Weise nach, wie der jeweilige Empfänger charakterisiert wird. → M6, M8
   c) Erkläre, welche Wirkung mit den beiden Texten jeweils erzielt werden sollte. → M6, M8
3. a) Ermittle aus der Karte, welche Herzöge den König bei einem Italienzug blockieren konnten. → M7
   b) Zeige, in welchen Gebieten Heinrich IV. Rückhalt besaß. → M7
4. Vergleiche die Investitur nach 1075 mit der nach 1122. → M9, M10

Die Staufer

Konrad III. (Gegenkönig 1125)	(1138–1152)
Friedrich I.	(1152–1190)
Heinrich IV.	(1169–1197)

Doppelkönigtum

Philipp von Schwaben	(1198–1208)
Otto IV. (Welfe)	(1198–1218)
Friedrich II.	(1212–1250)
Konrad IV.	(1237–1254)

M 1

Die Stauferzeit - Glanzpunkt des Mittelalters

Staufer und Welfen

Die Zeit von Friedrich I. Barbarossa – der Beiname beschreibt seinen roten Kurzbart – war die Zeit der Burgen, Ritter und Turniere. Hier kommen wir unserer Vorstellung vom Mittelalter am nächsten.

Während des Investiturstreits stiegen zwei Herrscherfamilien auf, die für die nächsten hundert Jahre das Geschehen im Reich prägen sollten:

- Die Staufer stammten aus dem Herzogtum Schwaben und waren einst Anhänger des Königs.
- Die Welfen waren Herzöge von Sachsen und Bayern und gehörten zu den Gegnern des Königs.

Im Jahr 1152 war die Königswahl offen, denn ein Nachfolger war nicht designiert. Der Staufer Friedrich, Herzog von Schwaben, erschien als besonders geeigneter Kandidat, denn er war über seine Mutter gleichzeitig mit den Welfen verwandt.

Friedrich I. hielt sich häufig und für lange Zeit im italienischen Reichsteil auf. Vor diesem Hintergrund ist seine Zusammenarbeit mit dem Welfen Heinrich dem Löwen zu sehen. Zur Sicherung des Friedens im Reich billigte ihm Friedrich eine fast königsgleiche Stellung als Herzog von Sachsen und Bayern zu. Erst als Heinrich dem Staufer die Gefolgschaft verweigerte, kam es zum Bruch zwischen den beiden.

M 2 **Cappenberger Barbarossakopf**

Diese Kopfbüste ist kein direktes Portrait Kaiser Friedrichs I., sondern der Vorstellung zu Karl dem Großen nachempfunden.

Das Haupt wird von vier Engeln getragen und schwebt oberhalb der vier Zinnen der Stadtmauer von Rom.

Um 1160, Höhe 31,4 cm

M 3

M 4 Kaiserbulle Friedrichs II., 1232, Durchmesser 4,2 cm
Die Bulle stammt von einer Urkunde des Mainzer Bischofs, in der ihm wichtige Rechte durch den Kaiser zugesprochen wurden.

M 5 Castel del Monte
Die Burg wurde um 1240 im Auftrag Friedrichs II. gebaut, allerdings nicht vollendet. Der achteckige Gesamtbau trägt an jeder Ecke einen erneut achteckigen Turm (Höhe ca. 26 m).

Staufische Reichspolitik

Staufische Königsherrschaft bedeutete, die Königsmacht gegenüber den Fürsten wieder zu festigen. Alle staufischen Herrscher verfolgten

- eine Stärkung der Städte durch Neugründungen und die Überlassung von besonderen Rechten gegen die Fürsten,
- den Plan, ein geschlossenes Königsgebiet am Rhein und in Franken gegen die Herzogtümer zu errichten,
- die Förderung von Ministerialen („Beamten"), die durch Treueid direkt und ausschließlich an den König gebunden waren,
- eine Berufung auf schriftliches Recht und Begrenzung eigenmächtiger Rache (Fehde) durch königlichen Landfrieden.

Gleichzeitig suchten die staufischen Könige aber den Kompromiss mit den Fürsten, garantierten ihnen eigene Münz-, Zoll-, Befestigungs- und Gerichtsrechte. Durch diese Übertragung von Königsrechten wurden die Fürsten zu unabhängigen **Landesherren,** ihr jeweiliges Gebiet zum **Territorialstaat,** in dem sie allein das Sagen hatten. Dieser Vorgang vollzog sich bis in das 17. Jahrhundert hinein und führte langfristig zu einer Zersplitterung des Reiches in eine Vielzahl unterschiedlich großer, aber unabhängiger Herrschaftsgebiete.

Friedrich II.

Der Enkel Barbarossas wird auch als das „Staunen der Welt" bezeichnet. Sein Vater hatte das Königreich Sizilien für die Staufer gewinnen können. Dort wuchs Friedrich II. auf und wurde da auch erzogen. Es ist überliefert, dass Friedrich sieben Sprachen beherrschte und sich später mit griechischen und arabischen Gelehrten umgab.

Bereits im Alter von zwei Jahren hatten ihn die Fürsten zum römisch-deutschen König gewählt. Dennoch geriet das Reich zwischen 1198 und 1212 in eine verworrene Lage. Erst als der Papst eingriff, Friedrich zum Kaiser krönte und von Sizilien aus ins Reich führte, kehrte wieder Ruhe ein. Friedrich weilte allerdings nur wenige Jahre nördlich der Alpen. Er überließ es seinem Sohn Heinrich im Reich zu regieren. Sein eigentlicher Schwerpunkt war das Königreich Sizilien. Nur hier konnte er ungestört von nach Unabhängigkeit strebenden Fürsten regieren.

Friedrich II. geriet aber in Konflikt mit dem Papst und wurde gebannt. Dass er ein Kreuzzugsgelübde nicht erfüllte, war dabei nur der äußere Anlass. Der wahre Grund war die Furcht des Papstes vor einer direkten und dauerhaften Verbindung des Königreichs Sizilien mit dem Römisch-Deutschen Reich. Nach dem Tod Friedrichs II. brach die gesamte staufische Herrschaft im Reich und in Sizilien allerdings innerhalb weniger Jahre in sich zusammen.

Aufgaben

1. Suche Informationen zur Sage des „schlafenden Kaisers Rotbart" und gestalte ein Plakat dazu. → M2
2. Begründe mithilfe des Textes und der Karte M3 die Furcht der Päpste vor den Staufern.
3. Beschreibe das Kaiserbild auf dem Siegel der Bulle. → M4
4. Finde Gemeinsamkeiten der Reichskrone, der Aachener Pfalzkapelle und des Castel del Monte. → M5

M 6 Friedrich I. Barbarossa fleht um Hilfe

Der Bischof von Salerno ließ um 1178 an seinem Hof eine „Weltchronik" schreiben. Darin wird über das Treffen zwischen Friedrich I. Barbarossa und Heinrich dem Löwen vom Herbst 1176 berichtet:

Der Kaiser sandte nun dringende Boten nach Deutschland, um das Heer zu verstärken, und vor allem an seinen Vetter Heinrich, den Herzog von Sachsen und Bayern, um ihn zu einer Aussprache in Chiavenna [in Oberitalien] zu laden.
Er kam ihm bis hier entgegen und bat ihn dringender, als es der kaiserlichen Majestät ansteht, dem Reiche in seiner gefährlichen Lage zu Hilfe zu kommen. Man sagt sogar, er habe sich ihm zu Füßen geworfen. Aber Herzog Heinrich, der allein die Macht und die Mittel besaß, damals dem Reiche einen wirklichen Dienst zu leisten, forderte dafür Goslar, die reichste Stadt in ganz Sachsen, zum Lehen. Der Kaiser aber hielt es für eine Schande, sich gegen seinen Willen um ein solches Lehen erpressen zu lassen, und stimmte nicht zu, worauf Heinrich ihn in hellem Zorn in der Gefahr verließ und heimkehrte.

Lautemann: Geschichte in Quellen 2. S. 426

M 7 Die Verurteilung Heinrich des Löwen am 13. April 1180

Auf dem Reichstag in Würzburg wurde Heinrich vom Erzbischof von Köln und anderen Fürsten wegen seiner kriegerischen Einfälle in ihr Territorium angeklagt. Herzog Heinrich erschien nicht zu dem Hoftag.
Nach dem Urteilsspruch des Kaisers verlor Heinrich seine beiden Herzogtümer. Der Kölner Bischof erhielt einen großen Teil des sächsischen Gebietes als Lehen übertragen.

Allen gegenwärtigen wie zukünftigen Getreuen des Reiches tun wir daher kund und zu wissen, dass Heinrich, einst Herzog von Bayern und Westfalen, deswegen, weil er die Freiheit der Kirchen Gottes und das Recht der Edlen des Reiches durch Einnahme ihrer Güter und Minderung ihrer Rechte schwer bedrückt und auf dringende Klage der Fürsten und zahlreicher Edlen drei Mal vorgeladen, sich unserem Gericht zu stellen verschmäht hat und wegen dieser Widerspenstigkeit nach dem Gericht der Fürsten und seiner schwäbischen Standesgenossen unserer Acht verfallen ist, weil er sodann weiterhin ohne Unterlass gegen die Kirchen Gottes und die Rechte und Freiheiten der Fürsten und Edlen gewütet hat, wegen des jenen zugefügten Unrechts, der vielfältigen uns bezeigten Missachtung und besonders wegen des offenkundigen Vergehens gegen die Staatsgewalt, nachdem er trotz vorgeschriebener dreimaliger Vorladung zum Verhör weder selbst erschienen ist noch einen Fürsprecher gesandt hat, in Anwendung des Lehenrechts als Nichterschienener abgeurteilt ist, und dass ihm daraufhin sowohl das Herzogtum Bayern und Westfalen [...] als auch alle anderen Lehen, die er vom Reiche aus innehatte, nach einstimmigem Urteil der Fürsten feierlich auf dem in Würzburg abgehaltenen Reichstage abgesprochen und uns zu Recht und Besitz zugesprochen sind.

Deutsche Geschichte in Quellen 1. S. 363 ff.

M 8 Kaiser Friedrich I. Barbarossa mit seinen beiden Söhnen, Buchmalerei, 12. Jh.
Links steht sein Sohn Heinrich als gekrönter Mitkönig, rechts Friedrich als Herzog von Schwaben. Das Bild entstammt der „Welfenchronik" und verdeutlicht die Verbindung beider Familien.

M 9 **Lübeck wird eine reichsunmittelbare Stadt**

Kaiser Friedrich II. ließ 1226 eine Urkunde ausstellen, nach der Lübeck eine Reichsstadt wurde, die direkt dem König unterstand. In der Urkunde wird der Name des Königs häufig mit „wir" umschrieben, gemeint ist aber immer Friedrich II.

[…] Friedrich II., von Gottes Gnaden römischer Kaiser […], dass wir uns die reine Treue […] vor Augen gehalten haben, welche wie bekannt alle Bürger von Lübeck […] gegen unsere Hoheit hegen, dass wir die […] Dienste wohlbedacht haben, die sie uns und dem Reiche allzeit geleistet haben […]. Indem wir sie als Wohlverdiente mit freigebiger Gnade bedenken wollen, verleihen wir ihnen und bestimmen, dass die vorgenannte Stadt Lübeck für alle Zeiten frei sein soll, nämlich eine unmittelbare Stadt und Ortschaft des Reiches, die unmittelbar zum Reiche gehören und niemals von dieser unmittelbaren Herrschaft getrennt werden soll […]. Wir verleihen ihnen weiter, dass sie in der Stadt selbst eine Münze unter unserem Bild und Namen schlagen dürfen […].

Und da wir im Übrigen besagte Bürger vor allen falschen und ungerechten Auflagen schützen wollen, verbieten wir nachdrücklich, dass im ganzen Herzogtum Sachsen […] Steuer […] von ihnen erhoben werde. Außerdem soll sich kein Fürst, Herr und Edelmann der umliegenden Gebiete erdreisten zu verhindern, dass das Notwendige von überall her in die Stadt Lübeck gebracht werde […]

Damit das alles aber allzeit ungestört in Kraft bleibe, haben wir befohlen, gegenwärtige Urkunde auszufertigen und mit einer Goldbulle, die das Bild unserer Majestät trägt, zu bekräftigen.

Deutsche Geschichte in Quellen 1. S. 399 ff.

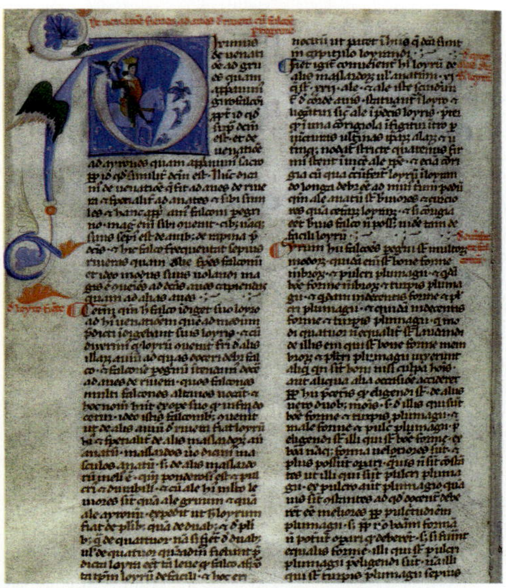

M 10 **„Über die Kunst mit Vögeln zu jagen"** (Originalseite und Ausschnittsvergrößerung)

Friedrich II. ließ ein Werk zur Vogeljagd verfassen. Die Abbildung stammt aus einer vom König in Auftrag gegebenen Abschrift. Das Original ging dem König verloren. Bologna, 2. Hälfte des 13. Jahrhunderts

Aufgaben

1. a) Beschreibe, wie Barbarossa um Hilfe bat. → M6
   b) Nenne die von Heinrich eingeforderte Gegenleistung. → M6
2. a) Benenne alle Gründe, die im Urteil gegen Heinrich den Löwen aufgeführt werden. → M7
   b) Berichte, wie der Lehensentzug gerechtfertigt wird. → M7
3. Beschreibe die Insignien des Kaisers. → M8
4. Ermittle, welche Königsrechte Friedrich an die Stadt Lübeck übertragen hat. → M9
5. Beschreibe die Buchseite und die daraus vergrößerte Jagdszene. → M10

Wilhelm von Holland	(1247–1256)
Richard von Cornwall	(1257–1272)
Alfons von Kastilien	(1257–1284)
Rudolf I.	(1273–1291)
Adolf I. von Nassau	(1292–1298)
Albrecht I.	(1298–1308)
Heinrich VII.	(um 1308–1313)
Friedrich (der Schöne)	(1314–1330)
Ludwig IV.	(1314–1347)
Karl IV.	(1346–1378)
Wenzel I.	(1378–1419)
Ruprecht I.	(1400–1410)
Sigismund I.	(1410–1437)
Albrecht II.	(1438–1439)
Friedrich III.	(1440–1493)

(Wittelsbacher, Luxemburger, Habsburger)

M 1 Die Könige im Spätmittelalter

Die Neuordnung des Reiches im Spätmittelalter

Von Königsmachern

Unmittelbar nach der Stauferzeit gerieten die Verhältnisse im Reich durcheinander. Zwei Könige beanspruchten die Herrschaft für sich und jeder behauptete, der einzig rechtmäßige König zu sein. Schließlich mischte sich sogar der Papst ein und forderte die **Kurfürsten** auf, einen rechtmäßigen König zu wählen. Dass die Wahl auf Rudolf von Habsburg fiel und er alleiniger Herrscher wurde, ist nicht entscheidend. Die Frage lautet, wer diese Kurfürsten waren und welche Rechte sie hatten.

Im Sachsenspiegel hielt um 1220 ein unbekannter Autor ihm bekannte Rechtsgrundsätze fest. Er schreibt auch über die Königswahl und berichtet von sechs Fürsten, die er als „vorwahlberechtigt“ sieht. Jene Fürsten hätten das Recht der „Kür“. Das bedeutet, sie durften eine Vorauswahl der Königskandidaten treffen. Sie waren aber nicht die alleinigen Wähler, noch waren wie bisher alle Mächtigen des Reiches gleichberechtigt und an einer Wahl beteiligt.

M 2 Kurfürsten und Kaiser
Das Bild wurde einer Ausgabe der Goldenen Bulle vorangestellt. Am linken Bildrand stehen die geistlichen Kurfürsten, zusätzlich durch ihre Schildwappen symbolisiert. Am rechten Rand die vier weltlichen Kurfürsten, jeweils mit der Flagge ausgestattet.
Buchmalerei, 14. Jh.

M 3 **Steinbüste von Kaiser Karl IV.**
am Prager St. Veitsdom. Der schwäbische Künstler Peter Parler prägte mit vielen Bauwerken das Bild der Stadt Prag.

M 4 **Böhmischer Kurfürstenornat**
Die weltlichen Kurfürsten trugen auf Reichstagen eine Amtskleidung. Sie bestand aus einem roten Umhang und perlenbestickten Handschuhen. Der typische Kurfürstenhut war mit dem weißen Fell vom Hermelin besetzt.

Die Goldene Bulle

Mit jeder Königswahl wurde deutlicher, dass nur noch wenige das eigentliche Sagen hatten. Einem Königskandidaten nötigte die kleine Gruppe im Vorfeld der Wahl umfangreiche Zugeständnisse ab. Wurde er ihnen zu mächtig, setzten sie ihn sogar wieder ab. Von 1336 an beanspruchten die Kurfürsten dann sogar das alleinige **Wahlrecht.**

Erst jetzt hatte sich eine feste Gemeinschaft von sieben Kurfürsten herausgebildet. Jenes Kurfürstenkolleg bestand aus

- drei geistlichen Kurfürsten: den Erzbischöfen von Trier, Köln und Mainz,
- vier weltlichen Kurfürsten: dem Herzog von Sachsen, dem Markgrafen von Brandenburg, dem Pfalzgrafen bei Rhein sowie dem König von Böhmen.

Jeder Kurfürst ließ sich seine Stimmabgabe vom Kandidaten teuer bezahlen – sei es mit Geld oder mit der Übertragung von Herrschaftsrechten. Solche Wahlversprechen wurden über Jahrhunderte weder als verwerflich noch als Bestechung oder Wahlbetrug gesehen. Da der Mainzer Bischof immer als Letzter seine Stimme abgab, wurde er bei Stimmengleichstand zum wichtigsten Wähler.

Auf Reichstagen machten die Kurfürsten ihre herausgehobene Stellung gegenüber den anderen deutlich. Sie saßen in unmittelbarer Nähe des Königs und trugen auch eine besonders kostbare Kleidung.

In einem Reichsgesetz, der **Goldenen Bulle** von 1356, regelte Kaiser Karl IV. in Absprache mit den Kurfürsten dann endgültig das Wahlverfahren. Der Name des Gesetzes leitet sich vom goldenen Kaisersiegel ab, welches am Pergament befestigt ist.

Das Reich im Spätmittelalter

Vergleicht man die Königsherrschaft im Hoch- und Spätmittelalter miteinander, so wird klar, dass die eigentliche Macht dem König entglitten war. Nur noch mächtige Landesherren hatten eine ausreichende Machtgrundlage, verfügten über genügend Geld und weitere Mittel, um sich später gegen die anderen Fürsten im Reich behaupten zu können. Dies erklärt, warum für zweihundert Jahre nur drei Familien die Könige stellten: die Habsburger, Wittelsbacher und Luxemburger.

Letztere entstammten dem gleichnamigen Fürstentum, stiegen aber zu Königen von Böhmen und Kaisern des Reiches auf. Unter Karl IV. konnte das Römisch-Deutsche Reich nochmals seine alte Größe entfalten. Die Vorherrschaft in Europa hatte es indes schon lange verloren. Nur noch ein einziges Mal rückte der römisch-deutsche Kaiser in den Mittelpunkt Europas, als er 1414 zum Konstanzer Konzil lud, um die Frage eines rechtmäßigen Papstes zu klären.

Aufgaben

1. Suche in der Königsreihe alle Herrschaftszeiten, in denen es ein Doppelkönigtum gab. → M1
2. Beschreibe, wodurch die geistlichen und weltlichen Kurfürsten jeweils gekennzeichnet sind. → M2
3. In welcher Funktion ist Karl in der Steinbüste dargestellt? → M3, M4
   Orientiere dich an der Methode „Umgang mit gegenständlichen Quellen". → S. 62

M 5 **Die gesetzliche Regelung der Königswahl**

In der Goldenen Bulle von 1356 wurde die Wahl des Königs erstmals gesetzlich geregelt:

a) In der Einleitung werden Gründe für die abschließende Regelung der Königswahl genannt:

Im Namen der heiligen und unteilbaren Dreifaltigkeit Glück und Segen, Amen.
Karl IV., von Gottes Gnaden Römischer Kaiser, zu allen Zeiten Mehrer des Reichs und König von Böhmen, zu ewigem Gedächtnis der Sache. Jedes Reich, das in sich uneins ist, wird veröden; denn seine Fürsten sind Diebsgesellen geworden. [...]
Da wir nun kraft des Amtes, das wir vermöge unserer Kaiserwürde innehaben, den künftigen Gefahren der Uneinigkeit und Zwietracht unter den Kurfürsten, [...] entgegenzutreten [...], haben wir, um die Einigkeit unter den Kurfürsten zu fördern, um Einhelligkeit bei der Wahl herbeizuführen und um der vorerwähnten schmählichen Uneinigkeit und den mannigfachen, aus ihr erwachsenden Gefahren den Zugang zu verschließen, die hiernach geschriebenen Gesetze auf unserem feierlichen Reichstag zu Nürnberg, im Beisein aller geistlichen und weltlichen Kurfürsten [...], nach vorgängiger reiflicher Beratung kraft kaiserlicher Machtvollkommenheit erlassen, aufgestellt und zu bestätigen für gut befunden im Jahre des Herrn 1356, [...] am 10. Januar, im zehnten Jahr unserer Reiche und im ersten unseres Kaisertums.

b) Die Reihenfolge der Stimmabgabe wird in der Goldenen Bulle sehr genau geregelt. Dabei wurden Traditionen berücksichtigt:

Nachdem aber die mehrgenannten Kurfürsten oder ihre Gesandten in die Stadt Frankfurt eingezogen sind, sollen sie sogleich bei Anbruch des folgenden Tages in der Kirche des heiligen Apostels Bartholomäus daselbst in vollzähliger Anwesenheit die Messe de Sancto Spiritu singen lassen, damit der Heilige Geist ihre Herzen erleuchte und ihren Verstand mit dem Licht seiner Kraft erfülle, auf dass es ihnen gelinge, mit seinem Beistand einen gerechten, redlichen und tüchtigen Mann zum römischen König und künftigen Kaiser zu wählen zum Heil der Christenheit. [...] Nachdem aber sie oder die Mehrzahl von ihnen an diesem Ort gewählt haben, muss eine solche Wahl gleich gehalten und geachtet werden, wie wenn sie von ihnen allen ohne Gegenstimme einhellig vollzogen wäre. [...]
Zuerst soll er [der Erzbischof von Mainz] den Erzbischof von Trier fragen, dem wir die erste Stimme zuerkennen, die ihm, wie wir erfahren, auch bisher zustand, zweitens den Erzbischof von Köln, dem die Würde und Pflicht zukommt, dem römischen König zuerst die Königskrone aufzusetzen, drittens den König von Böhmen, der unter den weltlichen Kurfürsten vermöge der Hoheit königlicher Würde mit Recht und nach Gebühr den Vorrang behauptet, viertens den Pfalzgrafen bei Rhein, fünftens den Herzog von Sachsen, sechstens den Markgrafen von Brandenburg [...]. Wenn das geschehen ist, sollen ihn seine Mitkurfürsten ihrerseits befragen, damit auch er seinen Willen ausspreche und ihnen seine Stimme kundgebe.

Die Goldene Bulle. S. 97 ff.

M 6 **Siegel einer „Goldenen Bulle"**
Das Goldsiegel stammt von der Bulle an den Kölner Erzbischof. Es hat einen Durchmesser von etwa 60 mm und ist 6 mm hoch.

M 7 **Hausmachtspolitik im späten Mittelalter und die Kurfürstentümer**

Aufgaben

1. a) Nenne die Gründe für die Ausstellung der Goldenen Bulle. → M5

   b) Trage in einer Tabelle die Reihenfolge der Königswähler und den in der Goldenen Bulle genannten Grund ein. → M5

Königswähler	Grund
1. Kurfürst von …	…

   c) Begründe, welcher Königswähler der Wichtigste von allen ist.

   → M5

2. Suche Übereinstimmungen zwischen der Königswahl Ottos des Großen und den Vorschriften der Goldenen Bulle.

3. Erkläre, worauf sich Karl IV. bei der Ausstellung der Goldenen Bulle beruft. Beachte dabei die Darstellung auf dem Siegel der Goldenen Bulle.

   → M5, M6

4. a) Vergleiche die Gebiete der Kurfürsten miteinander.

   → M7

   b) Beschreibe den Besitzstand der Wittelsbacher, Habsburger und Luxemburger um 1300, um 1350 und um 1380. Trage die Ergebnisse in einer Tabelle ein.

   → M7

M 1 Alter Hof in München

Er war vom 13. bis zum 15. Jahrhundert die Residenz der Wittelsbacher. Die Wände zum Innenhof sind mit dem typischen bayerischen Rautenmuster bemalt.
Der Erker am Torhaus ist auch als „Affenturm" bekannt. Der Sage nach soll einst ein Affe aus seinem Gehege ausgebrochen sein und den späteren Kaiser Ludwig IV. als Säugling auf das Türmchen verschleppt haben. Erst nach einigen Stunden soll der Affe wieder eingefangen worden sein. Die Entführung Ludwigs wurde später als Unheil bringendes Zeichen gedeutet.

Bayern im Mittelalter

Betrachtet man das historische Bayern, so erkennt man rasch, dass sich dieses erheblich vom heutigen Staat unterscheidet.

Die bayerischen Kernlande

Lässt man die Zeit der Karolinger und die Unterwerfung des bayerischen Stammesführers Tassilo einmal außer Acht, so findet man die Anfänge des bayerischen Territorialstaates im Hochmittelalter. Unter den staufischen Königen wurde Otto von Wittelsbach im Jahr 1180 die bayerische Herzogswürde verliehen. Damit kam eine Familie an die Macht, deren Herrschaft über Bayern erst 1918, nach dem Ersten Weltkrieg, enden sollte.

Die Wittelsbacher zählten im Mittelalter zunächst nicht zu den mächtigsten Familien im Reich. Sie konnten aber ihren Besitz durch geschicktes Heiraten, durch Kauf, Tausch oder Erbschaften beträchtlich erweitern. Gleichwohl blieben ihre Ländereien immer von anderen Herrschaftsgebieten durchbrochen: der Bischofsstadt Passau, der Fürstprobstei Berchtesgaden, dem Gebiet des Bistums Freising und kleineren weltlichen Territorien.

Oft kam den wittelsbachischen Herzögen bei ihrer Erwerbspolitik das Glück zur Hilfe. So konnten sie durch eine geschickt eingefädelte Ehe mit der Witwe des Grafen von Bogen 1242 deren Gebiet erwerben. Nur wenige Jahre später kam der Besitz der Grafen von Andechs und der Grafschaft Ortenburg dazu.

Mit Herzog Ludwig IV. (1294–1357), der sogar die Königs- und Kaiserwürde erreichen konnte, stand Bayern für kurze Zeit an der Spitze des Reiches. Unter diesem Kaiser wurde München als erste Stadt im Reich zur festen Residenzstadt ausgebaut. Sein ständiger Herrschaftssitz war der „Alte Hof" unweit des heutigen Rathauses am Marienplatz.

Ludwig musste aber 1329 die Pfalzgrafschaft bei Rhein und die „obere Pfalz" an seine wittelsbachischen Verwandten abtreten. Damit spaltete sich das Haus Wittelsbach in eine pfälzische und eine bayerische Linie. Bayern verlor damals die Oberpfalz, die in jener Zeit ein wichtiges Rohstoffgebiet war. Die Kurwürde mussten die Bayern der pfälzischen Linie überlassen.

Das bayerische Herzogtum wurde 1392 in drei Herrschaftsteile aufgeteilt. Erst nach einigen kriegerischen Auseinandersetzungen und dem Aussterben der wittelsbachischen Familien in Ingolstadt und Landshut, wurden die zersplitterten Teile Bayerns wieder vereint. München wurde endgültig zur Hauptstadt. Der damalige bayerische Herzog Albrecht IV. erließ ein Gesetz, in dem eine erneute Teilung für die Zukunft untersagt wurde.

Aufgaben

1. a) Erkläre mithilfe des bayerischen Staatswappens die Bemalung des Alten Hofs in München. → M1, M2
   b) Ordne die heutigen Regierungsbezirke den Wappenteilen zu. Hilfe bieten dir Karten in deinem Geografieatlas. → M2
2. Suche deine Heimatregion und beschreibe deren Zugehörigkeit zu Bayern. → M3

Goldener Löwe
Der Löwe war das Wappen der welfischen Pfalzgrafen am Rhein. 1214 fiel die Pfalzgrafschaft durch Heirat an die Wittelsbacher. Seither führten die Wittelsbacher Pfalzgrafen, die später auch die Oberpfalz erhielten, den Löwen.

Fränkischer Rechen
Das rot-silberne Symbol führten die Bischöfe von Würzburg, die im Mittelalter weite Teile Unterfrankens beherrschten. Zu Bayern kam Franken erst Anfang des 19. Jh. und wird seither durch dieses Wappenteil vertreten.

Blauer Panther
Den Feuer speienden blauen Panther führten die Grafen von Ortenburg in Südostbayern. Mitte des 13. Jh. erlangten die Wittelsbacher fast den ganzen Besitz und rundeten ihr Territorium in Niederbayern vorteilhaft ab.

Weiß-blaue Rauten
Die weiß-blauen Rauten im „Herzschild" waren das Wappen der Grafen von Bogen, die von den Wittelsbachern 1242 beerbt wurden. Die Reihenfolge der Farben ist Weiß-Blau, wie es auch die Fahne Bayerns zeigt.

Drei schwarze Löwen
Seit dem 12. Jh. führten die schwäbischen Herzöge aus der Familie der Staufer die drei Löwen im Wappen. Nach dem Tod des letzten Staufers Konradin im Jahr 1268 fiel der Besitz der Staufer an die Wittelsbacher.

M 2 Großes bayerisches Staatswappen

Das große bayerische Staatswappen wurde mit Gesetz vom 5. Juni 1950 vom bayerischen Landtag beschlossen. Es versinnbildlicht die im Staat vereinigten Stämme der Bayern, Franken, Schwaben und Pfälzer. Darüber hinaus steht das Wappen für die Eigenstaatlichkeit (Eigenständigkeit) Bayerns. Die Krone auf dem Wappen steht heute für die Herrschaft des Volkes („Volkskrone").

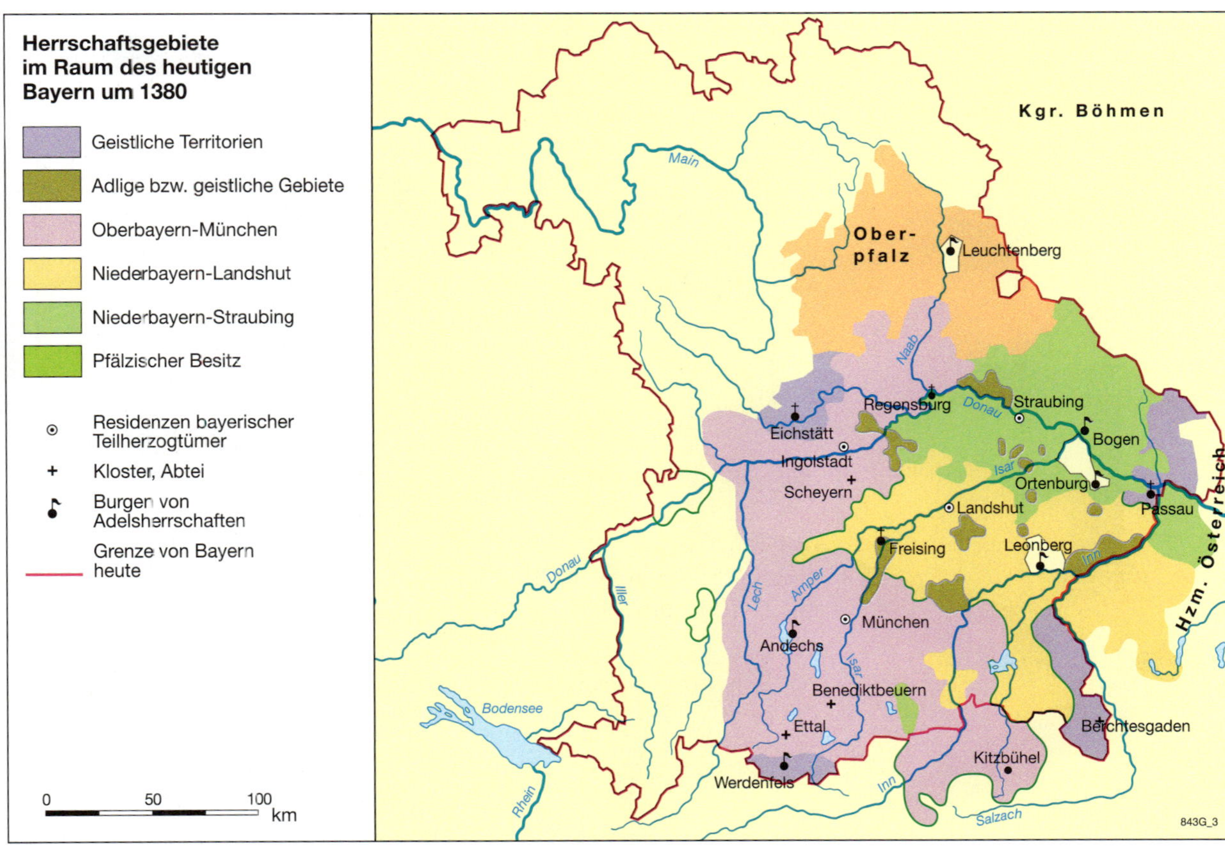

M 3

Ordne die Begriffe einander zu. Es passt jeweils eine „Heilige Lanze“ zu genau einem „Reichskreuz“.

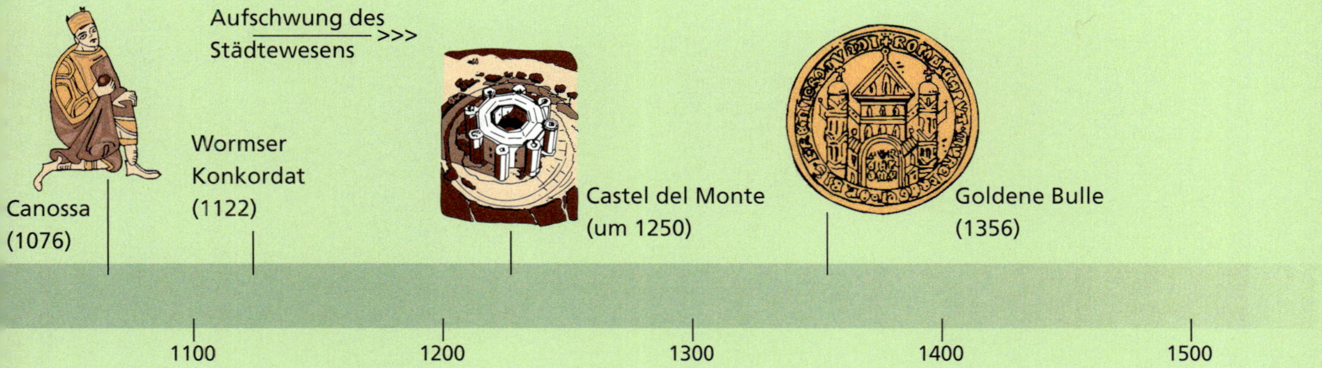

Zusammenfassung

Lesetipp

Chopin, Brigitte; Joly, Dominique: Mittelalter. Fleurus Juniorwissen 2004

Holler, Renee: Gefahr für den Kaiser. Loewe Verlag 2002 (Ratekrimi)

Spieletipp

Notre Dame – Macht und Machenschaften im Schatten der Kathedrale. Ravensburger 2007 (Brettspiel)

Hörtipp

Die Zeitgeister: Unterwegs im Aachener Dom, von August Wirtz, Deutsche Stiftung Denkmalschutz, 2005

Filmtipp

Europa im Mittelalter (Geo Epoche)
Die Doppel-DVD beinhaltet vier Folgen einer ZDF-Serie.

Die Deutschen, zehnteilige ZDF-Dokumentarreihe, 2008

Das **Mittelalter** wurde tief von der christlichen Religion geprägt. Im gesamten Leben und Denken der Menschen war der Glaube an das bevorstehende Reich Gottes gegenwärtig.
Männer oder Frauen schotteten sich im **Kloster** von der übrigen Welt ab, um sich den Regeln des **Benedikt von Nursia** entsprechend nur dem Glauben widmen zu können. Den Vorsitz in der klösterlichen Gemeinschaft führte ein **Abt** oder eine **Äbtissin,** wie **Hildegard von Bingen.**
Unter **Karl dem Großen** erreichte das Frankenreich seine größte Ausdehnung. Im Jahr 800 n. Chr. erfolgte die **Erneuerung des Kaisertums.** Kaiser und Papst gingen damals eine enge Verbindung ein, welche im Verlauf des Mittelalters Höhen und Tiefen durchlebte.
Die soziale Ordnung war durch das Leben in der Grundherrschaft festgelegt. Der **Grundherr** bestimmte über die ihm hörigen Bauern. Ihm waren **Frondienste** zu leisten. Ein freiwilliges Treueversprechen ging dagegen ein **Vasall** ein, der im Gegenzug für sein Gelöbnis ein **Lehen** erhielt.
Der eigentliche **Beginn der deutschen Reichsgeschichte** findet sich rund hundert Jahre später im 10. Jahrhundert unter den sächsischen Königen. **Otto I.,** der den Beinamen der Große erhielt, wurde in Rom zum Kaiser gekrönt. Das Herrschaftsgebiet erstreckte sich von der Nordsee bis nach Italien. Man nennt es auch **Heiliges Römisches Reich,** womit erneut die enge Beziehung zum christlichen Glauben deutlich wird.
Ausgestattet mit den Insignien trat der König seine rastlose Reise durch das Reich an, denn er musste seine Herrschaft unmittelbar vor Ort umsetzen: z. B. durch die **Investitur** eines Bischofs. Hierüber kam es schließlich 1076 zum Konflikt mit dem Papst, der die alleinige Führung der Christenheit beanspruchte. Kaiser Heinrich IV. wurde mit dem **Bann** belegt und konnte sich nur unter großen Schwierigkeiten vor der Burg **Canossa** daraus befreien. Die Lösung wurde erst 1122 im Wormser **Konkordat** gefunden, als der Kaiser auf seine geistliche Macht verzichten musste.
Im Hochmittelalter trat beim Tode des Königs in der Regel die **Erbfolge** innerhalb der Familie ein. Erst nach der Herrschaft **Friedrichs II.** bildete sich die Gruppe der **Kurfürsten** aus, die ihr **Wahlrecht** in der Goldenen Bulle zugesichert bekam. Je mehr königliche Rechte die Fürsten an sich ziehen konnten, desto mehr stärkten sie ihre Stellung als **Landesherr.** Das Reich bildete am Ende des Mittelalters nur noch eine äußere Klammer für weitgehend unabhängige **Territorialstaaten.**

2. Wirtschaft, Gesellschaft, Kultur im Mittelalter

Kaiserburg in Nürnberg

Kaiser Friedrich Barbarossa als Kreuzfahrer

Handwerker

Handelswege der Hanse

Kirchenfenster in Notre-Dame

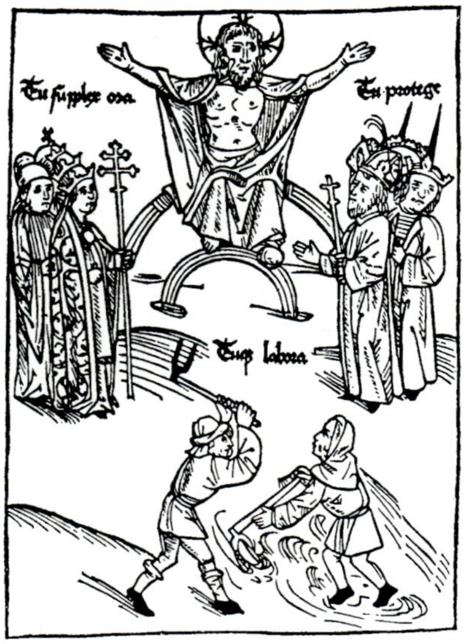

M 1 **Die drei Stände**
Den niedrigsten Rang hatte der Bauernstand, in dem es wegen seiner Größe erhebliche Unterschiede gab. Holzschnitt, 1492

Klerus
Bezeichnung für alle Männer, die ein kirchliches Amt ausüben, z. B. Mönche, Pfarrer oder Bischöfe

M 2 **Kaiser Otto III.** wird von Papst Gregor V. zum Kaiser gesalbt. Zwei adlige Höflinge schauen zu. Zeichnung, um 1450

Leben im Mittelalter – die Ständeordnung

Jeder auf seinem Platz

„Du bete demütig“ (tu supplex ora), „du schütze“ (tu protege) „und du arbeite“ (tuque labora) – so teilt der segnende Christus den drei Ständen ihre Aufgabe zu. Nach den Vorstellungen der Menschen im Mittelalter hatte Gott der Welt eine feste Ordnung gegeben. Jeder Mensch gehörte einem Stand an: als Geistlicher, Adliger oder Bauer. Zu welchem Stand man gehörte, entschied allein die Geburt. Der erste und zweite Stand erhielten ihre wirtschaftliche Absicherung durch die Arbeit des dritten Standes. Die göttliche Ordnung wurde von den Menschen nicht hinterfragt.

Jeder Stand hatte aber auch seine Pflichten der Gemeinschaft gegenüber: durch Gottesdienst, Kampf oder körperliche Arbeit. Die einen standen oben, die anderen unten. Daran konnte und sollte niemand etwas ändern. Die Realität sah aber anders aus, denn immer wieder durchbrachen Personengruppen die strenge Trennung zwischen den Ständen. So konnten Unfreie durch den Dienst am Königshof in den Adelsstand aufsteigen. Die Ständeordnung hatte aber nicht alle Menschen erfasst (z. B. Bettler, Henker, Totengräber).

Wer gehörte zum Bauernstand?

Die Bauern waren die größte Bevölkerungsgruppe, die etwa 90 % der Bevölkerung ausmachte. Ihre Aufgabe war es, die Menschen zu versorgen. Die **Grundherrschaft** setzte fest, welche Rechte und Pflichten die Bauern jeweils hatten. So bestanden viele unterschiedliche Abhängigkeiten von ihrem Grundherrn. Die Bauern bekamen als Gegenleistung dafür vor allem den Schutz.

Der Klerus – der geistliche Stand

Die Geistlichkeit war durch die Weihe ihrer Mitglieder gegenüber allen anderen Menschen (Laien) hervorgehoben. Der *Klerus*, untergliedert in Weltgeistliche (z. B. Priester, Bischöfe) und Ordensgeistliche (Mönche, Nonnen), war abgestuft. Der geistliche Stand besaß besondere Vorrechte: Sie waren von der weltlichen Gerichtsbarkeit befreit und unterstanden nur dem geistlichen Gericht. Ebenso mussten sie keine weltlichen Abgaben und Steuern bezahlen. Sie konnten aber weltliche Aufgaben übernehmen, z. B. als Königsboten unter Karl dem Großen. Zu ihren Regeln zählten das Gebet, ein würdiger Lebenswandel sowie die Ehe- und Kinderlosigkeit. Geistlicher konnte man somit nicht durch Geburt werden.

Könige, Herzöge, Grafen und Ritter

Diese Titel zählt man zu einer vornehmen und wohlhabenden Personengruppe, die als **Adel** bezeichnet wird. Die politische Macht war ausschließlich diesem Stand vorbehalten: Besitz und Herrschaft befanden sich weitgehend in ihrer Hand. Die Zugehörigkeit zu dieser Gruppe war durch die Geburt vorgegeben. An der Spitze des Adels stand der König. Ihm untergeordnet waren Herzöge, denen wiederum unterstanden die Grafen. Unter den Grafen standen die Ritter, deren Stand sich aus ehemals Unfreien entwickelte.

M 3 Aus der Chronik des Jean Froissart

Der Dichter und Chronist [Geschichtsschreiber] Jean Froissart schreibt über die Ständeordnung in seiner Chronik:

Die Dinge können nicht gut gehen, bis es so weit ist, dass aller Besitz gemeinsam wird und es weder Bauern noch Edelleute gibt und wir alle eins sind. Aus welchem Grund sind die, die wir Herren nennen, größere Meister als wir? Und wenn wir alle von einem Vater und einer Mutter, Adam und Eva, abstammen, inwiefern können sie beweisen, dass sie mit besserem Grund als wir Herren sind?

Chronik des Jean Froissart, 1387 (gekürzt)

M 4 Der ferne Spiegel

Die Historikerin Barbara Tuchmann schreibt über Kardinal Jakob von Vitry aus dem 13. Jahrhundert und dessen Haltung zur Ständeordnung:

„Ihr Adligen seid wie hungrige Wölfe", schrieb Jakob von Vitry, Verfasser von Predigten und moralischen Fabeln im 13. Jahrhundert. „Darum sollt ihr in der Hölle heulen [...] die ihr eure Untergebenen misshandelt und die ihr von dem Blut und dem Schweiß der Armen lebt." [Wie viel ein Bauer auch in einem Jahr erarbeitet], „der Ritter, der Adlige verschlingt es in einer Stunde".

Tuchmann, B.: Der ferne Spiegel, S. 48–49

M 5 Meier Helmbrecht

In der Versnovelle „Meier Helmbrecht" aus dem 13. Jh. lässt der Verfasser Wernher der Gärtner den Bauernsohn Helmbrecht eine vornehme Samtkappe finden und sie aufsetzen. In der Wohnstube trifft Helmbrecht seine Eltern und seine Schwester.

HELMBRECHT: Vater, Vater, schau was für eine Kappe!
GOTELINT: (freudig ihren Bruder begrüßend) Wie schön! Jetzt siehst du aus wie ein Prinz.
VATER: Wie ein Prinz? Dass ich nicht lache, lächerlich schaut er aus. [...] Ein Prinz will er sein, was für eine Anmaßung. Eine Schande ist das. [...] Er ist Bauernsohn, und er soll Bauer werden, wozu braucht er da so einen Unsinn?
HELMBRECHT: Niemals werde ich Bauer sein. Ich bin frei und kann tun und lassen, wie es mir passt.
VATER: (an seine Frau) Da siehst du, was für Flausen du dem Jungen in den Kopf setzt. Er drückt sich ja jetzt schon wie und wann und wo vor jeglicher Arbeit. Womöglich macht sich der feine Herr noch die zarten Hände schmutzig. [...] Und was möchtest du mal werden? Irgendwovon musst du dich ja ernähren. [...]
MUTTER: Du darfst ihn nicht ernst nehmen.
VATER: Nicht ernst nehmen? Ich schufte mich ab, Tag für Tag, um euch ein angenehmes Leben zu ermöglichen ...
HELMBRECHT: Wie bitte? Ein angenehmes Leben nennst du das, was du führst? Schau dich doch bloß einmal um? Armut und Dreck. Was bleibt dir denn übrig, wenn du den größten Teil deines Einkommens an die Adligen und Pfaffen abgetreten hast? Sie reißen sich stets das Beste unter den Nagel, ohne auch das Geringste dafür zu tun. Und wenn die Ernte schlecht ausfällt, fordern sie auch noch das von dir, was du nicht hast. Und für solche Leute soll ich mich mein Leben lang erniedrigen? Niemals, Vater, niemals!

Tschirch, F. (Hg.): Meier Helmbrecht. S. 21 (gekürzt und leicht verändert)

Aufgaben

1. a) Durch welche Pflichten sind die drei Stände auf dem Bild gekennzeichnet? → M1
   b) Begründe, wie sie einander räumlich zugeordnet sind. → M1
2. Verfasse mit deinem Banknachbarn einen Dialog der beiden Adligen über ihren Stand bei der Salbung Kaiser Ottos III. → M2
3. Vergleiche, wer die Ordnung unter den Menschen festgelegt hat. → M3, M4
4. a) Schreibe einen Brief aus Helmbrechts Sicht, weshalb er nicht das Leben seines Vaters leben möchte. → M5
   b) Erkläre, wie der Vater seine Meinung dazu begründet. → M5

M 1 Burg Prunn bei Riedenburg
Die Höhenburg Prunn wurde 1037 erstmals urkundlich erwähnt.

Die Burg und ihre Bewohner

Lage und Aufbau einer Burg

Die Burg Prunn bei Riedenburg thront über dem Altmühltal und ist weithin sichtbar. Sie ist nur eine der vielen Burgen aus dem Mittelalter, die zum Schutz der Macht eines Grundherrn gebaut wurden und dessen Machtzentrum bildeten. Für eine Burg brauchte man vor allem einen sicheren Platz: Im Flachland suchte man einen Ort, an dem man einen Wassergraben anlegen konnte (Wasserburg), in bergigem Gebiet wurde die Burg auf einer Kuppe steiler Berge (Höhenburg) gebaut, wobei der obere Teil des Berges möglichst abgeholzt wurde, damit sich kein Feind unbemerkt anschleichen konnte.

Die Vorburg war das wirtschaftliche Herz der Burg. Hier lebten Knechte und Mägde unter armseligen Bedingungen. Zwischen Stallungen und Scheunen lagen Brennholzschuppen, Hundezwinger, Taubenschlag, Fischgruben und Gewürzbeete eng zusammen. Hinter der Vorburg erreichte man den Haupthof. Als Beobachtungspunkt und als letzte Zufluchtsstätte der Burgbewohner erhob sich hier der Bergfried. Sein Zugang lag oft erst in mehreren Metern Höhe, den man über eine Leiter erreichte. Mit den Vorräten im Inneren konnten die Belagerten dem Feind noch eine ganze Weile trotzen. Der Bergfried war mit seinen meterdicken Mauern nicht nur der letzte Verteidigungspunkt, sondern diente gelegentlich auch als Verlies für Gefangene. Eine Mauer schützte die gesamte Burg und deren Bewohner. Um die Burg zu betreten, musste man über die Zugbrücke gehen, die besonders bewacht wurde. Zur Abwehr möglicher Gegner war die Burg mit schmalen Schießscharten, aus denen man Pfeile auf die Feinde schoss, ausgestattet.

M 2 Die Harburg bei Donauwörth
Die Harburg bei Donauwörth war Sitz der Grafen von Oettingen. Sie wurde im Jahr 1093 erstmals urkundlich erwähnt und seither ausgebaut und erweitert. Im Palas befindet sich ein interessantes Schlossmuseum. ① Unteres Tor, ② Inneres Tor, ③ Weißer Turm, ④ Oberes Tor, ⑤ Kastenhaus (Getreidespeicher), ⑥ Bergfried (Diebsturm), ⑦ Saalbau, ⑧ Faulturm (Bergfried), ⑨ Palas (Fürstenbau), ⑩ Brunnen, ⑪ Schlosskirche, ⑫ Glockenturm

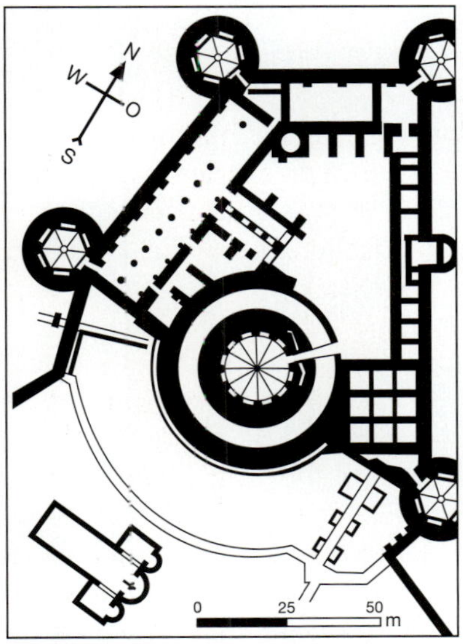

M 3 Grundriss der Kernburg von Coucy in Frankreich
Rekonstruktionszeichnung

Aufgaben einer Burg

Neben der Herrschaftssicherung waren die weiteren Aufgaben einer Burg sehr unterschiedlich. Zum einen boten Burgen der Bevölkerung aus der Nähe Zuflucht bei einem Angriff. Zum Schutz war der Burgherr verpflichtet, weil er als Grundherr über die hörigen Bauern herrschte. Die Burgherren überwachten zum anderen auch Handelswege und konnten Wegzölle erheben. Eine Burg war auch eine Herberge für Händler und Reisende, die sich oft auf Burgen zu Märkten trafen. So war sie ein wichtiges Wirtschaftszentrum. Dort lebten zudem Handwerker, deren Produkte die Dorfbewohner und Reisenden kaufen konnten.

Außerdem war die Burg die Wohnung und der Herrschaftsmittelpunkt des Burgherrn. Hier zog der Grundherr die Abgaben seiner Bauern ein und sprach als Gerichtsherr über sie Recht. Burgen dienten auch der Herrschaftssicherung eroberter Gebiete und zeigten der Bevölkerung die Macht des Burgherrn. Kulturell waren sie Schauplätze von Ritterturnieren.

Die Wohnverhältnisse auf einer Burg

Das Wohnen auf einer Burg war nicht so prachtvoll, wie wir es aus Ritterfilmen kennen.

- Die Räume waren größtenteils dunkel, weil die Fenster zur Verteidigung meist nur aus schmalen Schlitzen bestanden.
- Im Winter oder bei schlechtem Wetter verschloss man diese Fensterschlitze mit Holzläden, nur reiche Burgherren verwendeten Pergament, das etwas Licht durchließ.
- Die Wände wurden oft weiß getüncht, um die Räume etwas aufzuhellen. Als Beleuchtung dienten Fackeln, die stark rußten, und Talglampen, die einen ranzigen Geruch verbreiteten.
- Beheizt wurden nur die Wohnräume der Burg, da Brennholz sehr teuer war. Diese Räume nannte man *Kemenaten.*

Ein Fortschritt stellte die Verbreitung der Kachelöfen aus dem 12. Jahrhundert dar: Die Wärme hielt sich länger und konnte sich besser verteilen.

Wasser musste mühsam aus dem Brunnen geschöpft und das Badewasser musste mit teurem Feuerholz erhitzt werden. Deshalb wusch man sich nur unregelmäßig. Hatte eine Burg keinen Brunnen, wurde Regenwasser in *Zisternen* gesammelt.

Die Böden wurden mit Binsen (krautartigen Pflanzen) bestreut, um die Kälte zu dämmen. Oft versteckte sich unter den Binsen Ungeziefer, deshalb und weil sie nach einiger Zeit verfaulten, erneuerte man sie immer wieder.

Kemenaten

von lat. caminata = beheizter Raum. Sie sind nicht nur die Frauengemächer, sondern die gesamten Wohnräume des Burgherrn.

Zisterne

Sammelbehälter für Trink- und Nutzwasser

Aufgaben

1. Erkläre, welche baulichen Elemente eine Burg kennzeichnen. → M2, M3
2. Beschreibe die Größe der Burg Coucy im Vergleich mit der Kirche. → M3
3. Erstelle eine Tabelle nach folgender Vorlage und ergänze zu jedem Bereich, welche Aufgaben bzw. Funktionen eine Burg hatte. → M2

Herrschafts-sicherung	Schutz-funktion	wirtschaftliche Funktion	kulturelle Aufgaben

4. Schreibe einen Tagebucheintrag einer Edeldame über das Leben auf einer Burg im Winter.

M 4 **Burg Guédelon in Frankreich**
Rekonstruktionszeichnung

M 5 **Experimentelle Archäologie – Guédelon**
Mit Handwerkstechniken des 13. Jahrhunderts wird die Burg Guédelon in Burgund seit 1997 wieder aufgebaut. Man rechnet mit 25 Jahren Bauzeit.
Foto, 2006

M 6 Leben auf der Burg

Ulrich von Hutten, geb. 1488, berichtet in einem Brief von 1518 über das Leben auf der Burg in seiner Jugendzeit:

Die Burg selbst, ob sie auf dem Berg oder in der Ebene liegt, ist nicht als angenehmer Aufenthalt, sondern als Festung gebaut. Sie ist von Mauer und Graben umgeben, innen ist sie eng und durch Stallungen für Vieh und Pferde zusammengedrängt. Daneben liegen dunkle Kammern, vollgepfropft mit Geschützen, Pech, Schwefel und sonstigem Zubehör für Waffen und Kriegsgerät. Überall stinkt es nach Schießpulver; und dann die Hunde und ihr Dreck, auch das – ich muss es schon sagen – ein lieblicher Duft! [...] Man hört das Blöken der Schafe, das Brüllen der Rinder, das Bellen der Hunde, das Rufen der auf dem Feld Arbeitenden, das Knarren und Rattern der Fuhrwerke und Karren; ja, sogar das Heulen der Wölfe hört man in unserem Haus, weil es nahe am Wald liegt.
Der ganze Tag bringt vom Morgen an Sorge und Plage, ständige Unruhe und dauernden Betrieb. Äcker müssen gepflügt und umgegraben werden, Weinberge müssen bestellt, Bäume gepflanzt, Wiesen bewässert werden; man muss eggen, säen, düngen, mähen und dreschen; jetzt steht die Ernte bevor, jetzt die Weinlese. Wenn aber einmal ein schlechtes Ertragsjahr kommt, wie in dieser mageren Gegend meistens, dann haben wir fürchterliche Not und Armut.

Materialien für den GU – Die Neuzeit. S. 37 f.

M 7 **Burgenbautechnik im Spätmittelalter**

M 8 Burgentypen

a) Die Burgruine Weißenstein befindet sich im Bayerischen Wald in der Ortschaft Weißenstein (Niederbayern).

b) Die Burg Trausnitz aus dem 12. Jahrhundert thront über Landshut (Niederbayern).

c) Die Burg Brennhausen aus dem 13. Jahrhundert liegt bei Sulzdorf an der Lederhecke im Landkreis Rhön-Grabfeld (Unterfranken).

d) Die „Alte Veste", ehemals Burg Berch, aus dem 13. Jahrhundert liegt in Zirndorf bei Nürnberg (Mittelfranken).

Aufgaben

1. Überlege dir, aus welchen Gründen man den Wiederaufbau der Burg Guédelon durchführt.
   → M4, M5
2. a) Nenne 5 verschiedene Aufgaben der Burgbewohner.
   → M6
   b) Erkläre, weshalb die Burg ein landwirtschaftliches Zentrum war.
   → M6
3. Beschreibe, welche Berufe beim Burgenbau wohl nötig waren.
   → M5, M7
4. Es gibt verschiedene Burgtypen. → M8
   a) Ordne den Bildern die Burgentypen zu: Turmburg – Höhenburg – Wasserburg – Felsenburg.
   b) Notiere, welche Vor- und Nachteile der jeweilige Burgentyp für die Burgbewohner mit sich bringt.
5. a) Informiere dich, welche Burgen bzw. Burgruinen es in deiner Nähe gibt.
   b) Erstelle einen Burgensteckbrief mit folgenden drei Merkmalen: Bauherr – Entstehungszeit – Burgentyp.

Das Rittertum - ein neuer adliger Stand

M 1 Aufbruch in den Kampf
Miniatur aus dem 12. Jahrhundert

Von unfreien Hofbeamten zu edlen Rittern

In einer Ständegesellschaft wie der des Mittelalters war es nur sehr schwer gesellschaftlich aufzusteigen. Eine Ausnahme bildeten die *Ministerialen*. Als es im 10. Jahrhundert vermehrt zu Überfällen durch Slawen und Ungarn auf das **Heilige Römische Reich** kam, benötigten die Fürsten berittene Krieger, die gegen die Feinde kämpften. Diese berittenen Panzerkrieger waren unfreie Hofbeamte (Ministerialen), die im Hochmittelalter zu einem neuen Stand innerhalb des Adels wurden – dem Rittertum.

Ministerialen

Oberschicht unfreier Dienstmannen im Hof-, Verwaltungs- und Kriegsdienst bei einem weltlichen oder geistlichen Fürsten

Voraussetzungen eines Ritters

Es konnte aber nicht jeder Ritter werden, denn dazu brauchte man:

- Waffen,
- eine Rüstung,
- Pferde: ein gut ausgebildetes Schlachtross und zwei weitere Pferde für den Ritt und den Transport der Rüstung.

Ein einziges Pferd kostete schon so viel wie 5 bis 20 Ochsen, ein Kettenpanzerhemd etwa 20 bis 100 Ochsen. Voraussetzung war also ein gewisser Reichtum, der aus Eigenbesitz, einem Lehen oder einem Amt im Königsdienst bestehen konnte. Nach und nach gelang es einigen ursprünglich unfreien Ministerialen, eine adelsgleiche Stellung in Form einer eigenen Herrschaft zu erreichen. Sie konnten ihr Lehen vererben und sicherten ihren Besitz durch eigene Burgen.

Als Grundherr bestimmte jeder Ritter über die Bauern, die auf seinem Land lebten. Er forderte von ihnen **Frondienste:**

- Arbeit auf seinen Feldern,
- Hilfe bei Bauarbeiten,
- Hilfe bei Transporten, die sogenannten Hand- und Spanndienste
- und Abgaben in Form von Naturalien oder Geld.

Ohne die Leistungen der von ihm abhängigen Bauern hätte kein Ritter sein tägliches Leben und seine Kriegszüge finanzieren können.

Page

Als Page bezeichnet man einen Knaben im Alter von 7–14 Jahren, der zum Ritter ausgebildet wird.

Knappe

Ein Knappe ist ein mindestens 14-jähriger Sohn eines Ritters (Edelknabe), der bei einem Ritter das Waffenhandwerk erlernt.

Ausbildung eines Ritters

Um Ritter zu werden, wurden adlige Söhne im Alter von 7 Jahren meist zu Hause als *Pagen* erzogen. Dabei lernten sie unter anderem Reiten und den Kampf mit hölzernen Übungswaffen, aber auch Anstandsregeln, Tanz und Musizieren. Lesen und Schreiben spielten kaum eine Rolle.

Anschließend schickten die Väter ihre Söhne ab dem 14. Lebensjahr zu anderen Adligen, wo sie als *Knappen* erzogen wurden. Neben der Jagd mit Hunden und Greifvögeln lernten die Jugendlichen den Umgang mit richtigen Waffen. Außerdem mussten sie ihren Herrn im Kampf und im Turnier begleiten. Wichtig war in der Erziehung auch gutes Benehmen am Fürstenhof. Teil der höfischen Erziehung war auch das angemessene Verhalten gegenüber adligen Damen. Wenn der Knappe sich im Kampf bewährt und im Laufe der Jahre gute Manieren gelernt hatte, wurde er meist mit 21 Jahren in die Ritterschaft aufgenommen. Diesen feierlichen Anlass bezeichnet man als „Schwertleite", da dem Knappen ein Schwert umgegürtet wurde. Im 14. Jahrhundert wurde die Schwertleite durch den Ritterschlag ersetzt.

M 2 Schwertleite
zeitgenössische Buchmalerei

Frouwe, mînes lîbes frouwe,
an dir stêt aller mîn gedanc.
dar zuo ich dich vil gerne schouwe.
du gewunne nie unstaeten wanc.
dar zuo waere ich dir vil gerne bî.
nû nim mich in dîn genâde,
sô belîbe ich aller sorgen frî.

Übersetzung:
Herrin, meines Lebens Herrin,
bei dir sind alle meine Gedanken.
Dazu sehe ich dich sehr gerne.
Mögest du nie wankelmütig werden.
Dazu wäre ich sehr gerne ganz nahe bei dir.
Nun nimm mich in deine Gunst auf,
dann bleibe ich frei von allen Sorgen.

M 3 **Mittelalterlicher Minnesang,** aus der Manessischen Liederhandschrift,
Dietmar von Aste, 12. Jh.

Ritterturniere

In erster Linie als Übung für den Kriegsfall und im Verlauf des Mittelalters verstärkt als unterhaltsame Kampfspiele wurden auf den großen Ritterburgen oder in der Nähe größerer Städte Turniere veranstaltet. Hierzu strömten viele Ritter oft aus weiter Umgebung herbei. Zu Beginn des Festes versammelte man sich zum Gottesdienst, anschließend unterhielten Gaukler die Gäste. Ein üppiges Festmahl, Musik und Tanz bildeten den Rahmen für den Höhepunkt, das eigentliche Turnier.

Buhurt und Tjost

Die Turniere selbst waren Kampfspiele mit Schiedsrichtern und Regeln. Es gab zum Beispiel Einzelkämpfe in verschiedenen Bereichen, wie Schwertkampf, Bogenschießen und die Tjost (Lanzenstechen), aber auch ein Buhurt (Massengefecht) mit scharfen Waffen gehörte dazu. Da die Zweikämpfe mit Waffen ausgetragen wurden, gab es zahlreiche Verletze und sogar Tote bei solchen Veranstaltungen. Erst im Spätmittelalter ersetzte man die scharfen Waffen wegen der Verletzungsgefahr durch stumpfe Waffen.

Aber nicht nur wegen des Siegs und des Ansehens bei den Damen, die als Zuschauer bei den Turnieren anwesend waren, nahm ein Ritter an Turnieren teil: Der Sieger erhielt als Preis z. B. symbolisch das Pferd und die Rüstung des Besiegten.

Auch heute finden Ritterfeste an vielen Orten statt. Turnier, Musik und verschiedene Attraktionen gehören zu solchen Veranstaltungen, die unsere heutigen Vorstellungen vom Mittelalter beeinflussen. Damals jedoch waren solche Feste Ausnahmen, da sie sehr teuer waren. Die heutigen Ritterfeste lassen sich auch kaum mit den damaligen vergleichen.

Dichtkunst und Minnedienst

Das Leben der Ritter war das Thema der *höfischen Literatur* des Mittelalters. In groß angelegten Heldenerzählungen musste ein Ritter gefährliche Abenteuer bestehen und seine ritterlichen Tugenden unter Beweis stellen, bevor ihm am Ende Ruhm und Ehre zuteil wurden. Berühmt sind die „Artussage“ oder „Erec“ von Hartmann von Aue.

Zu den ritterlichen Eigenschaften gehörte:
- der christliche Glaube,
- der tapfere Umgang mit dem Schwert,
- der *Minnedienst,*
- und die Dichtkunst, in der die Minne besungen wurde.

höfische Literatur

Dazu gehören Heldengedichte, Liebesgedichte und Heldenromane, die im Mittelalter verfasst wurden.

Minnedienst

Als Minnedienst bezeichnet man die respektvolle Verehrung einer Frau.

Aufgaben

1. Erkläre mithilfe des Textes, wie und woraus sich der Ritterstand entwickelte.
2. Überlege dir einen Stundenplan für einen Knappen, in dem du die entsprechenden Ausbildungsinhalte berücksichtigst.
3. Erstelle eine Mindmap zum Rittertum.
4. Verfasse einen eigenen Minnesang. → M3
5. Gestaltet in Gruppen Plakate zum Rittertum und stellt diese in der Schule aus.

M 4 Ausbildung zum Ritter

In seinem Ritterspiegel, einem Gedicht über das Rittertum, beschrieb der Geschichtsschreiber und Dichter Johannes Rothe (1360–1434) die Ausbildung eines Ritters:

Zu einem vollkommenen Manne gehört, dass er gut reiten, schnell auf- und absitzen, gut traben, rennen und wenden kann und mit Verstand von der Erde etwas aufnehmen. Zum Zweiten muss er schwimmen, im Wasser tauchen und sich vom Rücken auf den Bauch und vom Bauch auf den Rücken drehen können. Zum Dritten muss er mit Armbrust, Büchse und Bogen schießen können: davon hat er bei Fürsten und Herzögen wohl Nutzen. Zum Vierten muss er auf Leitern klettern können, wenn es nötig ist, wie etwa im Kriege, auch an Stangen und Seilen. Zum Fünften muss er wohl turnieren können, streiten und stechen und recht und redlich tjostieren [einen Zweikampf ausfechten]. Zum Sechsten muss er zu Abwehr und Angriff ringen können, auch weit springen und mit der Linken ebenso gut fechten wie mit der Rechten. Zum Siebenten muss er bei Tische aufwarten können, tanzen und hofieren, auch Schach zu spielen verstehen und alles, was ihm zur Zierde gereicht.

Der Ritterspiegel des Johannes Rothe. S. 450

M 5 Ein Ritter und seine Rüstung

Bei dieser Ritterrüstung aus dem 15. Jahrhundert ist die zusätzliche Panzerung über dem Kettenhemd zur „Plattenrüstung" zusammengewachsen.

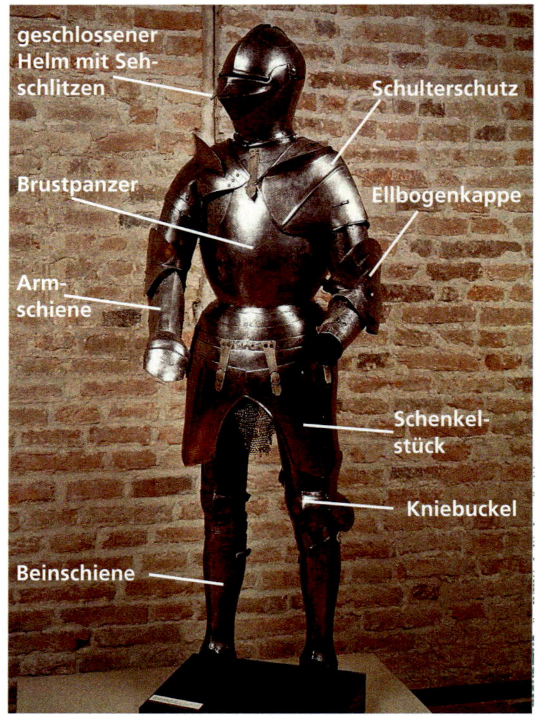

M 6 Der Ritter im Ideal

Darüber, wie ein Ritter sein soll, schreibt Johannes Rothe (1360–1434) in seinem Ritterspiegel:

Ist der Ritter ein guter Christ und eifrig zum Gottesdienst, so empfängt er mit Freuden und Innigkeit das Schwert aus eines Priesters Hand. Wird er nicht in dieser Weise damit umgürtet […], denn er soll allezeit Gott zu Ehren damit fechten für die heilige Christenheit und für die Witwen und Waisen, darum nimmt er den Griff, der dem Kreuze gleicht, in die Hand […]. Er soll niemanden bekämpfen, der ihm nicht an Leib oder Gut Übles getan hat […] Er soll sich mit seinen Zinsen und Einkünften begnügen, den Untertanen für Frieden sorgen und nicht mit Gewalt über sie herrschen. Er soll die armen Leute nicht berauben, nicht würgen, noch Christen erpressen und bewuchern. Die Ritter sollen ihren Sold nehmen, mit den Fürsten reiten, die Gerechtigkeit lieben und für sie kämpfen. […] Der Ritter erhält sein Schwert auch zum Kampf gegen böse Sünden bei Freunden und Feinden […].

Der Ritterspiegel des Johannes Rothe. S. 452

M 7 … und in der Wirklichkeit

Der Geistliche Petrus von Blois in Frankreich schrieb im Jahr 1204 über die Ritter:

Sie plündern und berauben die unbemittelten Diener Christi und […] sie unterdrücken erbarmungslos die Armen […]. Die im Kampf gegen die Feinde des Kreuzes Christi ihre Kräfte beweisen sollten, die liegen lieber mit ihrer Trunkenheit im Streit, geben sich dem Nichtstun hin, erschlaffen in Völlerei, und durch ihr verderbtes und unanständiges Leben schänden sie den Namen und die Pflichten des Rittertums. […] Wenn unsere Ritter zuweilen einen Feldzug unternehmen müssen, werden die Lastpferde nicht mit Waffen, sondern mit Wein beladen, nicht mit Lanzen, sondern mit Käse, nicht mit Schwertern, sondern mit Weinschläuchen, nicht mit Wurfspeeren, sondern mit Bratspießen. Man meint, dass sie zu einem Gelage ziehen, nicht in den Krieg.

Bumke, Joachim: Höfische Kultur. S. 431 f.

M 8 Gottfried von Straßburg über die Schwertleite:

In seiner Heldendichtung „Tristan" beschreibt Gottfried von Straßburg (Endes des 12. Jahrhunderts) die Schwertleite:

So kamen sie zum Dom, hörten die Messe und empfingen den Segen. Marke trat dann zu seinem Neffen Tristan, gürtete ihn mit dem Schwert, legte ihm die Sporen an und sprach: „Sieh, Neffe, nun ist dein Schwert gesegnet, und du bist Ritter geworden. Nun denke an die ritterliche Ehre und an das, was du bist: Deine Geburt und dein Adel seien dir vor Augen, sei demütig und ohne Falsch, wahrhaft und wohlerzogen, sei gütig gegen die Armen und hochgesinnt gegen die Reichen. Halte dich schmuck und würdig. Ehre alle Frauen. Sei freigiebig und getreu [...]

Gottfried von Straßburg: Tristan. S. 307 ff.

M 9 Kampf und Sieg im ritterlichen Turnier, zeitgenössische Buchmalerei aus der Manessischen Liederhandschrift

M 10 Waffen aus dem 11. und 12. Jahrhundert, Hellebarde, Streitaxt, Armbrust, Streitkolben

Aufgaben

1. Liste die einzelnen Ausbildungsinhalte eines Ritters auf. → M4
2. Erkläre, weshalb eine Ritterrüstung sehr teuer war. → M5
3. Arbeite aus dem Tugendkatalog ideale Eigenschaften eines Ritters heraus. → M6
4. Notiere die Unterschiede in den Beschreibungen des Rittertums. → M6, M7
5. Verfasse aus der Sicht eines jungen Ritters einen Erlebnisbericht über seine Schwertleite. → M2, M9
6. Überlege dir, welche Waffen von den Rittern im Nahkampf eingesetzt wurden. → M10

M 1 Die Grabplatte

Die Grabplatte wurde um 1390 aus Sandstein gefertigt. Die lebensgroße Figur stellt Konrad von Bickenbach dar, dessen Familie damals die Homburg bei Würzburg besaß. In der rechten Hand hielt er vermutlich einen Speer.

M 2 Das Wappen der Familie von Bickenbach

Anno dni MoCCCLXXXXIIIo ip(s)o die francisi co(n)f. o(biit) conrad(us) dns in bickenbach (im Jahr des Herrn 1393, am Tag des Bekenners Franziskus, starb Konrad Herr in Bickenbach)

M 3 Die Inschrift

M 4 Heraldik

In einem Lexikon steht folgender Eintrag:

Heraldik (französisch >Heroldskunst<, [abgeleitet vom Begriff Herold = Ausrufer, Verkündiger]), eine historische Hilfswissenschaft, die Wappenkunde (Geschichte, Regeln und Gesetze der Wappenanfertigung und -führung) und Wappenkunst (Entwurf und Darstellung von Wappen gemäß heraldischen Regeln) umfasst. [...] Hauptbestandteile eines vollständigen Wappens (Vollwappen) sind Schild und Helm mit Helmzier und Helmdecken. Der Schild ist mit linearen Einteilungen (Heroldsstücken) gemustert oder trägt im Feld eine oder mehrere Figuren (Heroldsbilder). [...] Die Figuren dienen vielfach zur bildlichen Darstellung des Namens des Wappeninhabers (redendes Wappen). Manche Lebewesen, Pflanzen oder Figuren werden wegen eines bestimmten Sinngehalts als Wappenbilder bevorzugt (Löwe, Adler, Rose, Lilie). [...] Der Helm, teilweise mit einer Helmkrone ausgestattet, ruht auf dem oberen Schildrand. Die Helmzierden sind formenreich. [...] Oft wiederholen sie die Bilder des Schildes, besonders Tiere [...].

www.lexikon.meyers.de/wissen/Heraldik+%28Sachartikel%29 (Stand: 20.11.2008)

Grabplatten mit Ritterdarstellungen

Die Ständeordnung des Mittelalters setzte sich bis über den Tod der Menschen hinaus fort. Besucht man heute alte Kirchen oder Klosteranlagen, stößt man häufig auf Steinplatten, die Bischöfe oder Adlige zeigen. Dabei handelt es sich um Grabplatten, die Grabkammern verschließen und entweder im Fußboden oder an den Wänden angebracht waren. Im Gegensatz zu den einfachen Leuten war es Geistlichen oder Adligen erlaubt, in einer Kirche bestattet zu werden. Durch die Stiftung (Gründung) oder Unterstützung eines Kirchen- oder Klosterbaus hatten sich viele Adlige dieses Vorrecht erkauft. Bis heute werden solche Grabplatten, auch Epitaphe genannt, für verstorbene Bischöfe in Domen angebracht.

Die Grabplatten zeigen nicht nur eine Abbildung des Toten, sondern werden in der Regel von einer Inschrift umrahmt, die nähere Auskünfte über die Person gibt. Der Geburtstag findet selten Erwähnung. Der Todestag hingegen bot Anlass zu jährlichen Gedenkfeiern zu Ehren des Verstorbenen. Bei der Abbildung der Toten ist zu beachten, dass man keine fotografisch getreue Wiedergabe der Personen vor sich hat, sondern eine „geschönte“ Darstellung, die gewisse Idealvorstellungen verkörperte.

Als gegenständliche Quellen beinhalten Grabplatten wichtige Informationen, zu denen man sich durch gezielte Fragen einen Zugang verschaffen kann.

Fragen an alle gegenständlichen Quellen

1. Beschreibung der gegenständlichen Quelle

- Um welche gegenständliche Quelle handelt es sich?
- Aus welchem Material wurde sie gefertigt?
- Welche Personen oder Dinge kannst du darauf erkennen?
- Wo und wie sind sie angeordnet?
- Wie lassen sich diese beschreiben?
- Gibt es verschiedene Bestandteile in der Darstellung? Benenne sie.

2. Quellenwert des Gegenstandes

- Welche Informationen enthält der Gegenstand?
- Welche Rolle spielt der Standort?
- Welche Absicht verfolgte der Auftraggeber?
- Ist dieser Gegenstand selten oder häufig als Quelle in dieser Epoche zu finden?
- Gibt es Quellen anderer Art zu diesem Thema? Nenne sie.

Fragen an diese gegenständlichen Quellen

1. Wie hat sich Konrad von Bickenbach selbst als Ritter gesehen? M1, M2
2. Welche Funktion erfüllte das Wappen? M2
3. Welche persönlichen Daten werden in M3 genannt?
4. Welche Hinweise geben solche Grabplatten auf die religiösen Vorstellungen im Mittelalter?

Das Leben auf dem Land

M 1 Getreideernte
Der Grundherr begrüßt die Bauern: „Der Herr sei mit euch, Brüder". Buchmalerei aus dem 14. Jh.

Die Lebenswelt der Bauern

Im Mittelalter lebten über 90 % der Bevölkerung auf dem Land und waren in der Landwirtschaft tätig. Die Bauern mussten nicht nur sich selbst mit Nahrungsmitteln und Kleidung versorgen, sondern sie sicherten mit ihrer Arbeit auch das Leben der kirchlichen und weltlichen Grundherren sowie der Stadtbevölkerung.

Der Bauer in der Grundherrschaft

Der wirtschaftliche und rechtliche Rahmen für die Tätigkeit der Bauern war die **Grundherrschaft.** Dem Grundherrn gehörten das Land und die Leute. Er entschied als Richter bei Streitigkeiten und er konnte die Bauern mit dem Land verkaufen, verschenken oder eintauschen. An einigen Tagen der Woche mussten die Bauern Frondienste für die Grundherren leisten, d.h.

- die Äcker des Herrn pflügen,
- Felder einzäunen,
- Korn dreschen,
- Bier brauen oder
- Wege ausbessern.

Außerdem mussten sie von der Ernte der Felder und von anderen Erträgen des Bauernhofes Abgaben leisten wie den „Zehnt" – das bedeutet, dass z.B. jeder zehnte Sack Getreide an den Grundherrn abgegeben werden musste, egal wie es dem Bauern wirtschaftlich ging. Im Laufe des Mittelalters änderte sich dies und die Naturalabgaben wurden nach und nach durch Geldzahlungen abgelöst. In vielen Regionen wurde an St. Martin, dem 11. November, die Abgaben traditionell an den Grundherrn übergeben.

Wohnbedingungen der Bauern

Die Bauern lebten größtenteils in Holzhäusern, da Steinhäuser sehr teuer waren und nur die reichsten Bauern sich diese leisten konnten. Die Dächer der Häuser bestanden aus Stroh oder Holzschindeln. Nur das offene Herdfeuer heizte die Häuser, dessen Rauch durch Tür- und Dachöffnungen abziehen konnte. Später unterteilte man die Häuser in einzelne Kammern und ersetzte die offene Herdstelle durch einen Ofen oder einen geschlossenen Herd. Im Winter wurden oft, wie auf der Burg auch, Tiere als Wärmequellen mit in die Bauernhäuser genommen. Die Einrichtung bestand nur aus wenigen Möbeln: ein paar Hocker, ein Tisch, Bänke und ein Webstuhl. Geschlafen wurde auf Strohsäcken oder auf Holzbänken in der Nähe des Feuers. Wasser holten sich die Bewohner aus einem nahe gelegenen Bach oder Brunnen. Der Misthaufen diente oft auch als Toilette.

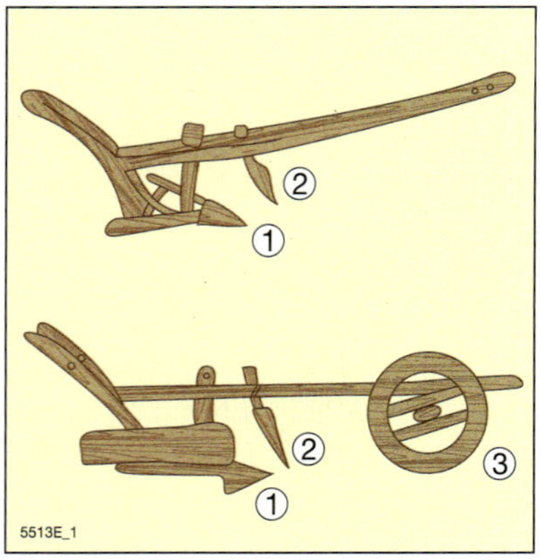

M 2 Erfindungen erleichtern die Arbeit: Vom Hakenpflug zum Räderpflug
① Pflugschar
② Pflugmesser
③ Radvorgestell

Entwicklung der landwirtschaftlichen Geräte

Viele Erfindungen verbesserten im Laufe des Mittelalters die landwirtschaftliche Produktion. Im 11. Jahrhundert ersetzte der Scharpflug den einfachen Hakenpflug: Das eiserne Pflugmesser riss den Boden tiefer auf, die Pflugschar (Schneide des Pfluges) zerkleinerte die Schollen und das Streichblech wendete direkt das Erdreich.

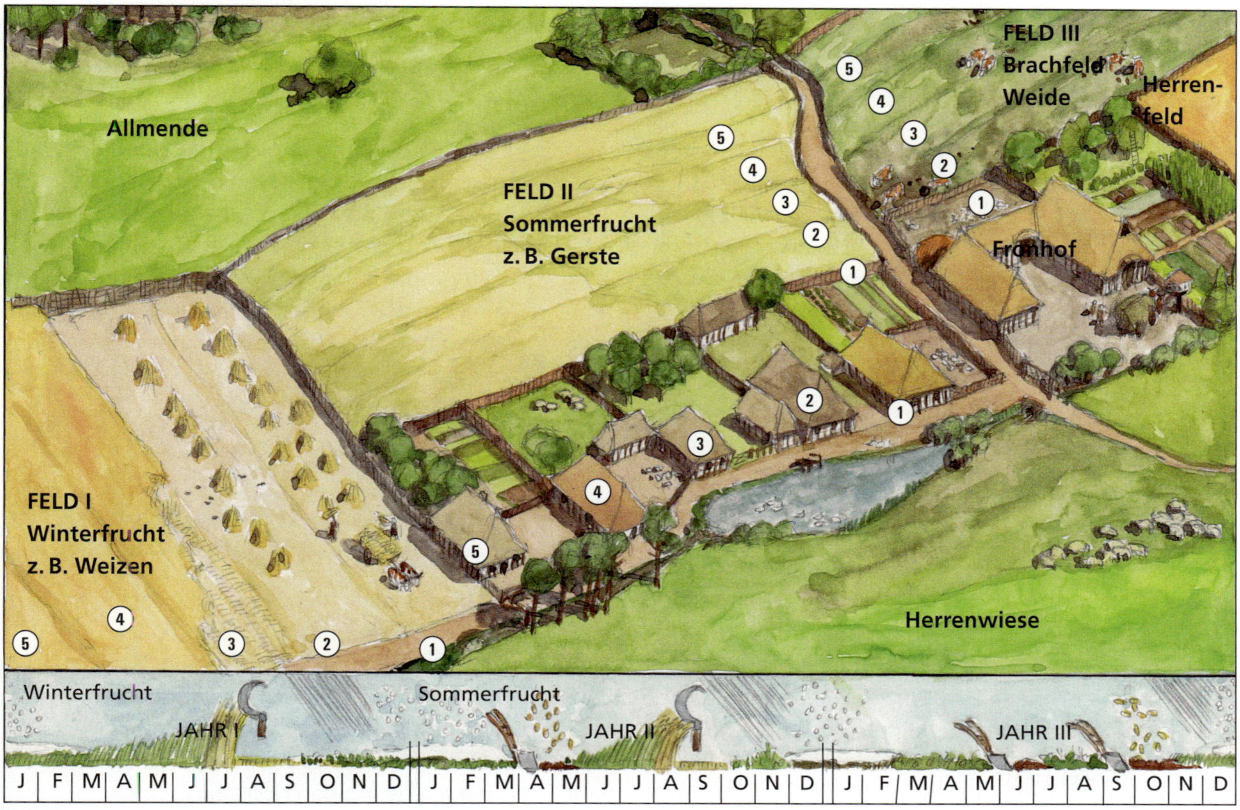

M 3 Dorf mit Dreifelderwirtschaft. Die Nummern zeigen die Vergabe der Ackerfläche durch den Grundherrn an. Die Allmende (oben links) gehört der Dorfgemeinschaft und darf von allen Dorfbewohnern genutzt werden.

Von der Zweifelder- zur Dreifelderwirtschaft

Bisher hatten die Bauern immer nur eins von zwei Feldern bestellt. Das andere lag brach, damit es sich wieder erholte. Im Mittelalter ging man zu einer neuen, besseren Form der Feldbewirtschaftung über. Die Bauern säten einige Getreidesorten im Frühjahr, andere aber auch schon im Herbst. Dann lag zwar das eingesäte Korn unter der Schneedecke, es kam aber zeitig hervor und man konnte es eher ernten. Die Felder teilte man in drei Gruppen ein: Auf einem Stück baute man Wintergetreide (Roggen, Weizen) an, auf dem zweiten Sommergetreide (Hafer, Gerste) und das dritte blieb als *Brache* liegen. Im nächsten Jahr wurde gewechselt und im dritten wieder. Mit der Durchsetzung der Dreifelderwirtschaft erhöhten sich die Ernteerträge und eine Missernte bedeutete nicht gleich große Not, da man zweimal im Jahr ernten konnte.

Brache
unbestelltes Feld

Aufgaben

1. Erkläre, was der „Zehnt" bezeichnet.
2. Beschreibe, wie ein Pflug funktioniert. → M2
3. Erstelle eine Mindmap zu den Wohnbedingungen der Bauern.
4. a) Erkläre, wie die Dreifelderwirtschaft funktioniert. → M3
   b) Überlege dir, welche Vorteile die Dreifelderwirtschaft mit sich bringt. → M3
5. Informiere dich im Internet über weitere mittelalterliche Erfindungen in der Landwirtschaft, die den Bauern die Arbeit erleichterten.

M 4 Dreifelderwirtschaft

Der Historiker Hans-Werner Goetz beschreibt die Dreifelderwirtschaft:

Machten sich trotz der Vielfalt der Arbeiten gerade im landwirtschaftlichen Betrieb die Saisonarbeiten bemerkbar, so brachte die Einführung der Dreifelderwirtschaft eine etwas kontinuierlichere [gleichmäßigere] Verteilung der Arbeiten über das Jahr. [...] Bei der Zweifeldwirtschaft teilte man den Acker in zwei Teile; die eine Hälfte wurde bebaut, die andere lag brach, damit der Boden sich erholte; im nächsten Jahr war es umgekehrt. Dieses System wurde durch die Dreifelderwirtschaft vervollkommnet. [...] Das Land wurde demnach in drei Teile geteilt: Das erste Drittel trug im ersten Jahr Wintergetreide (Weizen, Roggen, Dinkel, Gerste), das im Herbst ausgesät und im folgenden Frühsommer geerntet wurde, und diente anschließend als Stoppelweide, im folgenden Jahr trug es Sommergetreide (Hafer, Gerste) oder Hülsenfrüchte, d. h. man pflügte im Frühling und erntete im Hochsommer; danach diente das Feld wieder als Stoppelweide und lag dann im Winter und im kommenden [dritten] Frühjahr brach, wurde im Juni gepflügt und lag erneut brach, bis es im Spätherbst noch einmal gepflügt und mit Winterkorn besät wurde, sodass der Rhythmus von Neuem begann. Die Bearbeitung der beiden anderen Teile des Landes verschob sich um jeweils ein Jahr. [...]
Schuf die Dreifelderwirtschaft mit ihren besseren Möglichkeiten und Arbeitsbedingungen also höhere Erträge und mehr Qualität, so setzte sie andererseits eine Umverteilung des Bodens voraus.

Goetz, Hans-Werner: Leben im Mittelalter. S. 150 ff.

M 5 Hunger

Eine zeitgenössische Quelle berichtet über das Jahr 1343:

Im Jahr 1343 war in Unterbayern eine solche Teuerung ausgebrochen, dass die Einwohner die Rinden von den Bäumen abschälten. Sie zerrieben dieselben [...], machten einen Teig wie zu Brot daraus und aßen ihn; oder sie zerstampften jene Sachen in der Mühle [...], verzehrten diese und bezwangen die Qual eines grauenhaft herrschenden Hungers.

Winterthur, Johannes: Auf dem Lande. S. 83

M 6 Essen der Bauern

Ein anonymes Lehrgedicht vom Ende des 13. Jahrhunderts berichtet über das Essen der Bauern:

Man befahl ihnen [den Bauern] als Leibesnahrung
Fleisch und Kraut und Gerstenbrei,
doch ohne Wildbret sollten sie sein,
zum Festtag Hirse, Linsen und Bohnen.
Fisch und Öl ließen sie schön
die Herren essen, das war Sitte.
Nun essen sie mit den Herren mit,
was immer man Gutes finden mag.
Das ist dem Lande ein Hagelschlag. [...]
Er [der Bauer] sprach: „Meine Gemahlin traut,
leg wenig Fleisch in unser Kraut,
damit der Schinken lange reicht."
Sie sprach: „Lieber Rüeger [Name des Bauern],
hätt ich doch eher dran gedacht,
ich behalte sehr gern das Gut."
Also gab sie nach im Streit.
Des Morgens zur Essenszeit
trug sie ihm das Kraut dann auf.

Epperlein, Siegfried: Bäuerliches Leben im Mittelalter. S. 205 f.

M 7 Einsatz eines Pfluges, Gemälde von 1525

M 8 **Arbeiten der Bauern im Jahreslauf,** Buchmalerei aus einer französischen Handschrift, 1460. Jedem Monat ist eine typische Tätigkeit zugeordnet.

Aufgaben

1. Erkläre die Unterschiede zwischen der Zweifelder- und der Dreifelderwirtschaft. → M4
2. a) Beschreibe anhand der Quellen, was du über die Ernährungsweise der Bauern im Mittelalter erfährst. → M5, M6
   b) Vergleiche die damalige Ernährung mit den heutigen Essgewohnheiten. → M5, M6
3. Die Bilder in M8 zeigen Bauern und Bäuerinnen, die jeden Monat des Jahres eine bestimmte Arbeit verrichten.
   a) Ordne den Bildern die richtigen Monate zu.
   b) Erstelle nach dieser Vorgabe eine Tabelle und ordne die folgenden Tätigkeiten den Monaten zu: Weinreben schneiden – Schafe scheren – Gras mähen – Getreideernte – Mist auf die Felder austragen – den Boden aufhacken – ein Schwein schlachten – Getreide dreschen – Schweine zur Mast in den Wald treiben – den Saft der Weintrauben mit den Füßen auspressen – Herbstsaat aussäen – zur Jagd reiten.

Monat	Arbeiten
Januar	…

4. Überlege dir, wie der Tagesablauf eines Bauern oder einer Bäuerin ausgesehen haben könnte, und schreibe ihn in Form eines Tagebucheintrags auf. → M5, M6, M7, M8

Die mittelalterliche Stadt

M 1 Bettler bitten um eine milde Gabe
Altarbild, um 1480

M 2 Ratssitzung
Codex Monacensis, Münchener Staatsbibliothek

Bader
ist eine mittelalterliche Berufsbezeichnung. Bader waren die „Ärzte der kleinen Leute", die sich keinen studierten Arzt leisten konnten.

Die Entwicklung mittelalterlicher Städte

Es war eine Sensation, was Archäologen über Karlburg, etwa 30 Kilometer nördlich von Würzburg, herausfanden: Hier gab es in der Zeit Karls des Großen einen Königshof, ein Kloster und zwei Burgen. Karlburg lag an einer alten Handelsstraße und direkt am Main. Diese verschiedenen Tatsachen sorgten dafür, dass Karlburg lange Jahre eine zentrale Bedeutung innehatte: Der Ort wurde zu einer Stadt. So entstanden im Mittelalter viele Städte, die heute zum Teil Hunderttausende von Einwohnern haben. Städte entwickelten sich aus mehreren Gründen. Alte Römerstädte, wie z. B. Regensburg (Castra Regina) wurden wiederbelebt oder Siedlungen in Klosternähe wuchsen zu einer Stadt. Ein Großteil der Städte entstand aus wirtschaftlichen Überlegungen oder aus Machtinteressen z. B. an Furten oder Brücken, weil man hier Zoll erheben und Handel treiben konnte.

Wer regierte die Stadt?

Stadtherr konnte ein Bischof, ein Adliger oder auch ein Kloster sein. Eine Besonderheit waren die Reichsstädte, die unter besonderem Schutz des Königs standen und ihn als Stadtherrn hatten. Seit dem 12. Jahrhundert entschlossen sich die Stadtbewohner dazu, den Einfluss des adligen Stadtgründers zurückzudrängen und regierten selbst die Stadt. Die Stadt verwaltete sich nun selbst, doch damit hatten noch nicht alle Bewohner in gleicher Weise Anteil an der Stadtregierung. Die reichen Patrizier bildeten den Rat der Stadt und wählten aus ihren Reihen den Bürgermeister. Sie entschieden über die Markt- und Zollordnung. Weil aber die Handwerker die meisten Steuern zahlten und die Stadt verteidigten, wollten sie auch endlich politische und wirtschaftliche Entscheidungen für die Stadt treffen. Zwischen 1300 und 1500 fanden in Deutschland etwa 210 Bürgeraufstände in mehr als 100 Städten statt.

Wer lebte in der Stadt?

In der Stadt waren zwar alle Bürger frei und vor Gericht gleich, aber dennoch gab es große Unterschiede. An der Spitze standen die Patrizier, die meistens reiche Fernhandelskaufleute oder freie Grundbesitzer waren. Sie gehörten zu den vornehmsten, alteingesessenen Familien der Stadt und trafen die politischen Entscheidungen im Rat der Stadt. Die Handwerker bildeten die Mittelschicht in der Stadt. Zur städtischen Unterschicht gehörten diejenigen, die nur über wenig Einkommen verfügten oder „unehrliche" (unehrenhafte) Berufe ausübten. Dazu zählte man die Henker, Totengräber, *Bader* und die fahrenden Spielleute. Ebenso gehörten Tagelöhner, Dienstboten, Mägde, Bettler, Kranke, Behinderte und Prostituierte zur Unterschicht. Die Juden wurden in der Stadt oft ausgegrenzt.

Für viele Unfreie auf dem Land boten die Städte einen großen Anreiz: Wer sich ein Jahr und einen Tag unbehelligt dort aufhielt, durfte von seinem Herrn nicht mehr zurückgeholt werden. Die Mauern einer Stadt waren somit nicht nur zum Schutz da, sie begrenzten zugleich einen neuen, freieren Lebensraum und gewährten neue Rechte.

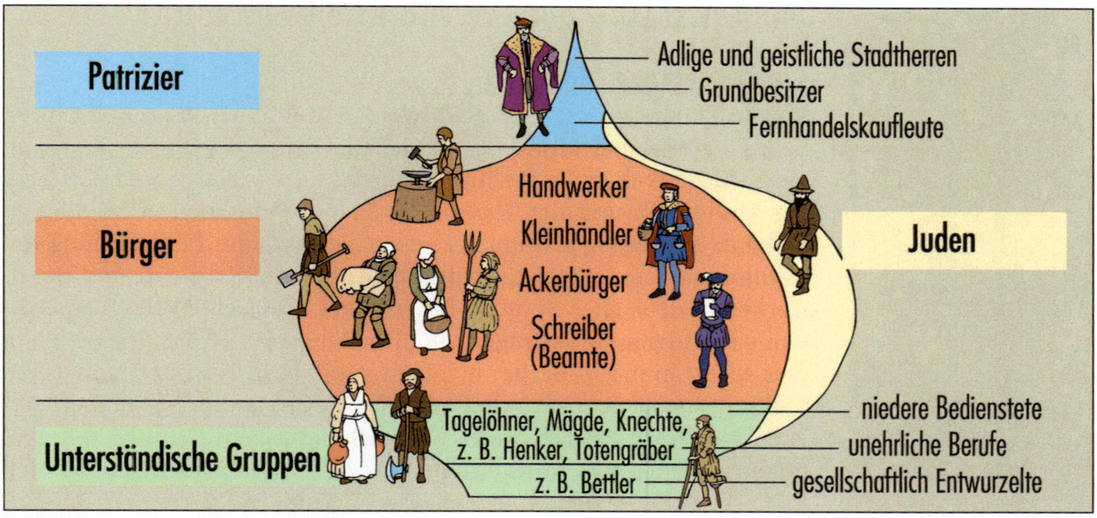

M 3 **Soziale Stellung der Stadtbewohner,** Schaubild

Venedig	90 000	Nürnberg	23 000
Paris	80 000	Augsburg	18 000
Köln	40 000	Braunschweig	17 000
London	30 000	Hamburg	14 000
Lübeck	25 000	Rostock	12 000

M 4 **Einwohnerzahlen europäischer Städte im 15. Jahrhundert**

M 5 **Augsburger Stadtrecht von 1276**

Das Stadttor grenzte im Mittelalter den freieren Lebensraum innerhalb der Stadt von dem ländlichen Raum ab und erfüllte damit eine wichtige Funktion.

Es sollen auch die Tore dieser Stadt Augsburg für alle Zeiten in der Gewalt der Bürger sein und sonst in keiner Gewalt. Nur im Auftrag der Bürger und mit ihrer Vollmacht sollen die Tore verwaltet und bewacht werden.

zit. n.: Engel, E.; Jakob, F. D.: Städtisches Leben im Mittelalter. S. 32

M 6 **Aus der Nürnberger Satzung,** Anfang des 14. Jahrhunderts

Weil die Stadtmauern und Stadttore den Bewohnern neben Schutz auch besondere Rechte garantierten, wurden sie von den Städtern auch rechtlich geschützt.

Man soll auch wissen, wer die Stadtbefestigung abreißt, es sei von der Mauer oder dem Graben oder womit die Stadt befestigt ist, der ist schuldig, 10 Pfund zu zahlen. Hat er das Geld nicht, so schlägt man ihm die Hand ab, wenn man es ihm nachweist. Wer etwas von Riegel, Schrankbaum oder Schutzwehr [Teile der Befestigung] abbricht, der gibt 1 Pfund. Hat er das Geld nicht, so schlägt man ihm die Hand ab.

zit. n.: Engel, E.; Jakob, F. D.: Städtisches Leben im Mittelalter. S. 32

Aufgaben

1. Beschreibe die Grafik unter Berücksichtigung des finanziellen Einkommens.
   → M3
2. Vergleiche die Einwohnerzahlen einer von dir ausgewählten Stadt mit heutigen Daten.
   → M4
3. Überlege, warum gerade das Tor von allen Bürgern gemeinschaftlich bewacht wurde.
   → M5
4. a) Fasse die Aussagen der Nürnberger Satzung mit eigenen Worten zusammen. → M6
   b) Wie erklärst du dir, dass die Taten so hart bestraft wurden?
   → M6
5. Erstelle mit deinem Banknachbarn einen Dialog zwischen einem Handwerker und einem Patrizier über die Stadtregierung.
6. Gestalte eine Einladung zu einer mittelalterlichen Stadtratssitzung.

Die Stadt als Zentrum von Information und Wissen

M 1 Der Alphabetbaum – Darstellung des Lesenlernens
Holzschnitt um 1480

Städtische Schulen, ...

Im Mittelalter konnten lediglich wenige Menschen lesen und schreiben. Nur Nonnen, Mönche und Geistliche waren gebildet, da sie an einer Kloster- oder Domschule unterrichtet worden waren. Als aber das Handwerk und der Handel im 11. Jahrhundert in den Städten mehr an Bedeutung gewann, förderten die Stadträte die Gründung von städtischen Schulen. Hier wurden die Kinder der Kaufleute und Handwerker in deutscher Sprache unterrichtet. Sie lernten das Verfassen von Urkunden und Verträgen, die Buchführung und das Rechnen, um dies später in ihrem Beruf nutzen zu können. In Nürnberg gab es um 1500 vier städtische Schulen mit 16 Lehrern und 245 Schülern. In Augsburg waren 523 Schüler an fünf städtischen Schulen untergebracht. In einigen Schulen lernten die Kinder auch Latein, da man sich in dieser Sprache überall in Europa verständigen konnte.

... Klosterschulen...

In den Städten gab es aber auch Klosterschulen, in denen die Kinder von Mönchen oder Nonnen vor allem das Bibelstudium, kirchliche Regeln, Kirchenlieder, Lesen und Schreiben lernten. Schüler waren meist die jüngeren Söhne von Händlern oder Handwerkern, die nicht das Geschäft des Vaters übernehmen konnten und nach dem Besuch der Klosterschule in ein Kloster eintreten sollten. Einige Klosterschüler verließen jedoch den für sie vorherbestimmten Weg ins Kloster und machten als Handwerker oder Händler Karriere. Ein berühmtes Beispiel dafür ist Jakob Fugger (1495–1525) aus Augsburg, der als Kind eine Klosterschule besucht hatte und schließlich zum reichsten und bedeutendsten Kaufmann des Deutschen Reiches wurde.

M 2 Auf dem Markt gab es neben Waren auch Nachrichten und Informationen, Miniatur

...und „Hohe Schulen"

Neben Schulen entstanden auch Bibliotheken und Universitäten. Die Universität Würzburg wurde 1402 durch Fürstbischof Johann von Egloffstein als „Hohe Schule zu Würzburg" gegründet, womit Würzburg zu den Städten mit den ältesten Universitäten im damals deutschsprachigen Raum zählt: Prag (1348), Wien (1365), Heidelberg (1386), Köln (1388) und Erfurt (1392).

Informationsaustausch auf dem Markt

Der Markt diente nicht nur dem Warenhandel, sondern auch dem Informationsaustausch. So brachten Fernhändler Neuigkeiten aus anderen Reichsteilen mit. Zeitungen oder ähnliche Medien kannte man noch nicht, daher war man auf die mündlichen Berichte der Händler angewiesen. Der Wahrheitsgehalt der Informationen war jedoch fragwürdig. Die Händler hatten oft selbst die Nachrichten auf anderen Marktplätzen nur gehört und manchmal wurde etwas dazugedichtet oder wesentliche Informationen wurden weggelassen. Was dann als wichtige Nachricht verbreitet wurde, hatte manchmal nichts mehr mit den tatsächlichen Ereignissen zu tun. Glaubwürdiger waren die Informationen, die ein *Herold* auf dem Marktplatz im Auftrag eines Herrschers, verlas.

Herold

im Mittelalter ein offizieller Bote eines Lehnsherrn bzw. Herrschers

M 3 **Universitäten in Europa,** gegründet bis 1500

M 4 Schulstrafen im Mittelalter

Die Lehrer im Mittelalter schlugen die Kinder nicht nur mit ihren Ruten, sondern ließen die Schüler oft stundenlang auf Erbsen knien oder am Schulpranger stehen.

Da kriegt ein Schulmeister seine Henkersrute aus einem Eimer voll Wasser, haut, peitscht und tummelt den armen Schelm […], dass er schreit, dass mans über das dritte Haus hören möchte, hört auch nicht auf, bis dicke Schwülen auflaufen und das Blut herunterläuft. Teils (viele) Schulmeister sind so böse Teufel, dass sie Draht in die Rute flechten oder kehren die Rute um und brauchen das dicke Ende.

nach Bauer, M.: Liebesleben in deutscher Vergangenheit. S. 115 f. (gekürzt und leicht verändert)

M 5 Schulbildung für Mädchen?

Die Mädchen erhielten, wenn sie nicht gerade von Adel waren und ihnen Privatunterricht erteilt wurde, keine geistige Ausbildung.

Sorge dafür, dass er (der Junge) mit sechs oder sieben lesen lernt, und lass ihn entweder studieren oder das Gewerbe erlernen, das ihm die meiste Freude macht. Handelt es sich um ein Mädchen, so setze sie in die Küche und nicht hinter das Lesebuch, denn es schickt sich nicht für Mädchen, Lesen zu lernen, es sei denn, du willst, dass sie eine Nonne wird.

L. De Mause: Hört ihr die Kinder weinen. S. 296.

Aufgaben

1. Erkläre, weshalb es in den Städten zu Schulgründungen kam.
2. Beschreibe den Zweck des Schulbesuchs für Kaufmanns- und Handwerkssöhne.
3. Untersuche, wie die Universitäten über Europa verteilt waren und erkläre die gefundenen Auffälligkeiten. → M3
4. Notiere in einer Tabelle mittelalterliche und heutige Schulstrafen. → M4
5. Schreibe aus der Sicht eines mittelalterlichen Kaufmannssohns einen Tagebucheintrag über einen Schultag.
6. Nimm Stellung zu den Aussagen über Schulbildung für Mädchen. → M5
7. Begründe, weshalb der Informationsaustausch im Mittelalter ungenau war.

Die Bürger in der Stadt: Handwerker

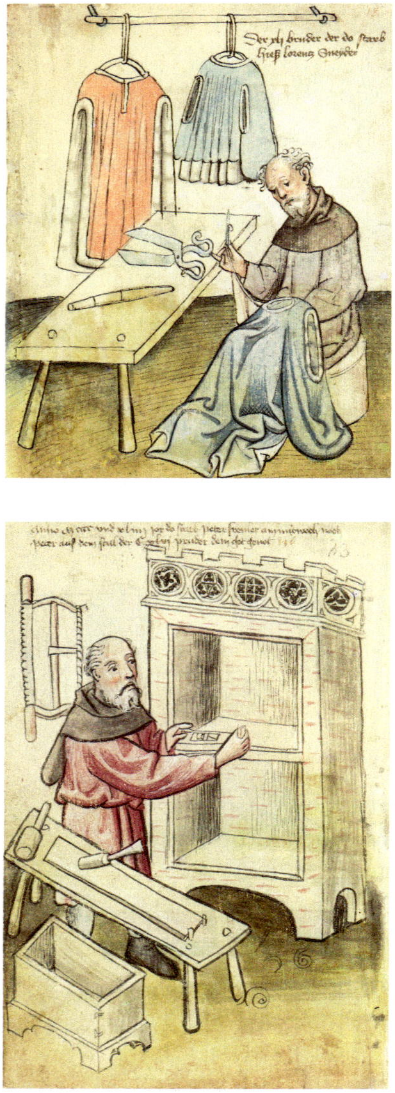

M 1 **Mittelalterliche Handwerksberufe**
Schneider und Tischler, um 1444

Die Handwerker

Viele Nachnamen wie von Herrn Schneider oder Frau Schuster stammen aus dem Mittelalter. Schuster, Schneider, Zimmerleute, Fassbinder und Metzger sowie viele andere Berufszweige zählt man zu den Handwerksberufen. Einige Handwerker waren als ursprünglich Unfreie in die Stadt geflohen und hatten dort Freiheit und Wohlstand erlangt.

Weil die Handwerker zahlenmäßig die größte Gruppe in der Stadt waren, trugen sie die Hauptlast bei allen Gemeinschaftsaufgaben, wie z. B. beim Kirchenbau, bei der Instandhaltung der Stadtmauer, bei der Stadtverteidigung oder auch beim Feuerlöschen. Die Werkstatt und die Wohnung eines Handwerkers befanden sich im gleichen Haus. Außerdem lebten die Gesellen und Lehrlinge mit in der Familie.

Zünfte regelten die Arbeit der Handwerker …

Um in der Stadt arbeiten zu dürfen, musste jeder Handwerker einer **Zunft** angehören. Die Zünfte kontrollierten ihre Mitglieder sehr streng. Sie bestimmten wie viele Meister, Gesellen und Lehrlinge in einem Gewerbe tätig sein durften, um allen Zunftmitgliedern einen gleichmäßigen Wohlstand zu sichern. Darüber hinaus legten die Zünfte einheitliche Verkaufspreise, Arbeitszeiten und Löhne fest.

Sie sorgten außerdem dafür, dass kein Mitglied dem andern „ins Handwerk pfuschte“ – etwa indem ein Helmschmied eine vollständige Rüstung herstellte –, sonst wurde ihm das „Handwerk gelegt“. Damit wurde erreicht, dass einerseits keine unerwünschte Konkurrenz entstand und andererseits die Ware immer die gleiche Qualität behielt, weil sie von Spezialisten angefertigt wurde.

… und auch deren Privatleben

Die Zünfte hatten aber neben der Kontrolle noch weitere Aufgaben: Sie versorgten in Not geratene Mitglieder oder deren Witwen. Die Zünfte verteidigten gemeinsam einen Bereich der Stadtmauer und gedachten ihrer verstorbenen Mitglieder am eigenen Zunftaltar in der Kirche. Die Zunftgenossen berieten sich und feierten gemeinsam im Zunfthaus, dem Mittelpunkt des Zunftlebens. Auch die Bildung und Ausbildung der Kinder und Lehrlinge fand in der Zunft statt.

M 2 **Zunftzeichen für Schneider, Fischer, Brauer und Metzger**

M 3 **Schmiedehandwerk**

– Hufschmied	– Waffenschmied
– Nagelschmied	– Feilenhauer
– Wagenschmied	– Schwertfeger
– Pflugschmied	– Drahtzieher
– Scherenschmied	– Sporer
– Klingenschmied	– Schlosser

M 4 **Berufe, die sich aus dem Schmiedehandwerk entwickelten**

Harnisch

aus beweglich verbundenen Eisenplatten zusammengesetzte, durch den Helm vervollständigte Rüstung

Ausbildung im Handwerk

Um in eine Zunft aufgenommen zu werden, musste ein künftiger Lehrling von ehelicher und „ehrlicher“ Herkunft sein und seine Ausbildung bezahlen können. Die Lehrzeit, die der Lehrling im Haus des Meisters verbrachte, dauerte drei bis vier Jahre. Die Aufgaben des Lehrherren waren dabei:

- auf den regelmäßigen Gottesdienstbesuch seines Lehrlings zu achten,
- ihn gründlich in seinem Handwerk zu unterrichten,
- ihm ausreichend zu essen zu geben und
- ihn nicht mehr als notwendig zu schlagen.

Am Ende der Lehrzeit wurde der Lehrling „losgesprochen“ und war nun Geselle. Anschließend ging er für ein paar Jahre auf Wanderschaft, um bei anderen Handwerksmeistern neue Arbeitstechniken zu lernen. Sehr schwierig war es für einen Gesellen zum Meister aufzusteigen. Die Zahl der Meister war in jeder Stadt durch die Zunft begrenzt und so wurde oft nur der Sohn eines Meisters nach dem Tod des Vaters selbst Handwerksmeister. Ansonsten war die beste Möglichkeit die verwitwete Frau eines Meisters zu heiraten.

Um als Meister in die Zunft aufgenommen zu werden, musste man ein „Meisterstück“ anfertigen. Ein Tischler musste als Meisterstück beispielsweise eine Pfeffermühle, ein Fass oder eine kunstvolle Schale herstellen.

Technische Fortschritte im Handwerk

In den Städten gab es im Handwerk eine große Vielfalt. Neben den Webern spezialisierten sich vor allem die Schmiede. Aus dem Schmiedehandwerk entwickelten sich zahlreiche Berufe, von denen es einige heute noch gibt. Der Plattner z. B. stellte einen *Harnisch* für die Ritter her. Diese Rüstung wog bis zu 50 kg. Feste Metallplatten schützten die einzelnen Teile des Körpers. Sie waren innen durch Riemen, Haken und Federbolzen verbunden.

In vielen Handwerksberufen gab es technische Fortschritte. Ein Nürnberger erfand z. B. die Drehbank, um Kerzenständer und Becher schneller herstellen zu können. Die Kölner entwickelten ein Spinnrad, mit dem man die Wolle schneller spinnen konnte. In beiden Fällen kauften die Zünfte jedoch die Maschinen auf und schlossen sie weg, denn keiner sollte einen Vorteil gegenüber dem anderen haben.

Im 16. Jahrhundert änderte das Aufkommen der Manufakturen (lat. manus – Hand und lat. facere – machen) das Leben vieler Handwerker. In den Manufakturen, die ein Übergangsbetrieb vom Handwerk zur Fabrik waren, konnten durch Arbeitsteilung günstigere Produkte hergestellt werden, sodass viele Handwerker ihre Kunden verloren.

Aufgaben

1. Überlege, welche Aufgaben die Handwerker in einer Stadt wahrnahmen.
2. Zeichne ein Zunftwappen zu deinem Nachnamen oder zu einem Beruf deiner Wahl. → M2
3. Erkläre die heutigen Redewendungen:
   a) Jemandem ins Handwerk pfuschen
   b) Jemandem das Handwerk legen
   c) Das war ein Meisterstück.

M 5 Aus der Ordnung der Bäckerzunft der Stadt Düren 1544

Kein Meister soll größer oder kleiner backen, als [...] der Rat das Gewicht festgesetzt hat. Wer dagegen verstößt, soll eine Strafe bezahlen. Wer von außerhalb in die Stadt kommt und Brot verkaufen will, darf dies nur, wenn [...] der Rat es ihm erlaubt hat. Jeder Meister soll seine Waren vor seiner Tür feilhalten und auch auf der anderen Seite Fenster haben, um glaubhaft zu sein [...] Keiner soll am Sonntag [...] backen [...] Die Meister sollen am Markttag und sonntags um 8.00 Uhr umhergehen und die Backöfen besichtigen. Und wer nicht ausgebacken hat, der soll eine Strafe bezahlen.

Schoop, A.: Düren. S. 117

M 6 Tauchgestell mit Käfig im Hof des Kriminalmuseums in Rothenburg ob der Tauber. Strafe für Bäcker, die zu kleine Brote gebacken haben

Hamburger Berufsverzeichnis von 1376		Nürnberger Berufsverzeichnis von 1363	
(Einwohnerzahl ca. 8000)		(Einwohnerzahl ca. 20000)	
Gewandschneider	19	Mantelschneider	30
Metzger	57	Harnischmacher	12
Schuster	47	Eisenhandschuhmacher	21
Schneider	28	Kettenhemdmacher	4
Leinenweber	9	Nadelmacher/Drahtzieher	22
Bäcker	36	Pfeil- und Bolzenschmied	17
Fass- und Kistenmacher	104	Fassmacher	34
Fischer	31	Schuster	81
Heringswäscher	10	Messermacher	17
Bierbrauer für Friesland	55	Kannengießer	14
Bierbrauer auf dem Rödlingsmarkt	46	Bäcker	75
Bierbrauer an der Bäckerstraße	33	Tuchweber	10
Bierbrauer bei St. Jakob	197	Metzger	71

M 7

M 8 Der Bischof als Stadtherr erlässt eine neue Zunftordnung, anonyme Buchmalerei

M 9 Lehrjahre sind keine Herrenjahre

In Nürnberg konnte ein Lehrling unter folgenden Bedingungen das Lehrverhältnis beenden:

Wenn der Meister oder seine Leute einem Lehrling mit dem Essen Abbruch tun. Wenn der Lehrling keine Schlafgelegenheit, wie sie einem Lehrling zusteht, erhält. Wenn der Meister, seine Gesellen, Kinder oder jemand anders den Lehrbuben in ungebührlicher Weise mit Fäusten, Hämmern oder anderem, wie dies oftmals vorkommt, gefährlich schlagen oder zu schlagen gestattet, sodass er am Leib Schaden erleidet. Wenn der Meister dem Lehrling mehr Arbeit auferlegt oder ihn länger arbeiten lässt, als es im Handwerk üblich ist. Wenn der Lehrling durch den Meister oder dessen Frau so sehr mit Hausarbeiten, Kinderhüten und anderem belastet wird, dass er an seinem Leib Schaden erleidet und nicht in der Werkstatt sein kann und in der Erlernung seines Handwerks behindert wird.

Jegel, A.: Alt-Nürnberger Handwerksrecht. S. 27

M 10 Eine Schrift aus dem Jahre 1439 kritisiert die Zünfte:

Es ist auch zu wissen, dass in den Reichsstädten Zünfte erdacht worden sind [...]; es ist eine sehr schädliche Sache, die da entstanden ist, wie ihr hören werdet. Zum Ersten: Die Zünfte sind gewalttätig geworden, und setzt man von jeder Zunft drei oder vier in den Rat, um der Gemeinde und Stadt Nutzen und Ehre zu fördern, so ist das fromm und recht. Aber eins: Die arme Gemeinde, die ist betrogen; jeder missbraucht sein Handwerk, das er betreibt, dazu, dass er der Stadt gegenüber nicht ehrlich ist und der Gemeinde Übles zufügt, sei es im zu kleinen Backen, zu teuren Metzgern und dergleichen, das soll nun bestraft werden; der Stadt Ehre und Nutzen der Gemeinde betreiben sie nicht. Sagt ein Handwerk dem andern: „Ich überseh dir etwas, tu du das auch mir; dann wirst du genauso deinen Vorteil haben wie ich." Sie werden bald meineidig [wortbrüchig] ; sie bedenken nicht, was sie geschworen haben, und es geht oft unordentlich und schlimm zu [...]

Döll, E.: Städte und Bürger im Mittelalter. S. 44 f.

M 11 Versammlungssaal der Augsburger Weber.

Die Augsburger Weber haben sich in ihrem 1389 erworbenen Zunfthaus 1457 die große Stube ausmalen lassen. Die Decke zeigt Darstellungen aus dem Alten Testament, dem Alexander-Roman und deutschsprachige Verse, darunter auch jenen, der im Bauernkrieg 1525 Bedeutung gewann: Da Adam hackt und Eva spann / wo war denn da der Edelmann?

Aufgaben

1. Welche Gründe könnte die Zunft für solche Bestimmungen haben? → M5, M6
2. Überlege dir, weshalb sich diese beiden Verzeichnisse so stark unterscheiden. → M7
3. Vergleiche die Stellung eines Lehrlings im Mittelalter und heute. Was hat sich verändert? → M9
4. Nenne Vor- und Nachteile des Zunftwesens. → M5, M9, M10
5. a) Suche an deinem Heimatort nach Zunftzeichen.
   b) Ordne sie den jeweiligen Handwerksberufen zu.
6. Beschreibe den Wandschmuck im Versammlungssaal der Zunft. → M11
7. Erkläre, wie die Weber ihre Stellung in der Stadt zum Ausdruck brachten. → M11

Die Bürger in der Stadt: Händler und Kaufleute

M 1 Markthalle
In vielen Städten gab es eine große Halle, in der Kaufleute ihre Stände aufbauten.
Französische Miniatur, um 1450

Markt und Handel bringen wirtschaftlichen Erfolg

Der Mittelpunkt einer Stadt ist auch heute noch der Markt, ein großer Platz, der meist in der Nähe des Rathauses liegt. Hier verkauften Handwerker und Kaufleute ihre Waren genauso wie die Bauern aus der Umgebung. Neben einem Hauptmarkt gab es noch viele Nebenmärkte, wie den Holz- oder Viehmarkt. So war der Markt gleichzeitig Mittelpunkt eines größeren Gebiets und vor allem der Ort, an dem die Menschen der Stadt und des Umlandes ihre unterschiedlichen Waren und Erzeugnisse anboten. Das Recht, einen Markt abzuhalten, war ursprünglich durch den Stadtherrn verliehen worden. Beauftragte des Rats kontrollierten die Einhaltung der Marktordnung:

- den Standort und das Aussehen der Verkaufsstände,
- die Maße und Gewichte und schließlich auch
- die Preise.

Wer dagegen verstieß, kam vor das Marktgericht und musste mit harten Strafen rechnen.

M 2 Safran und Muskatnuss
Safran gehört auch heute noch zu den teuersten Gewürzen.

Von Kleinhändlern, Kaufleuten und Fernhändlern

Vor allem zahlreiche Händler und Kaufleute prägten das Bild eines Marktes. Kleinhändler handelten mit Waren des täglichen Bedarfs. Luxuswaren wie edle Stoffe aus Flandern (Belgien) oder orientalische Gewürze boten Kaufleute und Fernhändler an, die auf ihren Handelsreisen oft monatelang im Ausland unterwegs waren. Neben exotischen Gewürzen wie Safran, Pfeffer oder Muskatnuss konnte man auch Parfüms, Wein oder Südfrüchte bei den Fernhändlern erwerben.

Fremde Kaufleute mussten auf städtischen Waagen ihre Waren wiegen und kontrollieren lassen. Zudem mussten sie Zölle und Schutzgelder an die Stadt entrichten und einen Teil ihrer Waren an die Stadt verkaufen.

Die Kaufleute wollten natürlich ihre Waren für „gutes Geld" verkaufen und weil fast jede Stadt ihre eigene Währung hatte, berechnete man den Wert des Geldes nach dem Anteil an Silber und Gold in den Münzen. In den großen Handelsstädten entwickelten sich seit dem 13. Jahrhundert sogar eigene Messen, bei denen die Kaufleute aus ganz Europa ihre Waren anboten. Auch heute noch gibt es Messen in einigen Städten. In Nürnberg findet jedes Jahr die Spielwarenmesse oder in Leipzig die Buchmesse statt.

M 3 Kaufmann am Kontorstisch
Holzschnitt, 16. Jahrhundert

Kontore und Gilden

Ähnlich wie die Zünfte der Handwerker gab es Zusammenschlüsse der Kaufleute, die als Gilde bezeichnet werden. Die Gilde vertrat die Interessen ihrer Mitglieder beim Rat der Stadt und half Warentransporte zu organisieren. Je größer die Entfernungen wurden, desto schwieriger war es für die Fernhandelsleute den Verbleib der Waren zu kontrollieren. Sie gründeten Handelsniederlassungen, die man Kontore nennt. So hatte man vor Ort die besten Einkaufs- und Verkaufsmöglichkeiten. Andere Kaufleute suchten sich Teilhaber und gründeten Handelsgesellschaften wie die Ravensburger Handelsgesellschaft, die von Österreich über Italien bis nach Spanien reichte.

M 4 **Die Hanse und ihre Handelswege**

M 5 **Die Kogge war das Fracht- und Kriegsschiff der Hanse.**
Bremer Kogge von 1380
Das restaurierte Original steht im Deutschen Schifffahrtsmuseum in Bremerhaven.

Die Hanse – Städte schließen sich zusammen

Ein Kaufmann musste mit vielen Schwierigkeiten rechnen, wenn er Waren über größere Entfernungen transportieren wollte. Die Straßen waren schlecht, Wegelagerer und Räuber lauerten den Handelszügen auf und oft mussten hohe Zölle an Brücken und Wegen bezahlt werden. So schlossen sich einige Städte zu Städtebünden zusammen, um den Fernhandel zu sichern. Der wichtigste Städtebund war seit dem 13. Jahrhundert die **Hanse** im Norden Deutschlands.

Im Vordergrund stand dabei der gegenseitige Schutz der Kaufleute. Der Bund der Hanse umfasste vor allem die norddeutschen Städte und die Hafenstädte an der Ostsee. Die Waren wurden über den Seeweg auf dickbauchigen Schiffen (Koggen) in alle Richtungen transportiert und dort gehandelt. In London, Brügge, Bergen und Nowgorod gab es feste Hansekontore mit Büros, Lagerhallen und Unterkünften. Sie vertraten die Interessen der Hanse vor Ort und so stieg die Hanse zu einer Großmacht in Nordeuropa auf, die zeitweise den ganzen Fernhandel beherrschte.

Die führende Hansestadt war Lübeck. Dort trafen sich die Vertreter aller Hansestädte zu den Hansetagen und beschlossen ihr gemeinsames Vorgehen. Im 16. Jahrhundert verlagerten sich die Handelswege. Der Ostseehandel verlor an Bedeutung und somit die Hanse ihre Macht.

Aufgaben

1. Erstelle eine Liste, in der du einträgst, welche Waren ein Kleinhändler und ein Fernhändler verkauften.
2. Erläutere die Gründe, die zur Entstehung der Hanse führten.
3. a) In welchen Bundesländern liegen die Hansestädte heute? → M4
   b) Nenne fünf Waren und ihre Herkunftsstädte. → M4
4. Zähle mithilfe des Textes die Vorteile auf, die die Hanse den Kaufleuten brachte.
5. Verfasse einen kurzen Erlebnisbericht eines Fernhändlers, der aus Riga nach Rostock kommt. → M4

M 6 Landshuter Marktordnung von 1528

In der Marktordnung der Stadt Landshut aus dem Jahre 1528 wird angeordnet:

1. Wir verbieten, Schwerter und Dolche innerhalb der Stadt zu tragen.

2. Wucherer verbieten wir unter Strafe von 5 Pfund und erklären sie außerdem für rechtlos. […]

5. Wir verordnen: 2,5 Pfund Rindfleisch sind für einen Pfennig zu verkaufen. […]

10. Wir verordnen, dass kein Kauf außerhalb des öffentlichen Marktes stattfindet, was die Leute betrifft, die der Stadt Waren zuführen. Die Leute, die wider diese Satzung handeln, werden der Stadt 6 Schillinge zahlen. Wenn einer kein Geld besitzt, wird ihm die Hand abgeschlagen werden.

11. Wir verordnen, dass zwei gute Würste, die die vorgeschriebene Größe besitzen, für einen Pfennig verkauft werden, sie dürfen aber nur aus reinem Schweinefleisch gemacht sein. Zuwiderhandelnde müssen 1 Pfund (= 240 Pfennige) zahlen und werden ein Jahr lang von ihrem Handwerk ausgeschlossen. […]

zit. n.: Die rheinische Stadt. S. 33 ff.

Münzwerte und Gewichte (Auswahl)

8 Heller = 4 Pfennige = 1 Kreuzer

12 Pfennige = 1 Groschen

16 Pfennige = 1 Batzen

1 Gulden = 60 Kreuzer = 15 Batzen = 20 Groschen = 240 Pfennige = 480 Heller

1 Reichstaler = 90 Kreuzer = 22 ½ Batzen

1 Philippstaler = 1 Gulden 52 Kreuzer

1 Sachsentaler = 24 gute Groschen

Lechner, J. B.: Rechenkunst. o. S.

M 7 Kaufmännisches Rechnen

M 8 Arbeit in einem Kölner Handelshaus
Zeichnung, 16. Jh.

M 9 Ein Handelszug mit Schwerlastwagen, Buchmalerei, 1619

M 10 Über den Reichtum der Kaufleute

Hans Pirckheimer aus Nürnberg besaß im Jahre 1356 allein an Grundbesitz 60 große Lehnsgüter, 19 Eigengüter, 5 Stadthäuser, besser -paläste [...]; von Bargeld, Schmuck, Pelzen, Wagen und Pferden nicht zu reden. Der Freiburger Kaufmann Snevelin konnte Dutzende von Dörfern, Burgen, Hofgütern, Weinbergen sein Eigen nennen. Außer in Grund und Boden investierten die Kaufleute ihr Kapital in Back-, Brau- und Schlachthäusern, in Schmieden, Mühlen, Werkstätten und Manufakturen [Handwerksbetriebe]. In den Schoß gefallen war ihnen so viel Besitz nicht [...] diesen frühen Kaufleuten, die für ein gutes Geschäft bereit waren, Kopf und Kragen zu riskieren.

Fischer-Fabian, S.: Ritter, Tod und Teufel. S. 122 f.

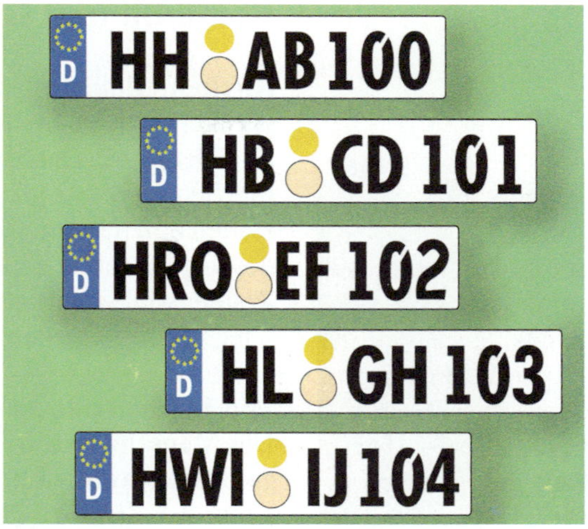

M 11 KFZ-Kennzeichen

M 12 Der organisierte Warenumschlag sicherte den Kaufleuten hohe Gewinne, Farblithografie, 1909

Aufgaben

1. Erkläre, weshalb eine Marktordnung notwendig war. → M6
2. Notiere, welche Schwierigkeiten die Händler gehabt haben könnten. → M7
3. Beschreibe, welchen Schwierigkeiten ein Handelszug ausgesetzt war. → M9
4. Überlege, wie Pirckheimer und Snevelin zu so einem großen Reichtum kommen konnten. → M10
5. a) Finde heraus, zu welchen deutschen Städten diese Kfz-Kennzeichen gehören. → M11

   b) Erkläre ihre Gemeinsamkeit. → M11
6. Erläutere die Tätigkeiten auf dem Bild im Zusammenhang mit der Hanse. → M12

Romanik und Gotik – zwei Baustile des Mittelalters

M 1 Dom zu Würzburg, im Stil der Romanik

M 2 Romanischer Bogen mit Säulen

Basilika

ursprünglich eine römische Markt- oder auch Gerichtshalle mit zwei Säulenreihen. Dadurch entsteht der Eindruck, dass das Gebäude aus einem Haupt- und zwei Nebenräumen besteht.

M 3 Euroschein, mit typisch romanischem Rundbogen

Kirchen erlauben bis heute einen Blick in vergangene Zeiten

Kirchen sind bis heute wichtige und meist auch alte Gebäude in nahezu jedem Ort. Das ist nicht verwunderlich, denn der mittelalterliche Mensch war sehr gläubig und die Religion nahm im Alltag jedes Einzelnen einen festen Platz ein. Gotteshäuser bieten uns aber heute auch deswegen einen Einblick in das Leben und Denken vergangener Zeiten, weil vielerorts andere Gebäude aus dem Mittelalter umgebaut oder zerstört wurden.

Von Kirchen mit dicken Mauern …

Die Menschen im frühen Mittelalter führten und begriffen ihr Leben ganz anders als wir heute. Das zeigt sich auch in ihrer Bautätigkeit, vor allem der Kirchen. Diese waren zunächst einmal ein Ort des Gebets. Die Gläubigen gingen davon aus, dass dort das Reich Gottes verwirklicht war und sie im Gottesdienst ihr Seelenheil erlangen konnten. Die Baumeister wählten aus diesem Grund häufig einen Grundriss in Kreuzform. Die Architektur spiegelt also die Glaubensvorstellung der Menschen wider.

Zudem musste die Kirche den Menschen in unsicheren Zeiten, geprägt von Not und Krieg, auch Zuflucht und Schutz bieten. Daher sind viele Gotteshäuser aus dieser Zeit ähnlich wie befestigte Anlagen gebaut, die einem Angriff standhalten konnten. Sie besitzen zum Beispiel

- ein dickes Mauerwerk,
- sehr kleine Fenster,
- gedrungene, dicke Säulen, die das Gebäude stützen, sowie
- eine niedrige Eingangstür.

Auffällig bei den frühen mittelalterlichen Kirchen sind vor allem ihre Rundbögen. Nicht nur Fenster und Tore, sondern auch die Gewölbedecken sind rundbögig gebaut. Die Architektur erinnert an die römische Bauweise: Aquädukte, die römischen Wasserleitungen, oder Amphitheater wie das Kolosseum in Rom haben ebenfalls runde Bögen. Das ist kein Zufall, denn die frühmittelalterlichen Kirchen wurden nach dem Vorbild der römischen *Basilika* gebaut. Auch der Begriff für den Baustil mit dem Merkmal des Rundbogens spielt auf Rom an, wurde aber nicht schon im Mittelalter, sondern erst im 19. Jahrhundert geprägt. Man nennt diesen Baustil **Romanik.**

In noch heute erhaltenen romanischen Kirchen findet sich häufig unter dem Hauptschiff, also dem mittleren Gebäudeteil, eine sogenannte Krypta. Hier befand sich in der Regel die ursprüngliche Kirche, die später überbaut wurde. In der Krypta wurden Heilige, Bischöfe oder Äbte begraben, deren Grabplatten häufig bis heute erhalten sind.

Viele Dome in Deutschland stammen aus der Romanik, etwa der Dom zu Speyer, mit 134 m Länge der größte seiner Zeit, oder der Magdeburger Dom. In Bayern sind der Dom von Würzburg sowie Teile des Bamberger Doms romanischen Stils.

Man kann die Romanik sogar als europäischen Baustil betrachten. Denn Kirchen, aber auch Klosteranlagen und andere Gebäude im romanischen Stil finden sich in nahezu jedem europäischen Land.

M 4 **Dom zu Regensburg,**
im Stil der Gotik

M 5 **Gotischer Bogen mit Säulen**

M 6 **Euroschein,**
mit typisch gotischem Fenster

… zur Eroberung des Himmels

Der romanische Baustil wurde im 12. Jahrhundert allmählich abgelöst von einem Kunststil, der ebenfalls an Fenstern und Bögen gut erkannt werden kann. Es handelt sich um die **Gotik.** Der Begriff stammt aus dem 16. Jahrhundert und war abwertend gemeint: Die Goten galten als barbarisches Germanenvolk. So wurde damals auch dieser Baustil empfunden, obwohl sein Hauptmerkmal alles andere als schlicht ist. Gotische Kirchen haben spitz zulaufende Bögen und wirken ganz anders als romanische, denn sie sind gekennzeichnet durch

- hohe, schmale Mauern,
- lange, schlanke Fenster,
- hohe Säulen und
- nach oben strebende Eingangsportale.

Aufgrund vieler Säulen und fast deckenhoher Fenster hat man das Gefühl, nicht in einem gemauerten Gebäude zu stehen. Im Gegensatz zu romanischen Kirchen sind gotische lichtdurchflutet und wirken hell. Mauerwerk dient nicht zum Schutz vor Angriffen, sondern verschwindet fast in der Wahrnehmung der Betrachter. Der „Himmel“ steht einem offen, Gott scheint nah.

Ausgefeilte Baukunst

Die schmalen Mauern ziehen sich wie Gerippe zur Decke. Dass die Kirchen dennoch nicht einstürzen, liegt an zwei „Tricks“ der Baumeister: Zum einen halten kreuzförmige Gewölbe die schweren Decken, zum anderen verteilen Außenpfeiler das Gewicht des Mauerwerks: Sie ziehen es geradezu nach außen.

Besonders hervorzuheben sind die vielen Details der Steinmetze und Glaser, die der Gotik den Eindruck von Leichtigkeit geben. Die Fenster sind häufig von Mittelstreben durchzogen und zeigen an ihrer Spitze viele Ornamente. Die Glaser setzten bunte Glasscheiben ein, durch welche das Kircheninnere in buntes Licht getaucht wird. Die Verzierungen benannte man nach ihrem Aussehen: Rosette (von Rose), Krabbe, Fischblase oder Vierpass. Die Kreuzform des Letztgenannten macht deutlich, worum es den Baumeistern ging: Jede Kleinigkeit des Bauwerks sollte an Gott erinnern und seine Größe darstellen. Das hatte sehr lange Bauzeiten zur Folge. Zum Beispiel wurde am Kölner Dom – mit Unterbrechungen – über 600 Jahre gebaut. Häufig fehlte Geld oder die verschiedenen Dombauherren konnten sich nicht einigen. Noch heute bessern Steinmetze immer wieder schadhafte Stellen an den Fassaden von Kirchen und anderen alten Gebäuden aus, weil Abgase, Wind und Wetter die Steine zerstören.

Aufgaben

1. Beschreibe drei Hauptunterschiede romanischer und gotischer Bauwerke.
   → M1, M2, M4, M5
2. Nenne zwei Aufgaben, die eine romanische Kirche erfüllen musste.
3. Gotische Kirchen erzielten eine ganz andere Wirkung als romanische.
   a) Nenne anhand des Textes fünf Merkmale gotischer Architektur.
   b) Was bezweckten die gotischen Baumeister mit diesen Merkmalen?

Dom und Campanile (Turm) von Pisa
Dom von Speyer
Dom von Mainz
Dom von Worms
Dom von Würzburg

M 7 Beispiele für Romanik in Europa

Dom von Köln
Kathedrale in Paris (Notre Dame)
Kathedrale in Reims
Dom von Wien
Dom von Regensburg
Schöner Brunnen in Nürnberg

M 8 Beispiele für Gotik in Europa

M 9 Kreuzgang der Neumünsterkirche in Würzburg

M 10 Kreuzgang des ehemaligen Benediktinerklosters in Bamberg

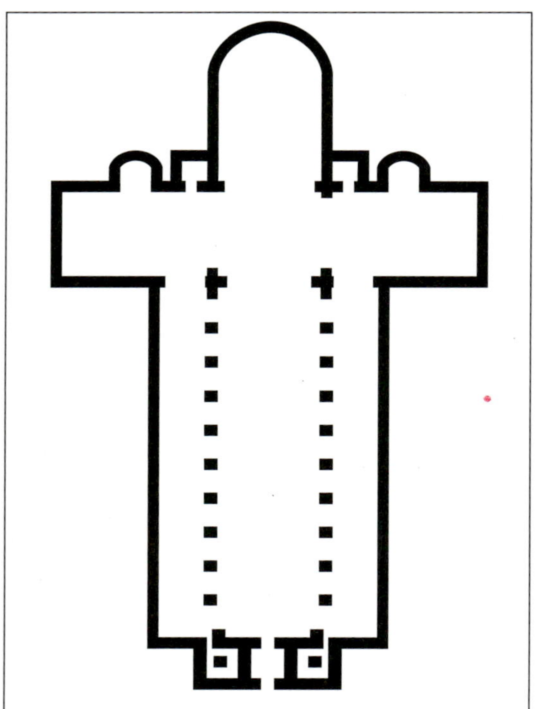

M 11 Typischer Grundriss einer mittelalterlichen Kirche

M 12 Luftaufnahme des Magdeburger Doms

M 13 **Ulmer Dom,** Innenansicht

M 14 **Außenansicht des Kölner Doms**

M 15

Der spätere Bischof von Lincoln, Robert Grosseteste, schrieb 1228 über gotische Kirchen:

Da stehen lange Reihen von schlanken runden Stämmen vom Erdboden empor, tragen raumhaltige Wände […]. Ungeheuer dehnt sich darauf die Wölbung: Rippen wie schmale Schatten, dazwischen dünne Häute gespannt, aufgebläht, ein gewölbtes Seidenzelt über vielfältigem Gestänge. Alles ist eingetaucht in das den Raum durchflutende, beherrschende Licht, das von den farbigen Fenstern ausgeht: rot, blau, ein Spiel der Farben, Strahlen im Raum, Lichtflecke auf den Baugliedern: wandernd, wandelnd, vergehend.

Robert Grosseteste; zit. n.: Geo Epoche 25, S. 81

M 16 **Seitenansicht des Kölner Doms**

Aufgaben

1. Vergleiche den romanischen mit dem gotischen Kreuzgang. Welche Unterschiede kannst du bei Mauerdicke, Höhe und Fensterform feststellen?
→ M9, M10
2. Der Grundriss M11 zeigt eine typische mittelalterliche Kirche. Woran erinnert dich die Form? Vergleiche den Grundriss mit dem Dom in M12.
3. a) Schreibe aus M15 fünf Ausdrücke heraus, mit denen der Bischof das Innere gotischer Kirchen vergleicht.
b) Überlege, worauf der Autor mit diesen Ausdrücken anspielt. → M15
c) Vergleiche dann die Beschreibung des Bischofs mit den Bildern der Dome.
→ M13, M14, M16
4. Erkundige dich nach weiteren Bauwerken der Romanik und Gotik in deiner Umgebung. Gestalte gemeinsam mit deinen Mitschülern ein Plakat zu einem Bauwerk.
→ M7, M8

Nicht zur Erholung, nicht zum Spaß – Unterwegssein im Mittelalter

Wer alles unterwegs war

Für uns sind Reisen heute eine Selbstverständlichkeit: Ob es die Urlaubsfahrt oder der Besuch bei Verwandten oder Freunden ist, wir sind in dem Bewusstsein unterwegs, bald anzukommen und es beim Reisen bequem zu haben. Im Mittelalter war das ganz anders. Man war kaum aus purer Lust unterwegs, sondern weil man es musste:

- Kaufleute brachten ihre Waren auf städtische Märkte.
- Handwerksgesellen suchten sich eine neue Arbeitsstelle.
- Studenten reisten zu verschiedenen Universitäten.
- Mönche zogen von Kloster zu Kloster ihres Ordens.
- Pilger besuchten weit entfernte Wallfahrtsorte.
- Heere durchzogen auf Kriegszügen viele Gegenden Europas.
- Arme, Heimatlose und Verstoßene – die von der Gesellschaft Ausgegrenzten – mussten sich an möglichst vielen unterschiedlichen Orten aufhalten, um weniger aufzufallen.
- Königsboten überbrachten Botschaften der Herrscher oder verkündeten Gesetze.

Zu Beginn des Mittelalters war es ein besonderes Ereignis, wenn ein König für ein oder mehrere Wochen eine bestimmte Stadt besuchte

M 1 Handels- und Pilgerrouten im späten Mittelalter (15. Jahrhundert)

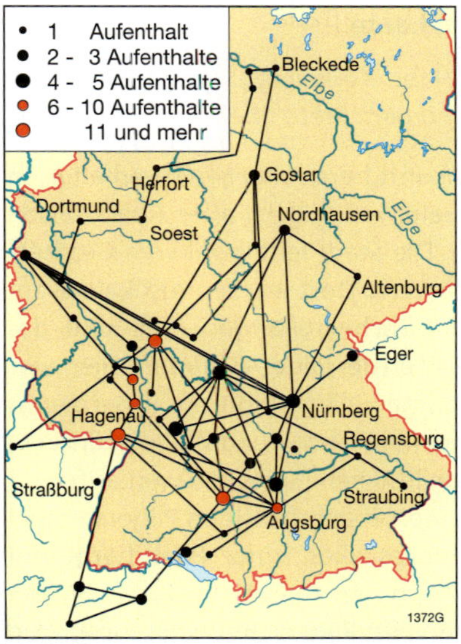

M 2 Reise-Itinerar Heinrichs VII.
Sogenannte Itinerare zeigen, wie oft sich ein Herrscher während seiner Amtszeit an einem Ort aufhielt. Dort hielt er Hof und kam seinen Regierungsgeschäften nach. Man nennt diese Regierungsform auch Reisekönigtum. Die farbige Hervorhebung zeigt Deutschland in seinen heutigen Grenzen.

M 3 Reisewagen,
Buchmalerei um 1411
Auf solchen hölzernen Wagen wurden Waren transportiert, aber auch wohlhabende oder gebrechliche Menschen gefahren. Eine Federung gab es genauso wenig wie eine Kabine, wie man sie aus Kutschen kennt.

und von dort seine Regierungsgeschäfte erledigte. Denn damals gab es noch keine Hauptstadt und der Herrscher war gezwungen umherzureisen. Wo er sich befand, übte er seine Herrschaft aus. Den Zwang zur **Mobilität** gab es auch, wenn die Menschen aufbrechen mussten, um neue Siedlungsgebiete zu finden. Das trifft beispielsweise auf die Völkerwanderung der Antike zu. Auch andere Wanderbewegungen wie die Teilnahme an den Kreuzzügen oder die Ausbreitung neuer Mönchsorden in Europa wird als Form von Mobilität begriffen.

Die Spuren, die Menschen dabei hinterlassen, entstehen nicht nur während des Umherziehens: Reisende greifen vielfältig in ihre Umwelt ein, kommen in Kontakt mit Fremden und tauschen sich mit anderen aus. Damit wird das als „finster“ und „starr“ empfundene Mittelalter zu einer äußerst „beweglichen“ Epoche, in der sich Menschen immer wieder verändern und ihrer Umwelt anpassen müssen.

Wie man unterwegs war

Die Reise zu Pferd oder im Reisewagen, die sich nur Adlige oder reiche Bürger leisten konnten, war eher selten und dennoch problematisch. Wenn etwa ein Pferd lahmte oder ein ungeübter Reiter sich wundsaß, kam die Reise ins Stocken. Dennoch bot das Pferd einen unschätzbaren Vorzug: Man war schneller am Ziel. Das war etwa für königliche Boten wichtig. Kaufleute mussten in der Regel mit Ochsengespannen reisen, da ihre Waren schwer und sperrig waren. An Küsten und auf einigen Flüssen verlud man Waren und Gepäck auf Schiffe. Das war die schnellste Art zu reisen, aber auch die kostspieligste.

Die Entfernungen, die zurückgelegt wurden, waren viel geringer als heute und umfassten meist eine Tagesreise. Man schaffte dann etwa 20 Kilometer. Bis zur Erfindung der Eisenbahn im 19. Jahrhundert blieb das Reisen zu Fuß, zu Pferd oder mit Wagen üblich. Das bestimmte auch die durchschnittliche Wegstrecke, die pro Tag zurückgelegt wurde.

Reisen – anstrengend und gefährlich

Straßen als Verbindungswege zwischen Städten entstanden im Mittelalter erst nach und nach. Denn ursprünglich orientierten sich die Menschen eher daran, wie sie eine Strecke möglichst leicht bewältigen konnten. Das hieß manchmal auch, Umwege in Kauf zu nehmen, sich dafür aber nicht zu gefährden. Daher waren Wege häufig entlang von Flüssen zu finden. Aber auch folgende Umstände verlängerten oder behinderten manche Reise:

- Überfälle auf Wagen von Händlern,
- Hochwasser, eingestürzte Brücken oder Steinlawinen,
- Ausbrüche von Krankheiten oder
- Brücken- und Wegezoll beim Passieren wichtiger Knotenpunkte oder beim Eintritt in ein neues Herrschaftsgebiet.

Trotz vieler Unterkünfte, etwa am Weg der vielen Pilgerrouten, war jede Reise ein Wagnis. Auch kürzere mussten genau geplant und nach Jahreszeit und Klima abgestimmt werden. Für längere Reisen wählte man die Sommermonate, denn viele Höhenwege und Passstraßen waren im Winter nicht passierbar, was die Mobilität stark einschränkte.

M 4 Pilgern im Mittelalter

Der Mönch Hermann Künig von Vach schrieb um 1500 ein Buch, das Pilgern „Tipps" gibt:

In der Stadt [Burgos in Spanien] gibt es 32 Spitäler. Das königliche Spital übertrifft alle anderen, darin bekommt man satt zu essen. Auch gibt es Wirtsleute, die den Pilgern entgegengehen und ihnen sagen: „Meine Brüder, die ihr nach Santiago zieht! Wenn ihr gute Gastfreundschaft in Santiago genießen wollt, quartiert euch in meinem Hause ein!" Wenn sie sich dort einquartiert und das erste Essen genommen haben, verkauft ihnen die Besitzerin für zehn Münzen eine Kerze, die nur vier kostet. Auf diese Weise betrügen die Wirtsleute die Jakobspilger. In Santiago werden Muscheln an die Pilger verkauft sowie lederne Weinschläuche, Schuhe, Rucksäcke aus Hirschleder, Handbürsten, Riemen, Gürtel, Kräuter, manche Gewürze und vieles andere.

Fleischer, G.: Wenn du aufbrechen willst, sollst du Gott um seine Hilfe bitten; in: Praxis Geschichte 3/2001. Braunschweig. S. 52, gekürzt

M 5 Pilgern heute

Der Komiker Hape Kerkeling pilgerte 2001 nach Compostela und berichtete über seine Erlebnisse:

Bei meiner Ankunft heute Morgen wimmelt es in Saint Jean bereits von Pilgern aller Altersklassen und Nationen. Die Stadt lebt wohl vom Geschäft mit den Wallfahrern. Dort werden rustikale Wanderstäbe und Muschelanhänger – sie sind das Erkennungszeichen der Pilger – verkauft. Hier werden kitschig bunte Heiligenfiguren, Pilgermenüs – sprich Pommes mit Fleisch – und Wanderführer in allen modernen Idiomen [Sprachen] verkauft. [...] Als ich mir meinen ersten richtigen Pilgerstempel im Kloster [Roncesvalles, einer Pilgerherberge] abhole, fragt mich [der Angestellte] [...]: „Wieso wollen Sie nur einen Pilgerstempel, brauchen Sie kein Bett?" [...] Also entgegne ich ihm: „Nein, ein Bett brauche ich nicht, ich werde im Hotel schlafen." Der Mann [...] fährt mich an: „Was fällt Ihnen ein? Das sind ja ganz neue Moden. Als Pilger hat man in einer Pilgerherberge zu schlafen [...]."

Kerkeling, Hape: Ich bin dann mal weg. S. 18 und 31

M 6 Brückenzoll

Die Nutzung einer Brücke verkürzte eine Reise oft erheblich. Die Besitzer der Brücke – eine Stadt, ein Bischof oder der König – konnten daher zur Benutzung Gebühren erheben.

M 7 Straßenbau und -erhalt im Mittelalter

Der Bau einer Straße war im Mittelalter sehr aufwändig, da sie häufig durch unwegsames Gelände wie Sümpfe oder Wälder führte. Im Gegensatz zu den Römerstraßen waren die mittelalterlichen Straßen meist unbefestigte Wege, die lediglich aus plattgetretener Erde bestanden.

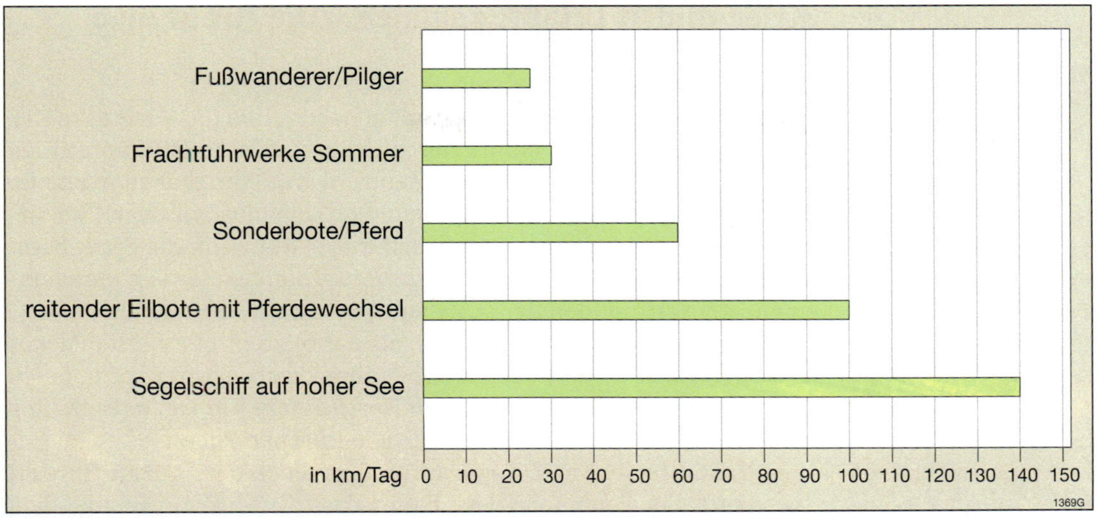

M 8 **Durchschnittliche Geschwindigkeiten je nach Fortbewegungsart**

M 9 **Freude über ein Lehen**

Walther von der Vogelweide, Minnesänger und Ritter, verdiente umherziehend seinen Unterhalt, indem er von Herrscherhof zu Herrscherhof zog. Um 1220 soll er ein Lehen, also ein Stück Land, von Kaiser Friedrich II. erhalten haben. In einem Gedicht drückt er seine Gefühle darüber aus:

Ich habe mein Lehen, alle Welt, ich habe mein Lehen!
Nun fürchte ich den Hornung [Februar] nicht an den Zehen
und will alle schlechten Herren umso weniger anflehen.
Der edle König, der freigebige König hat mich versorgt,
sodass ich den Sommer über Luft, im Winter Hitze habe.
Meinen Nachbarn erscheine ich nun besser ausgestattet,
sie sehen mich nicht mehr an wie ein Schreckgespenst, wie sie es früher taten.
Ich bin zu lange arm gewesen – ohne mein Verschulden,
ich war so voller Schelten, dass mein Atem stank.
Das hat der König rein gemacht und ebenso meinen Sang.

W. v. d. Vogelweide; in: Älteste deutsche Dichtung und Prosa. S. 126

Aufgaben

1. Gib mithilfe des Textes in eigenen Worten fünf Gründe wieder, warum Menschen im Mittelalter reisten.
2. a) Berechne mithilfe der Karte M2 die ungefähre Wegstrecke zwischen Augsburg und Venedig.
   b) Rechne dann aus, wie lange für diese Strecke im Sommer ein Ochsenkarren und ein reitender Eilbote unterwegs waren. → M2, M8
3. Schreibe einen etwa 15-zeiligen Brief, in dem du als mittelalterlicher Händler auftrittst. Erzähle darin von deinen Problemen auf deiner letzten Handelsreise von Nürnberg nach Prag. Benutze als Hilfe einen Atlas.
4. Zimmerleute sind bis heute noch zu Fuß längere Strecken unterwegs. Informiere dich, welchen Regeln sich ein Handwerksgeselle, der auf der „Walz" ist, unterordnen muss.
5. Zeige an M4 und M5, dass Pilger damals wie heute auch am Ziel ihrer Reise auf Probleme stießen.
6. Notiere in Stichpunkten, warum mittelalterliche Reisen aufgrund der Straßenverhältnisse so beschwerlich waren. Finde Hinweise in M7.
7. Walther von der Vogelweide bejubelt, dass er ein Lehen erhalten habe. Überlege dir, warum das Leben für einen Umherziehenden anstrengend war. → M9

M 1 **Papst Urban ruft zum Kreuzzug auf**
Auf einem Konzil im französischen Clermont ruft Papst Urban II. die Zuhörer zur Rückeroberung Jerusalems von den Muslimen auf. Dass die Rede aus einem Innenhof auf eine Wiese verlegt wurde, zeigt, dass viele Menschen anwesend waren.

Krieg und Wallfahrt zugleich - die Kreuzzüge

Auf zur Befreiung Jerusalems - und zu vielem mehr ...

Viele Jahrhunderte lang war **Jerusalem** neben Rom das wichtigste Ziel von Pilgern. Die Stadt blühte durch die Ströme von Wallfahrern auf und entwickelte sich zu einem Zentrum der christlichen Welt. Im 7. Jahrhundert wurde Jerusalem dann von den muslimischen Omaijaden erobert. Obwohl die christlichen Pilger weiterhin die Stadt besuchen konnten, setzte sich in Europa der Gedanke fest, dass man Jerusalem aus den Händen der „Ungläubigen" entreißen müsste.

Dieses Denken verschärfte sich, als der oströmische Kaiser Alexos 1095 den Papst um Hilfe gegen die Araber, die das Oströmische Reich bedrohten, bat. So rief Papst Urban II. auf einem **Konzil** zur Befreiung Jerusalems auf. Seiner Idee folgten viele Europäer, denn:

- Viele Christen in Europa waren überzeugt, dass Urban II. recht hatte. Sie glaubten zutiefst daran, dass die Muslime Feinde seien und bekämpft werden müssten, weil sie „Ungläubige" waren.
- Die Kirche lockte diejenigen, die an der Befreiung Jerusalems teilnahmen, mit Erlass ihrer Sünden.
- Jerusalem hatte als „himmlische" Stadt eine ungeheure Anziehungskraft auf die Europäer. Man sprach von Mauern aus Edelsteinen und goldenen Straßen.
- Einige Ritter waren das, was man heute „arbeitslos" nennt. Viele waren verarmt, suchten Abenteuer und auch reiche Beute.
- Einflussreiche Adlige planten zudem nach der Eroberung der Gebiete neue, christliche Staaten. Ihnen ging es also um mehr Macht und Reichtum durch Handel.

Es sollen insgesamt über 200 000 Krieger - die wenigsten waren Adlige oder Geistliche - zur Rückeroberung Jerusalems aufgebrochen sein. Als Zeichen ihres „gottgewollten" Tuns nähten sie sich Kreuze aus Stoff auf ihre Gewänder. Daher stammt auch ihr Name Kreuzritter. In Erinnerung an ihre christliche Pflicht der Wallfahrt werden sie auch Kreuzfahrer genannt. Diese „bewaffneten Pilger" bezeichneten ihre Reise schlicht als Marsch, als Reise zum Heiligen Grab. Den Begriff **Kreuzzug,** von denen es mehrere gab, kannten sie nicht.

Eine lange, beschwerliche Reise

Kurz nach dem Aufruf Papst Urbans II. 1095 versammelten sich an verschiedenen Orten Mitteleuropas zusammengewürfelte Heerhaufen, die nicht erst in fremden Ländern Unruhe über die Städte brachten, sondern bereits in der Heimat Aufsehen erregten. Die Stimmung unter den Kreuzfahrern war sehr aufgebracht und sie gingen gegen Menschen, die ihnen fremd erschienen, vor. Urban hatte zum Kampf gegen alle Heiden aufgerufen. In vielen Städten griffen sie Juden an und zerstörten ihr Hab und Gut.

Der Weg führte durch halb Europa. Neben Seuchen, Gefechten, Unfällen und der Hitze war es die schwierige Versorgung, die den Europäern zu schaffen machte. Reiche Ritter setzten mit dem Schiff von Italien aus ins „Heilige Land" über, den Armen blieb nur der Weg über Land. Von den vielen Kämpfern und ihren Begleitern - viele hatten ihre ganze Familie dabei - kamen nur wenige ans Ziel.

M 2

M 3 **Kreuzritter belagern Antiochia**

Die Kreuzfahrer erobern das Heilige Land

Der Zug der Kreuzritter nach Jerusalem dauerte länger als erwartet: drei Jahre. Unterwegs konnten die Kreuzritter entlang der Mittelmeerküste viele Festungen und Städte, etwa Nikaia oder Antiochia, erobern. Die Belagerungen dauerten lange und häufig setzten die Europäer Maschinen wie Katapulte oder Belagerungstürme ein. Auch von grausamen Taktiken wird berichtet: Abgeschlagene Köpfe der Gegner wurden zur Abschreckung mit Katapulten in die Städte geworfen oder man hungerte die Einwohner der Städte aus, indem man sie monatelang belagerte.

In den Gegenden, durch die die Kreuzritter marschierten, lebten Muslime und Christen friedlich nebeneinander. Viele dieser Christen unterstützten die Europäer in ihren Zielen. Erst die Brutalität der Kreuzzüge machte die verschiedenen Bevölkerungsgruppen zu Feinden.

Als 1099 Jerusalem erobert wurde, war die Verschiedenheit zwischen den Bevölkerungsgruppen nicht mehr zu übersehen.

Aufgaben

1. a) Gib mit eigenen Worten fünf Gründe wieder, warum so viele Europäer dem Aufruf des Papstes zum Kreuzzug folgten.
   b) In der Abbildung M1 sind rechts die Zuhörer der Rede Urbans II. zu sehen. Finde Vertreter von vier unterschiedlichen Bevölkerungsgruppen. Woran kannst du sie erkennen?
   c) Erkläre, warum sich die Kreuzritter als solche bezeichneten.
2. a) Versetze dich in die Lage eines Kreuzritters. Schildere deinem Banknachbarn, welche Probleme dich auf deiner Reise begleiten. → M2.
   b) Überlege mithilfe des Textes und M3, ob das Vorgehen der Kreuzritter als „gerechter Krieg“ bezeichnet werden kann.

M 1 Die Eroberung Jerusalems durch die Kreuzfahrer

Wilhelm von Tyrus (ca.1130–1186), ein christlicher Geschichtsschreiber, schildert in seiner Kreuzzugsgeschichte die Einnahme Jerusalems durch die Kreuzfahrer im Jahre 1099:

Sofort durchzogen die Ritter die Straßen und Plätze der Stadt. Alle Feinde, die sie finden konnten, streckten sie mit dem Schwert nieder. Bald lagen überall so viele Erschlagene, dass man nur noch über Leichen gehen konnte. Über zehntausend Feinde sollen in diesem Bezirk umgebracht worden sein. Es geschah sicherlich nach dem gerechten Urteil Gottes, dass die, welche das Heiligtum des Herrn mit ihren abergläubischen Gebräuchen entweiht hatten, es mit ihrem eigenen Blut reinigen mussten. Als endlich auf diese Weise die Ordnung der Stadt hergestellt war, legten sie die Waffen nieder, wuschen sich die Hände und zogen reine Kleider an. Dann gingen sie mit demütigem und zerknirschtem Herzen an den heiligen Orten umher, an denen auch Christus gewesen war […] Bei der Kirche kamen ihnen sodann das gläubige Volk der Stadt und der Klerus [Geistliche] entgegen, welche beide seit so vielen Jahren ein unverschuldetes Joch getragen hatten, voll Dankes gegen ihren Erlöser.

Guggenbühl, G.: Quellen zur allgemeinen Geschichte.

M 2 Die Eroberung Jerusalems – aus einer anderen Sicht

Der arabische Geschichtsschreiber Ibn al-Atir (1160–1233) berichtet in seiner Gesamtdarstellung der islamischen Welt über die Eroberung Jerusalems Folgendes:

Die Einwohner Jerusalems wurden ans Schwert geliefert und die Franken [Europäer] blieben eine Woche in der Stadt, in der sie die Einwohner mordeten. Eine Gruppe von diesen suchte Schutz in Davids Bethaus [Tempel], verschanzte sich dort und leistete einige Tage Widerstand. Nachdem die Franken ihnen das Leben zugesichert hatten, ergaben sie sich; die Franken hielten den Vertrag […]. In der al-Aqsa-Moschee dagegen töteten die Franken mehr als siebzigtausend Muslime, unter ihnen viele Imame [Vorbeter], Religionsgelehrte, Fromme und Asketen [Menschen, die Genuss und Luxus in ihrem Leben strikt ablehnen, um Gott näherzukommen], die ihr Land verlassen hatten, um in frommer Zurückgezogenheit an diesem heiligen Ort zu leben. Aus dem Felsendom raubten die Franken mehr als vierzig Silberleuchter, einen großen Silberleuchter, außerdem von den kleineren Leuchtern einhundertundfünfzig silberne und mehr als zwanzig goldene und andere unermessliche Beute.

Gabrieli, F.: Die Kreuzzüge aus arabischer Sicht. S. 49 f. (gekürzt)

M 3 Kreuzfahrer im Kampf mit Arabern, christliche Miniatur, 1287

Die Eroberung Jerusalems im Jahre 1099 im Spiegel der schriftlichen Quellen

Unser Wissen über vergangene Ereignisse stammt großteils aus schriftlichen Aufzeichnungen, die zeitgleich oder später angefertigt wurden. Die Autoren wollten das Geschehen festhalten, damit Menschen an anderen Orten, aber auch künftige Generationen davon erfahren.

Die Kreuzzüge waren nicht allein deshalb von Interesse, weil Kriege für Geschichtsschreiber seit jeher den Stellenwert von „Höhepunkten" in der geschichtlichen Entwicklung eines Volkes haben und daher eine historische Betrachtung „verdienen". Die Kreuzzüge boten durch die Fremdartigkeit des Schauplatzes (Heiliges Land) und des Gegners (Muslime) einen zusätzlichen Anreiz, darüber zu berichten. Eine wichtige Rolle spielt in der Darstellung von Kriegsereignissen natürlich, auf welcher Seite der Berichterstatter steht. Es gibt Geschichtsschreiber, die sich um eine genaue und unparteiische Wiedergabe der Ereignisse bemühen. Auf der anderen Seite stehen Autoren, die für eine bestimmte Seite Partei ergreifen und diese in einem guten Licht erscheinen lassen wollen. Als Leser sollte man solchen Autoren mit Vorsicht begegnen. Für die Kreuzzüge interessierten sich aber nicht nur Geschichtsschreiber aus Europa, sondern auch muslimische Gelehrte. Ein Vergleich beider Sichtweisen kann uns heute helfen, zu gesicherten Einsichten über die damaligen Kriegsereignisse zu gelangen.

Fragen an alle schriftlichen Quellen

1. Entstehung und Art der Quellen
- Wann sind die Quellen entstanden?
- Wer ist der Verfasser?

2. Aussagen der Quellen
- Wie lässt sich der Inhalt der Quelle zusammenfassen?
- Auf welche Dinge legt der Autor besonderen Wert?

3. Glaubwürdigkeit der Quellen
- Welcher zeitliche Abstand liegt zwischen dem beschriebenen Geschehen und der Entstehung der Quelle?
- Beruft sich der Verfasser auf andere Autoren oder Quellen?
- Setzt sich der Autor kritisch mit anderen auseinander?

4. Bedeutung der Quellen
- Welche Folgen hat das beschriebene Geschehen?
- Welches Ergebnis gewinnst du aus dem Vergleich des untersuchten Textes mit anderen Quellen?

Fragen an diese schriftlichen Quellen

1. Welche inhaltlichen Unterschiede zwischen M1 und M2 erkennst du?
2. Wie lautet die Absicht beider Autoren? → M1, M2
3. Auf welche Weise rechtfertigt der Autor in M1 das Vorgehen der Kreuzfahrer?
4. Inwiefern hilft dir der Vergleich beider Quellen, wenn du dir selbst ein Urteil über die Ereignisse in Jerusalem bilden willst?
5. Überlege dir, warum auch andere Formen der Darstellung, wie etwa in M3, wichtig waren für die Menschen dieser Epoche.

M 1 Kreuzfahrerstaaten

Orient

Das Land der „untergehenden Sonne". Es bezeichnet die Staaten, die von Mitteleuropa aus gesehen im nichteuropäischen Osten liegen. Heute zählen Saudi-Arabien, Iran, Irak, Syrien und Jordanien zum Orient.

M 2 Siegel der Tempelritter

Die Kreuzfahrerstaaten – zwischen Handel und Krieg

Die Kreuzritter gründen Niederlassungen und schützen Pilger
Nach der Einnahme Jerusalems und anderer wichtiger Städte im Heiligen Land mussten die Kreuzritter das Eroberte sichern. Da viele Ritter ihr gesamtes Hab und Gut verkauft hatten, um die teure Ausrüstung für den Feldzug bezahlen zu können, mussten sie in ihrer neuen „Heimat" ganz von vorne anfangen. Einige Kreuzfahrer hatten von Anfang an geplant, gar nicht mehr nach Europa zurückzukehren.

Die europäischen Adligen gründeten daher Kreuzfahrerstaaten und dehnten in weiteren Kriegszügen ihr Herrschaftsgebiet aus. Die Araber und auch andere ortsansässige *orientalische* Christen waren von den europäischen Herren räumlich und auch rechtlich abgegrenzt. Der bedeutendste Kreuzfahrerstaat war das von den Franzosen gegründete Königreich Jerusalem.

Mit dem Aufbau der Kreuzfahrerstaaten waren jedoch die Kreuzzüge nicht vorbei. Bereits knapp fünfzig Jahre nach der Eroberung Jerusalems im Jahr 1099 startete ein weiterer Heereszug. Wiederum vierzig Jahre danach zogen die Könige Richard Löwenherz (England) und Philipp (Frankreich) sowie Kaiser Friedrich Barbarossa ins Heilige Land. Die Herrscher setzten sich zum Ziel, die eroberten Gebiete dauerhaft vor den Arabern zu sichern, hatten aber kaum Erfolg: Friedrich Barbarossa kam unter seltsamen Umständen zu Tode und Richard Löwenherz wurde gefangen genommen. Auch einen Kinderkreuzzug hat es gegeben: Um ihr Seelenheil zu erlangen, schickten Eltern aus der Gegend am Rhein ihre Kinder auf diesen Kreuzzug. Viele kamen nicht einmal im Heiligen Land an, sondern starben an Hunger und Krankheiten oder wurden verschleppt.

Pilgerströme bedeuten neue Aufgaben
Neben der Verteidigung der eroberten Gebiete war eine weitere wichtige Aufgabe der Kreuzritter, die vielen Pilger, die wieder in Strömen nach Jerusalem kamen, zu versorgen. Zu diesem Zweck wurden **Ritterorden** wie die Johanniter, die Malteser oder die Templer gegründet. Sie waren eine Mischung aus Mönchsorden und Rittern. Da die „Mönchsritter" meist gute Verbindungen zu den Arabern unterhielten, konnten sie innerhalb kürzester Zeit ohne Widerstände Spitäler zur Krankenpflege und Unterkünfte für Pilger aufbauen. Außerdem überzogen sie die Kreuzfahrerstaaten und Teile Europas mit einem Netz von Niederlassungen, um Güter zu tauschen und Handel zu treiben. Häufig ließen die Araber die Ritterorden gewähren, da ihre eigene Wirtschaft durch den Handel aufblühte.

Friedliche Kontakte, aber auch wieder Kämpfe mit den Arabern
Trotz der immer wieder aufflammenden Kämpfe gab es Zeiten des Friedens, in denen die beiden verschiedenen Kulturen rege Kontakte pflegten. Dabei lernten die Europäer sehr viel von den Arabern:

- Die Araber bewahrten in ihren großen Bibliotheken nicht nur arabische, sondern auch antike griechische Handschriften auf. Griechische Texte, etwa des Philosophen Aristoteles, kennen wir heute nur deswegen, weil es arabische Abschriften von ihnen gibt.

M 3 **Moscheeturm im heutigen Jemen**

- Besonders weit entwickelt waren die Wissenschaften. Neben der Mathematik stand die Astronomie – also die Lehre von den Himmelskörpern – in Blüte.
- Arabische Ärzte operierten mit Skalpellen und untersuchten Leichen, um mehr über die menschlichen Organe herauszufinden.

Der Kontakt mit den Arabern brachte aber auch eine Vielzahl an unbekannten, geradezu exotischen Handelswaren nach Europa. Neben Gewürzen wie Kümmel, Zimt oder Minze kamen Stoffe, zum Beispiel Damast, oder Obst (Zitrone, Aprikose) und Genussmittel wie Kaffee nach Europa.

Dass die Araber die Europäer dabei stark beeinflussten, sieht man zum Beispiel an der Baukunst: In Süd- und Mitteleuropa findet man viele mittelalterliche Bauwerke, die orientalisch anmuten.

Die Spannungen zwischen Europäern und Arabern blieben langfristig aber bestehen. Unter Sultan Saladin konnten die Muslime weite Teile der Kreuzfahrerstaaten zurückerobern, 1187 eroberte sein Heer Jerusalem. Als im Jahr 1291 die Festung Akkon fiel, waren die christlichen Staatsgründungen im Orient endgültig Vergangenheit.

Kreuzzüge auch mitten in Europa

Trotz der Brutalität und des Scheiterns betrachteten die Europäer die Kreuzzüge jahrhundertelang als Erfolg. Der Gedanke, gegen Andersgläubige oder Fremde kriegerisch und mit religiösem Eifer vorzugehen, wurde in Europa immer wieder aufgegriffen. Dabei wurden die Kämpfer von der Kirche unterstützt: Sie wollte ihre Macht ebenso ausdehnen wie die Herrscher, die die Feldzüge durchführten. Eine wichtige Rolle dabei erfüllte der Deutschorden, ein Ritterorden aus der Zeit der Kreuzfahrerstaaten. Der Deutsche Orden vernichtete die Pruzzen, heidnische Slawen, von denen der Name „Preußen" stammt. Auch die Rückeroberung von Teilen Spaniens, die von Arabern beherrscht wurden, wurde als Kreuzzug bezeichnet. Gleiches gilt für den Kampf gegen alle Ketzer, also Christen, die vom „rechten Glauben" abgefallen waren. Die Kirche allein bestimmte, wer als Ketzer galt. Das konnten Einzelpersonen oder ganze Personengruppen sein, die zum Beispiel eine andere Einstellung zu christlichen Lehren entwickelt hatten. Im 13. Jahrhundert kam es in Frankreich zu einem ausgedehnten Feldzug gegen eine einflussreiche Gruppe von „Ketzern", die sich „die Reinen" nannten. Im 14. Jahrhundert wurde es sogar üblich, jeden Feldzug und jede Feindseligkeit gegen einen anderen Fürsten als Kreuzzug zu bezeichnen – auch wenn er lediglich der Eroberung diente.

M 4 **Türme der Pauluskirche in Worms**

Aufgaben

1. Erkläre, warum es zur Gründung von Kreuzfahrerstaaten kam.
2. a) Nenne die vier wichtigsten Aufgaben der Ritterorden.
   b) Überlege, warum die Ritterorden so mächtig wurden.
   c) Erkundige dich nach den Tempelrittern. → M2
3. Zeige, dass die Europäer auch in der Baukunst von den Arabern beeinflusst wurden. → M3, M4
4. Überlege, ob man die Kreuzzüge langfristig als Erfolg bezeichnen kann. Gib zwei Beispiele aus dem Text an, um deine Meinung zu begründen.

M 5 Leben in den neu gegründeten Kreuzfahrerstaaten
Die Kreuzritter, die im Heiligen Land blieben, legten viel Wert auf die Befestigung von Burganlagen. Das Bild zeigt die berühmteste Kreuzfahrerburg, Krak de Chevaliers.

M 6 Die Gründung geistlicher Ritterorden

Die Gründung der Templer, eines Ritterordens, im Heiligen Land beschreibt Jakob von Vitry im 13. Jahrhundert:

Einige von Gott geliebte und seinem Dienst ergebene Ritter entsagten der Welt und weihten ihr Leben Christus. Durch feierliche […] Gelübde versprachen sie, die Pilger gegen Räuber und Wegelagerer zu verteidigen, die Wege zu schützen und dem König und Herrscher als Ritter zu dienen. Sie hielten die Gebote der Armut, der Keuschheit [nicht zu heiraten] und des Gehorsams ein […]. Anfangs waren es nur neun Männer, die einen so heiligen Entschluss gefasst hatten. Sie dienten neun Jahre lang in weltlichen Gewändern und kleideten sich von dem, was die Gläubigen ihnen als Almosen gaben. Der König [und] seine Ritter […] waren des Mitleids voll für diese edlen Männer, die für Christus alles aufgegeben hatten, und gaben ihnen bestimmte Güter und [Wohltaten] […] für ihren Unterhalt […]. Und weil sie keine eigene Kirche oder [Wohnstätte] […] hatten, beherbergte sie der König in seinem Palast nahe dem Tempel des Herrn. […] Und aus diesem Grund nannte man sie später die „Templer".

Jakob von Vitry: Historia orientalis sive Hierosolymitana.

M 7 Zutaten eines Rezeptes aus Andalusien (Spanien)

Maurische Lammschulter

1 Lammschulter
Salz und Pfeffer
1 Stange Zimt
Koriander
gehackte Mandeln
Rosinen
einige Fäden Safran
Zwiebeln und Knoblauch
Fleischbrühe
Olivenöl

traditionelles andalusisches Rezept

M 8 Orientalische Früchte und Gewürze

M 9 **Einflüsse der Araber auf die Architektur**

M 10 **Kosmetik und Körperpflege**

Zahlreiche Frauen begleiteten ihre Ehemänner auf Kreuzzügen ins Heilige Land. Sie lernten dort auch andere Methoden der Körperpflege schätzen:

Mittel gegen Hautpigmente: Dampfbäder
Mittel gegen zu dunkle Haut: Schminke aus Weizenschrot
Mittel für frischen Teint [= Gesichtsfarbe]: Pfirsichkernöl
Mittel für die Haut älterer Damen: Malvenabsud und in Wein gekochte Veilchen
Haarpflege: Olivenöl, Honig und Alaun [Mineral], mit Quecksilber vermischt
Hautcreme: Fett von Schweinsfüßen

Zusammenstellung von A. Hemberger; in: PG 1/2003. S. 38

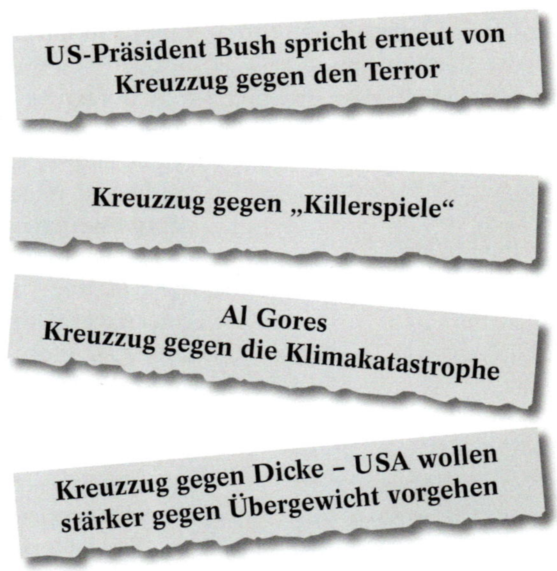
US-Präsident Bush spricht erneut von Kreuzzug gegen den Terror

Kreuzzug gegen „Killerspiele“

Al Gores Kreuzzug gegen die Klimakatastrophe

Kreuzzug gegen Dicke – USA wollen stärker gegen Übergewicht vorgehen

M 11 **Kreuzzüge heute?**

Aufgaben

1. Zeige an vier Merkmalen der Kreuzfahrerburg, dass sie vor allem der Verteidigung diente. → M5
2. Schreibe aus der Quelle M6 heraus, was an das Leben von Rittern und was an das Leben von Mönchen erinnert.
3. Informiere dich, welche der Zutaten im Rezept aus dem Arabischen stammen. Kocht dieses oder ein ähnliches Rezept in Haushalt und Ernährung nach. → M7, M8
4. Suche in M9 das allen Bögen Gemeinsame. Wie kannst du dir die Gemeinsamkeit erklären?
5. Überlege, worin der größte Unterschied zwischen mittelalterlichen und modernen Kosmetika liegt. Sieh dir dazu die Inhaltsstoffe heutiger Kosmetika an. → M10
6. Der Begriff „Kreuzzug“ taucht immer wieder auf. Untersuche die Meldungen in M11 genau:
   a) Bei welchem Thema wird er verwendet?
   b) Vergleiche die Verwendung des Begriffs mit der mittelalterlichen Kreuzzugsidee.

Neues Land im Osten - Siedler wandern aus

M 1 Slawische Siedlungsgebiete im Frühmittelalter

Mission, Platzmangel oder Suche nach Freiheit?

Mitteleuropa war seit der Völkerwanderung in zwei große Kulturräume aufgeteilt: den der germanischen und den der slawischen Stämme. Die Germanen waren im frühen Mittelalter zum Christentum übergetreten, die Slawen blieben zunächst heidnisch. Die Siedlungsgebiete der Slawen wurden nun seit dem 10. Jahrhundert immer wieder von Westen her angegriffen: Ziel war die Missionierung heidnischer Völker. Ab dem 11. Jahrhundert verstärkte sich dann auch der Zuzug aus dem Westen: Fürsten, Ritter, Mönche, Bürger und Bauern folgten dem Aufruf slawischer Herrscher, in ihre dünn besiedelten Gebiete zu ziehen. Dass so viele Menschen dem Werben folgten, hatte viele Gründe:

- Die Bevölkerung in Mitteleuropa wuchs rapide an. Die Anbaufläche reichte nicht mehr aus und es fehlte an genügend Platz für die vielen Menschen, obwohl zahlreiche Wälder gerodet und Sümpfe trockengelegt wurden.
- Mönche wollten auch jenseits der **Elbe und Saale** das Christentum dauerhaft verbreiten.
- Bergleute und Abenteurer hatten von unglaublichen Schätzen in den Bergen Osteuropas gehört und wollten schnell reich werden.
- Nicht zuletzt lockte das Versprechen, jahrelang keine Steuern zahlen zu müssen oder die persönliche Freiheit zu erreichen, gerade Bauern und arme Stadtbewohner in den Osten.

Sozialer Aufstieg - rechtliche Sicherheit

Die Bauern waren die Gewinner dieser Umsiedlung. Sie lebten in neu aufgebauten Dörfern oder Städten, die nach deutschem Recht gegründet waren. So konnten sie sich in einer fremden Umwelt schneller heimisch fühlen. Sie waren zudem unabhängiger, weil

- sie keine Frondienste mehr leisten mussten,
- ihr Besitz gesichert war,
- sie eine Zeit lang von den Steuern befreit waren und
- sie eigene Gerichte hatten.

Letzteres garantierte ihnen Freiheit gegenüber den einheimischen slawischen Fürsten. Die neuen Siedler und die alteingesessenen slawischen Stämme lebten weitgehend friedlich neben- und miteinander. Über Jahrhunderte hinweg kam es kaum zu Feindseligkeiten, vielmehr vermischten sich Teile beider Bevölkerungsgruppen.

M 2 Bürgerhäuser in Stettin

Stettin, heute eine Stadt in Polen, wurde 1243 gegründet. Ähnliche Bürgerhäuser findet man in vielen norddeutschen und osteuropäischen Städten. Sie zeigen Selbstbewusstsein und Wohlstand der Bürger, die weitgehend unabhängig waren.

Verteilung des Landes nach Plan

Die Wahl der Siedlungsgebiete, die Versorgung mit Saatgut in den ersten Jahren und die Verträge mit dem Landesherrn der Siedler wurden von einer Art Siedlungsunternehmer, dem Lokator, kontrolliert. Dieser profitierte aufgrund seines Einflusses und seines Wissens häufig auch finanziell von der **Ostsiedlung.**

Drei Jahrhunderte lang gab es immer wieder Einwanderungswellen von Mitteleuropa nach Osten. Im 14. Jahrhundert ebbte die Ostsiedlung ab, nachdem die Pest in Europa gewütet hatte. In manchen Landstrichen waren ihr bis zu 80 % aller Menschen zum Opfer gefallen.

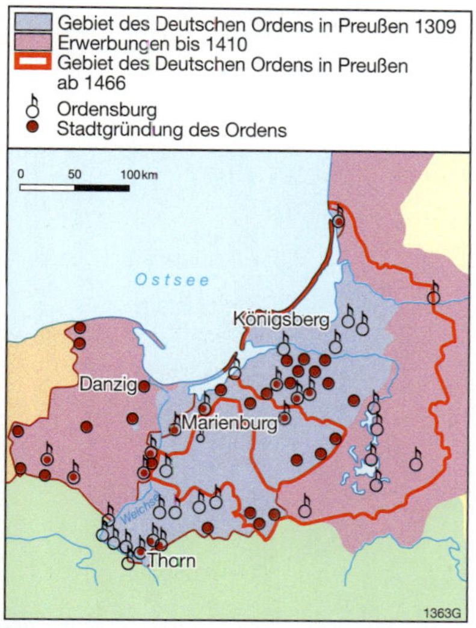

M 3 Preußen, Kerngebiet des Deutschen Ordens

M 4 Ritter des Deutschordens zu Pferd, Rekonstruktion

Daher gab es in Mitteleuropa keine Überbevölkerung mehr, die eine der Hauptgründe für die Ostsiedlung gewesen war.

Bis heute hat diese lang anhaltende Siedlungsbewegung Spuren hinterlassen, etwa in der Sprache oder in der Kultur: Zweinamige Ortsbezeichnungen wie Gdansk (Danzig) oder Lehnwörter aus slawischen Sprachen im Deutschen (Vampir, Grenze oder die Pelztiere Zobel und Nerz) sind Zeugnisse dieser kulturellen Verschmelzung.

Mission, Handel und Krieg – das Wirken des Deutschen Ordens

Der während der Kreuzzüge gegründete **Deutsche Orden** fand im Osten Europas ein neues Betätigungsfeld, als er seine Niederlassungen im Heiligen Land aufgeben musste. Die Ordensritter erhielten den Auftrag, Gebiete im nördlichen Osteuropa militärisch zu unterwerfen und dabei die heidnischen Pruzzen zu missionieren. In zahlreichen Feldzügen – als Kreuzzüge bezeichnet – vernichtete der Deutschorden schließlich die Pruzzen. Für diese Hilfe erhielt er vom polnischen Herzog Gebiete, aus denen der Deutschordensstaat hervorging.

Der Ordensstaat wurde sowohl vom Kaiser als auch vom Papst anerkannt, was ihm einen Zuzug vieler Siedler aus dem Gebiet des Deutschen Reichs bescherte. Der Staat wurde zu einem wichtigen Zentrum:

- Insgesamt wurden in den kommenden drei Jahrhunderten 93 Städte und etwa 1400 Dörfer gegründet.
- Aufgrund der zahlreichen Stützpunkte des Deutschen Ordens und seiner vielen Kontakte in ganz Europa entwickelte sich reger Handel mit Pelzen, Holz, Fisch und Bernstein. Dadurch wurde der Deutsche Orden zu einer der mächtigsten Organisationen in Europa.
- Die Deutschherren halfen entscheidend mit, Ackerland zu gewinnen und die Erträge in der Landwirtschaft zu steigern.
- Wirkung hinterließen sie auch in der Architektur und der Kunst.

Durch seinen Reichtum wurde der Orden allerdings auch zum Feind der Hansestädte und Polens. In mehreren Kriegen konnte der polnische König die Berufskrieger des Deutschordens besiegen. Da die Mitglieder des Ordens zur Ehelosigkeit verpflichtet waren, waren sie dem Land und ihren Bewohnern auch nicht so stark verbunden. Der Ordensstaat wurde nach den Kriegen von einem selbstständigen Staat in ein polnisches Lehen umgewandelt und dadurch von Polen abhängig, die Ritter suchten sich neue Niederlassungen in Mitteleuropa.

Aufgaben

1. Erkläre den Zusammenhang zwischen dem Bevölkerungswachstum im Mittelalter und der Ostsiedlung.
2. Zähle fünf Vorteile auf, die deutsche Siedler in Osteuropa genossen.
3. a) Beschreibe die Aufgabe des Lokators.
   b) Überlege, welche Berufe diese Aufgaben heute wahrnehmen.
4. Beschreibe die Ausdehnung des Ordensstaates und welche wirtschaftlichen Möglichkeiten dessen Lage bot. → M3
5. Zeichne in einer Skizze die wichtigsten Schritte des Aufstiegs, des Wirkens und des Abstiegs des Deutschordensstaats ein.
6. Nenne drei Merkmale eines Kreuzritters, die auch auf den Ritter des Deutschordens zutreffen. → M4

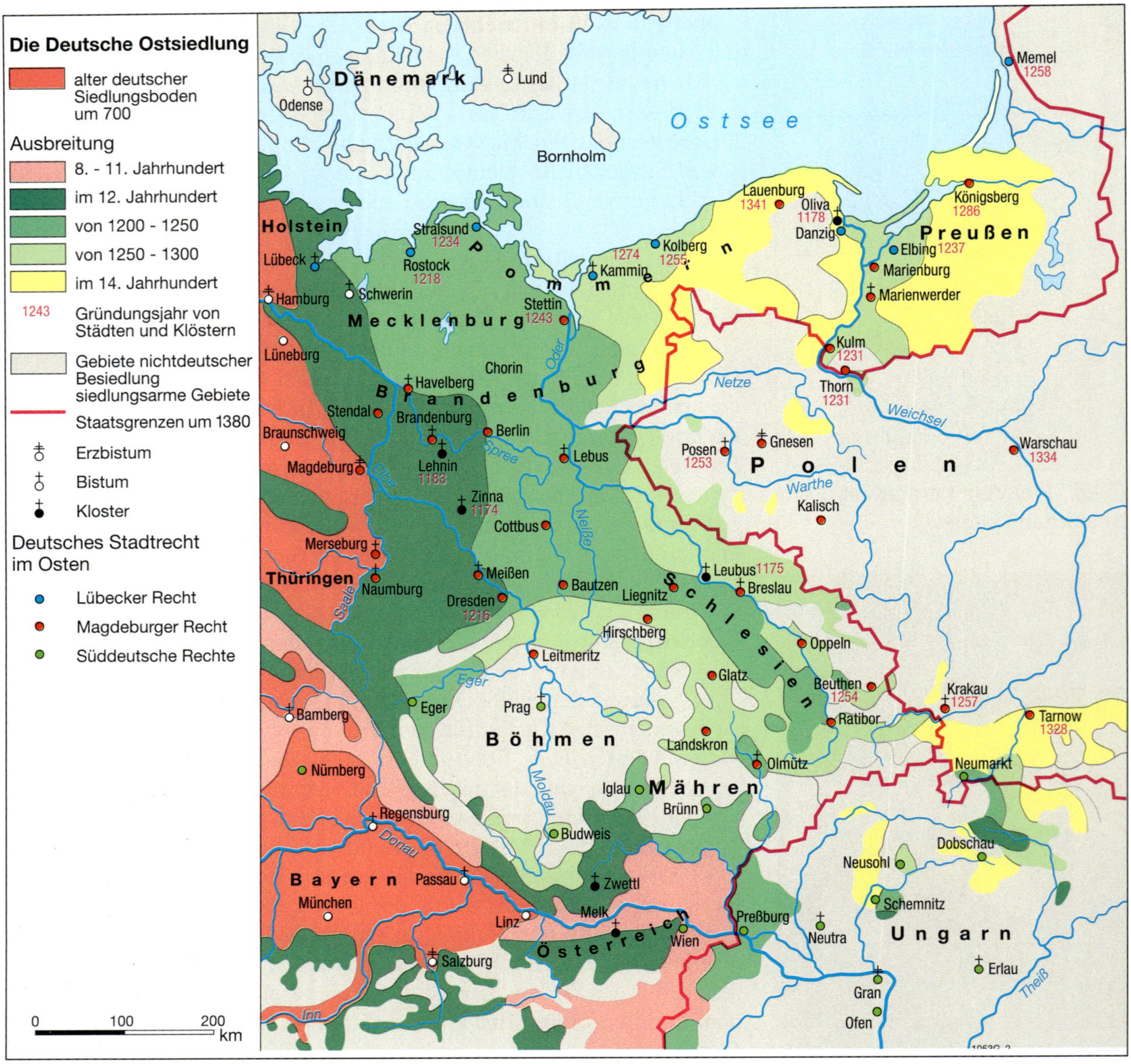

M 5 **Die deutsche Ostsiedlung**

M 6 **Aus einer Gründungsurkunde**

Über die Gründung des Dorfes Halteshagen bei Stettin berichtet 1262 eine Urkunde:

Wir, Ritter Berbord von Köthen, geben bekannt, dass wir […] dem Johannes Calbe, Konrad von Welpe und seinem Schwager Johannes einen Wald [Hagen] mit Namen Halteshagen zur Besiedlung als Besitz überlassen haben. Wir machen zur Bedingung, dass alle in dem Hagen Ansässigen, die dort Ackerland urbar machen und bestellen, von jeder Hufe [24 Hektar] einen Schilling und den Fruchtzehnten von den am Hagen liegenden Äckern geben. […] Als besondere Freiheit sichern wir weiter zu: Wer sich im Hagen ansiedeln will, kann dies ungehindert tun und darf für die gefreite Zeit Bier brauen und schenken sowie zum Verkauf Brot backen und Fleisch einschlachten. Ab Martini [11. November] gewähren wir den Siedlern 10 Freijahre. In diesem Zeitraum bleiben sie Dienst, Zehnt und Zins ledig. […]

Pommersches Urkundenbuch II, Nr. 720; zit. n.: Lautemann/Schlenke: Geschichte in Quellen, Bd. 2. S. 628 f.

M 7 **Gründungsszene** aus dem Sachsenspiegel

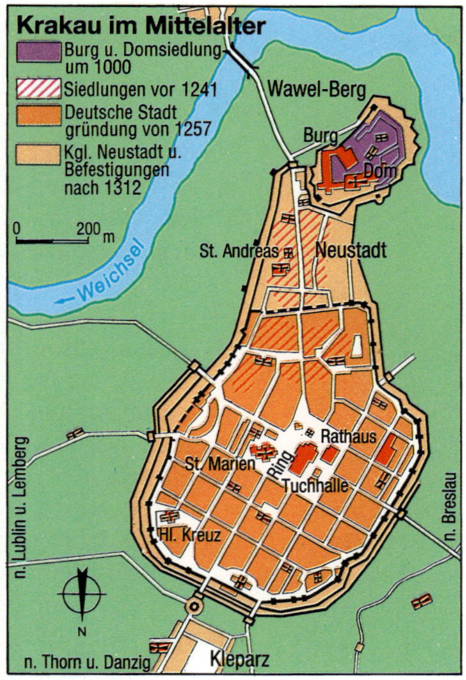

M 8 **Stadtplan von Krakau**

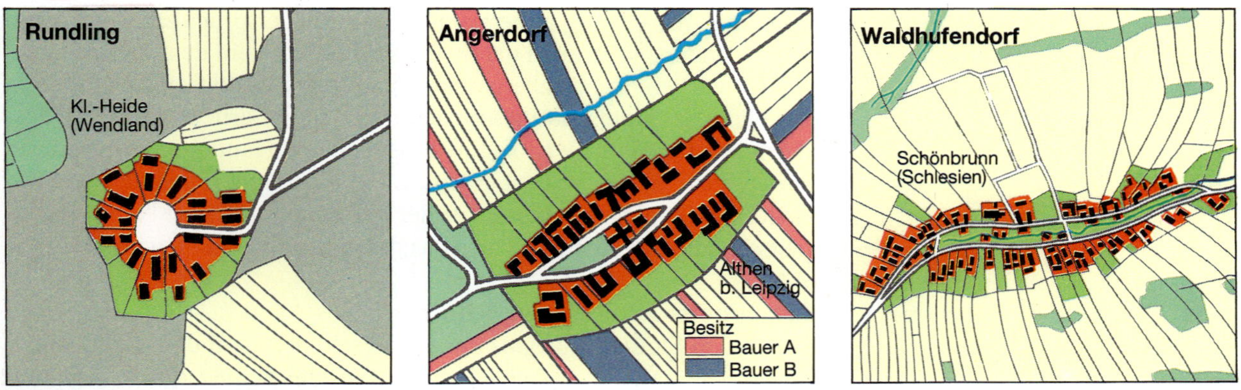

M 9 **Dorfformen im Gebiet der Ostsiedlung**

Aufgaben

1. a) Suche folgende Städte in M5: Dresden – Krakau – Warschau – Tarnow – Stettin.
   b) In welchen heutigen Staaten Europas liegen sie? Verwende einen Atlas.
2. Nenne fünf Vorteile, die Berbord von Köthen den Siedlern gewährt. → M6
3. Finde in der bildlichen Quelle M7 folgende Szenen der Besiedlung wieder: Fürst, der Land vergibt – Lokator, der die Ansiedlung kontrolliert – Arbeiter, die Häuser bauen – einheimischer Slawe, der die Ansiedlung beobachtet.
4. Die Siedler gründeten Städte neu oder legten planvoll Dörfer an.
   a) Überlege, an welchen drei Merkmalen sich die planvolle Neugründung Krakaus zeigt. → M8
   b) Schreibe einen 15-zeiligen Brief aus der Sicht eines Reisenden, wie die neu gegründeten Dörfer im Osten aussahen. → M9

Juden – unverzichtbar, aber dennoch fremd

M 1 Mittelalterliche jüdische Gemeinden im bayerischen Raum. Das Gebiet des heutigen Bayern ist türkis unterlegt.

Das Judentum – Religion und Volk ohne Heimat

Bereits mit der Eroberung Jerusalems durch die Römer im Jahr 70 n. Chr. begann für die Juden eine Jahrhunderte dauernde Zeit des Umherziehens und Lebens in fremden Ländern. Diese Besonderheit wurde noch verschärft: Der jüdische Glaube war den Christen in Europa fremd, genauso wie die jüdische Kultur:

- Gottesdienste werden auf Hebräisch in **Synagogen** abgehalten.
- Der Rabbiner ist nicht nur in religiösen, sondern auch in rechtlichen Fragen Vorsteher der Gemeinde.
- Der Alltag der Juden ist im Talmud, einer Sammlung von Gesetzestexten und Verhaltensregeln, genau festgelegt.

Dennoch wurden die nach Europa einwandernden Juden von den Stadtherren, den Herrschern und Teilen der Bevölkerung als Gewinn betrachtet. Einzelne jüdische Familien zogen mehrfach um und knüpften Kontakte in verschiedenen Städten. Waren Juden Händler, nutzten sie ihre vielen Handelsverbindungen und brachten seltene Güter in ihre Stadt. Auch ihr Wirken als Gelehrte oder Ärzte war allseits gerühmt. Juden waren also angesehene „Mitbürger" (diesen Begriff gab es damals noch nicht), blieben aber aufgrund ihrer Religion und Kultur Fremde.

Der intensive Austausch zwischen Juden und Städtern einerseits und die klare Abgrenzung andererseits wirken widersprüchlich. Man kann diesen Widerspruch auch daran ablesen, wo Juden in den Städten angesiedelt wurden. In Nürnberg oder Würzburg etwa durften sich Juden in der Nähe des Hauptmarktes niederlassen. Damit drückte man aus, dass die neuen Bewohner wichtig für Wirtschaft und Handel waren. Zugleich waren diese Wohnviertel aber häufig von schlechter Qualität, etwa weil es sich um Sumpfgebiet handelte oder weil in unmittelbarer Nähe gesundheitsschädliches Handwerk wie das der *Gerber* betrieben wurde.

Gerber

verarbeiten Tierhäute zu Leder, wobei sie die Häute mit hochgiftigen Substanzen wie Ammoniak bearbeiteten.

Leben unter königlichem Schutz

Die in den Städten Europas und – viel seltener – auf dem Land lebenden Juden standen immer wieder unter dem Schutz des Königs und Kaisers. Denn Juden galten rechtlich als Eigentum des Herrschers. Er

M 2 Königlicher Schutz für Juden
Das Bild zeigt Personengruppen, die besonders „königsnah" waren. Neben Frauen und Mönchen ist auch ein Jude, erkennbar an seinem Spitzhut, abgebildet.

konnte über sie verfügen, musste ihnen aber auch Rechte und Schutz bieten, was in Freibriefen, das sind Urkunden, belegt ist.

Schnell erkannten nicht nur der König, sondern auch der Stadtherr oder die Bürger einer Stadt, wie wertvoll Juden für sie waren. Einige erwirtschafteten als Ärzte, Gelehrte, Kreditgeber oder Anwälte große Vermögen, die der König hoch besteuerte. In Sonderfällen verpfändete der König „seine" Juden aber auch an den Stadtherrn, sodass die Steuern an diesen flossen. Man betrachtete die jüdischen Mitbürger als Sache, über die beliebig verfügt werden konnte.

Verfolgung in Krisenzeiten

Die Folge aus dieser rechtlichen Abstufung gegenüber den anderen Bürgern war, dass immer dann, wenn ein Sündenbock gebraucht wurde, die Juden dazu herangezogen wurden:

- 1147 durchzogen zur Zeit des zweiten Kreuzzugs aufgestachelte Ritterheere Deutschland, verwüsteten auch viele städtische Judenviertel und töteten zahlreiche Juden.
- Unvorhersehbare Naturereignisse wie Überschwemmungen oder Fröste, die meist die ganze Ernte vernichteten, wurden den Juden angelastet.
- Zur Zeit der Pest, die zwischen 1347 und 1349 wütete, erklärte man sich die vielen Toten damit, dass sie Wasser aus Brunnen, die Juden vergiftet hätten, getrunken hätten.

Die Vorwürfe gegen Juden führten oft zu Ausschreitungen gegen sie. Diese Gewalttaten nennt man **Pogrome.** Viele Juden wurden während dieser Pogrome vertrieben oder umgebracht.

Die jüdischen Gemeinden und deren Mitglieder wurden nie mehr so bedeutend und immer stärker an den Rand der Gesellschaft gedrängt: Man wies ihnen neue Stadtviertel, die abgegrenzt waren, zu. Diese sogenannten **Gettos** befanden sich meist am Rande der Stadt. In manchen Fällen trennten sogar Tore die Juden von der übrigen Stadt. Auch den königlichen Judenschutz gab es ab dem 15. Jahrhundert kaum mehr und wenn, stand er nur auf dem Papier. Zur Mitte dieses Jahrhunderts wurden Juden zudem dazu verpflichtet, ein Erkennungsmerkmal zu tragen: Männer mussten sich einen gelben Ring, Frauen zwei blaue Streifen annähen. Damit kennzeichnete man sie als Außenseiter.

M 3 Verbrennen von Juden auf dem Scheiterhaufen

Die Hinrichtung auf dem Scheiterhaufen wurde dann angewendet, wenn Ketzer oder Andersgläubige bestraft wurden. Abbildung aus einer Stadtchronik Würzburgs, 15. Jh.

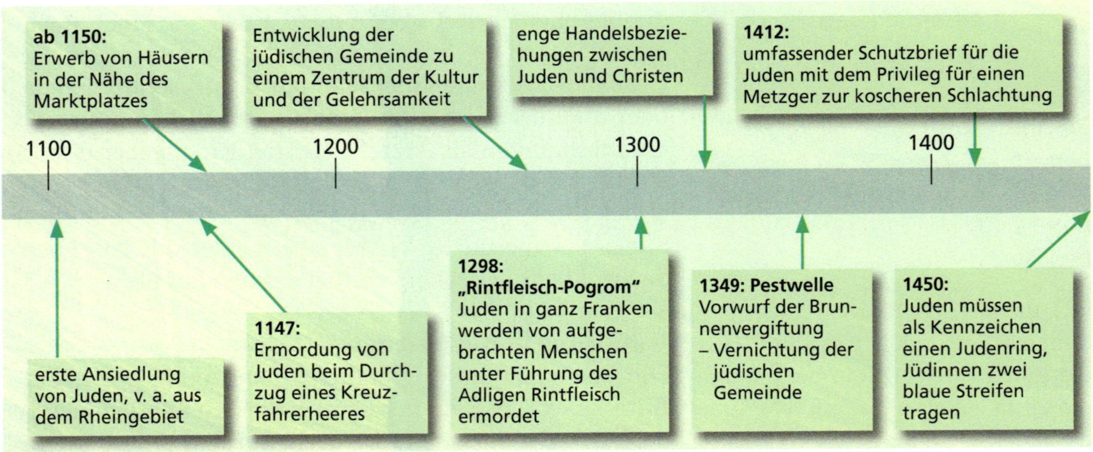

M 4 **Die Entwicklung der jüdischen Gemeinden im Mittelalter am Beispiel Würzburgs**

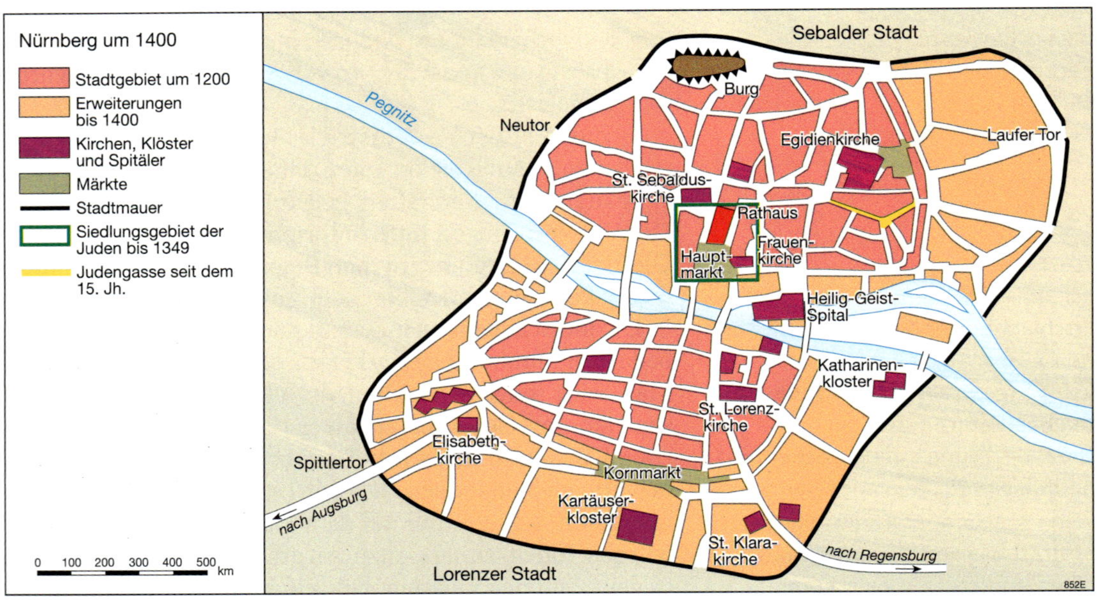

M 5 **Ansiedlung von Juden in Nürnberg**

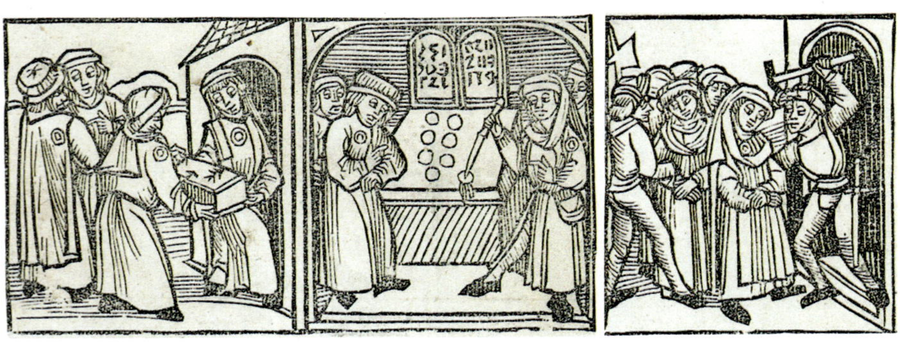

M 6 **Vorwürfe gegen Juden**

In Passau wurde Juden 1477 vorgeworfen, Hostien aus einer Kirche gestohlen und in der Synagoge entweiht zu haben. Die Drucke zeigen auch, wie die Passauer auf die Gerüchte reagierten.

M 7 Ausschreitungen

a) Zur Zeit des zweiten Kreuzzugs wurden vielerorts auch Vorwürfe gegen Juden laut, die – so wie die Araber auch – als „Ungläubige" und als Feinde betrachtet wurden. In Würzburg wurden, als ein Kreuzfahrerheer in der Stadt campierte, Leichenteile im Main gefunden. Die Stadtchroniken berichten davon.

[...] da sie [die Würzburger] dies [die Ermordungen] den Juden anlasteten, wurden sowohl die Bürger als auch die Kreuzfahrer von einem plötzlichen Zorn ergriffen, brachen in die Häuser der Juden ein und töteten unverzüglich ohne Mitleid Alte und Junge, Frauen mit Kindern. Wenige retteten sich durch Flucht, noch weniger ließen sich in der Hoffnung auf Rettung taufen, die wenigsten verblieben in dem [neuen] Glauben, nachdem wieder Friede eingekehrt war [...].

Annales Herbipolenses ad a. 1047; in: MGH SS 16, S. 3 f.

b) Die Reaktion des Würzburger Bischofs Siegfried von Truhendingen auf die Tötung der Juden beschrieb der Jude Efrajim ben Ja'aquv aus Bonn.

[...] Am folgenden Morgen befahl der Bischof, alle Erschlagenen Frommen nebst deren abgehauenen Körperteilen [...] auf Wagen zu sammeln. Er ließ sie reinigen, mit Öl salben und in seinem Garten begraben.

Bericht des Efrajim ben Ja'aquv, Übersetzung Text Neubauer; zit. n.: Stadtarchiv Würzburg (Hg.): Heilige Gemeinden

M 8 Hetze gegen Juden

Je mehr Vorwürfe gegen die Juden entstanden, umso stärker wurden sie auch in der Öffentlichkeit angegriffen, auch durch Bilder. Eine gängige Darstellung von Juden war die sogenannte „Judensau", die nicht nur auf Holzschnitten thematisiert wurde, sondern auch an Kirchen zu sehen war.

Aufgaben

1. Beschreibe mithilfe des Textes und M4 das Verhältnis zwischen Juden und den Bewohnern europäischer Städte.
2. Der Stadtplan M5 zeigt, wo Juden in mittelalterlichen Städten angesiedelt wurden.
   a) Beschreibe die Lage des jüdischen Wohnviertels innerhalb der Stadt. Achte besonders auf die direkte Umgebung.
   b) Häufig waren die jüdischen Wohnviertel Sumpfgebiet, auch wenn sie im Zentrum der Städte lagen. Überlege, welche Hintergedanken die Stadtherren dabei hatten.
3. Nenne mithilfe des Textes und M6 fünf weit verbreitete Vorwürfe gegen Juden.
4. a) Schreibe zu jeder der Abbildungen von M6 einen Satz, der das Dargestellte treffend wiedergibt.
   b) Woran erkennt man in M6 die Juden?
5. Gib aus den Quellen M7 wieder, was den Würzburger Juden 1147 zustieß und wie der Bischof darauf reagierte.
6. Suche im Holzschnitt M8 drei Details, die die Juden abschätzig darstellen. Welches der drei Details erkennst du auf dem Foto wieder?

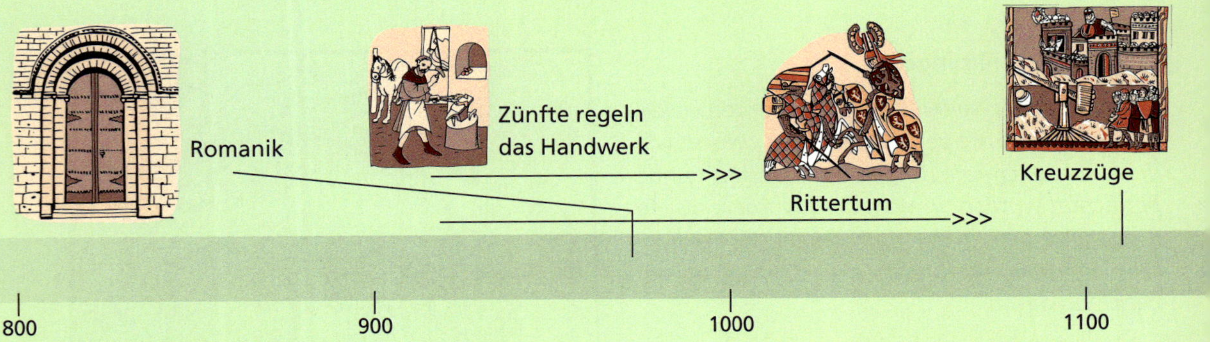

Das Ritterspiel

Dieses Würfelspiel ist für 2–4 Ritterexperten. Man braucht einen Würfel und für jeden Spieler einen Spielstein. Es wird der Reihe nach gewürfelt. Achtet auf die nummerierten Felder. Aber Vorsicht, das Ritterleben hat seine Tücken! Gewonnen hat, wer zuerst das Ziel erreicht.

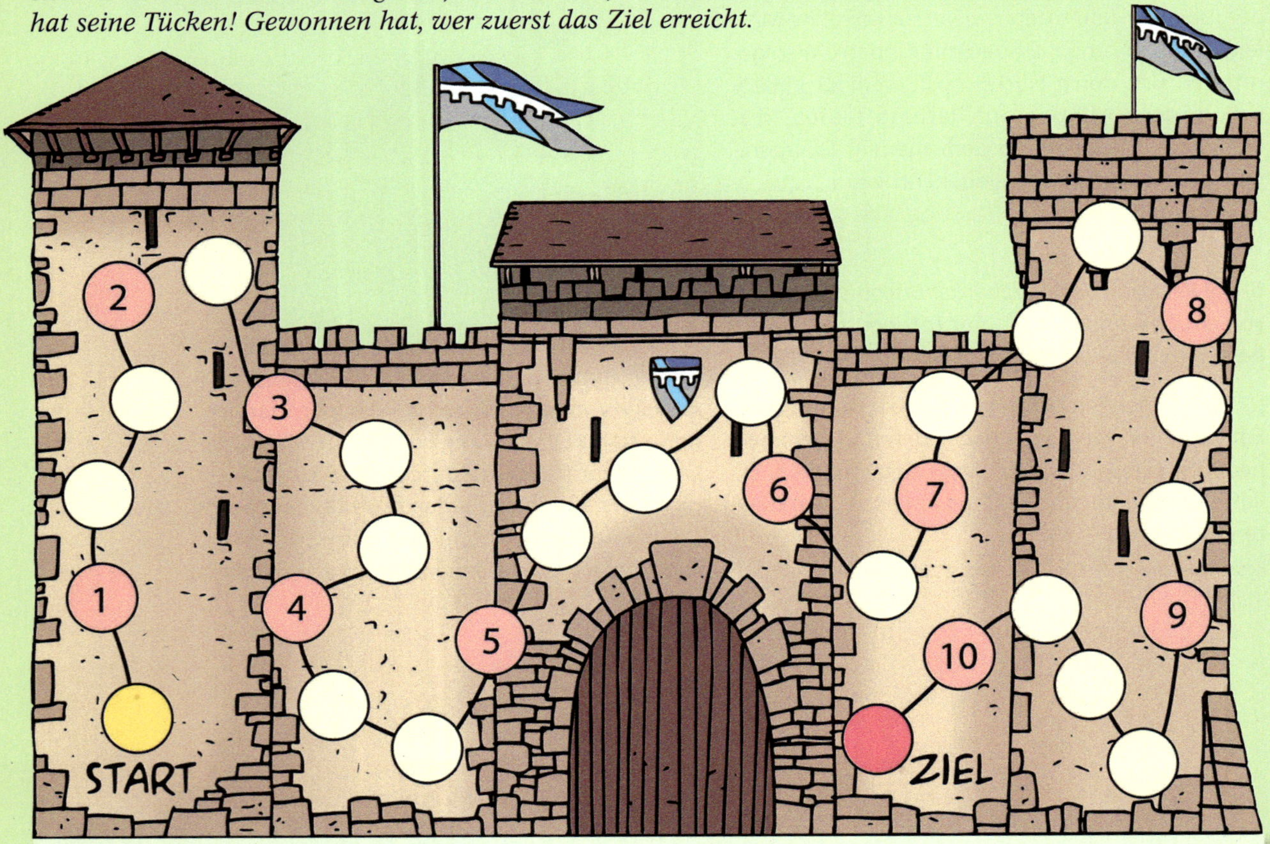

Das Ritterspiel

1. Du hast als Page teuren Wein verschüttet. Der Ritter, der dich ausbildet, schickt dich zur Strafe zum Stallausmisten. 1 Feld zurück.
2. Inzwischen bist du Knappe und hast in einem Übungskampf einen gleichaltrigen Knappen besiegt. Bravo, du darfst 3 Felder vor.
3. Heute ist deine Schwertleite. Du hast die Ausbildung eines Ritters hervorragend abgeschlossen und darfst 3 Felder vor.
4. Eine Edeldame ist in Bedrängnis. Natürlich hilfst du ihr. Du darfst noch einmal würfeln.
5. Im Kampf gegen die Ritter eines verfeindeten Fürsten fällst du vom Pferd. Der Kampf ist für dich vorbei. Du musst 1 x aussetzen.
6. Du hast den gefährlichsten Ritter mit der Lanze im Turnier besiegt. Dafür darfst du 2 Felder weiter.
7. Deine Dichtkunst ist bei den Damen sehr beliebt. Das lässt dich 3 Felder vorrücken.
8. Du musst ein Feuer auf deiner Burg bekämpfen, gehe deshalb 3 Felder zurück.
9. Dein Lehnsherr verlangt von dir, dass du in den Krieg ziehst. Natürlich tust du das. 2 Felder vor!
10. Dein Schlachtross ist schwer verletzt. Du kannst dir leider noch kein neues leisten. Dafür musst du einmal aussetzen.

Gotik   Hanse — Ostsiedlung 

1200 — 1300 — 1400 — 1500

Zusammenfassung

Die christlich geprägte Bevölkerung lebte jahrhundertelang in einer fest gefügten **Ständeordnung**, die man für gottgewollt hielt.
Die Bauern, die den überwiegenden Teil der Bevölkerung bildeten, führten ein karges Leben in Abhängigkeit von einem Grundherrn. Der Klerus, der für das geistliche Wohl zuständig war, und der Adel, dessen Aufgabe der Schutz der Bevölkerung war, lebten von der Arbeit des Bauernstandes. Die **Ritter,** die sich zu einem eigenen Stand entwickelten, betrachteten sich nicht nur als Herren über Land und Leute, sondern lebten nach dem Ideal des christlichen Kämpfers. Ihren Herrschafts- und Wohnsitz hatten die Ritter auf befestigten Burgen.
Mit dem Aufblühen der **Städte** veränderte sich die fest gefügte Ordnung. Die Bürger der Städte lebten in Frieden und in Freiheit, unter ihnen auch Juden. Für die Unfreien bot das Leben in der Stadt die Möglichkeit zum Aufstieg in der mittelalterlichen Gesellschaft.
Die Stadtherrschaft lag zuerst bei dem Stadtherrn, später erkämpften sich die Patrizier und **Zünfte** das Stadtregiment. Es entstanden Städtebündnisse zum gegenseitigen Schutz, darunter war die **Hanse** der wichtigste Städtebund.
Im 10. und 11. Jahrhundert setzte sich der Baustil der **Romanik** mit seinen typischen Rundbögen in Mitteleuropa durch. Bauwerke wie der Würzburger Dom entstanden in dieser Zeit. Die Romanik wurde im 12. Jahrhundert allmählich von der aus Frankreich stammenden **Gotik** verdrängt.
Die Mobilität der Menschen im Mittelalter drückte sich nicht nur im Reisen und Pilgern aus. Auch die **Kreuzzüge** werden als Ausdruck einer mobilen Gesellschaft gesehen. Ziel der Kreuzzüge war die Befreiung **Jerusalems** aus den Händen der muslimischen Araber. Die im Heiligen Land gegründeten Kreuzfahrerstaaten konnten sich nur knapp zweihundert Jahre halten. Neben vielen Konflikten gab es aber auch intensiven Austausch zwischen Europäern und Arabern. Während der Kreuzzüge gegründete Ritterorden konnten ihre Bedeutung zum Teil nach dem Ende der Kreuzfahrerstaaten behalten: Der **Deutsche Orden** zum Beispiel unterstützte polnische Fürsten bei der Besiedlung des späteren Ostpreußens und erhielt dafür große Gebiete. Den Zuzug von Siedlern nach Osteuropa nennt man **Ostsiedlung.** Sie vollzog sich vor dem Hintergrund des starken Bevölkerungswachstums und erfolgte weitgehend friedlich.

Spieletipp

Der Palast von Alhambra,
von Queen Games.
Spiel des Jahres 2003 (Brettspiel)

Lesetipps

Holtei, Christa: Der Pfefferdieb.
Ein Mitratekrimi aus dem Mittelalter.
Dtv Junior 2006.

Schröder, Rainer M.: Das Vermächtnis des alten Pilgers.
Arena Verlag 2001.

Ausflugstipp

Festung Rosenberg in Kronach
www.kronach.de

Die Weltkarte Toscanellis, 1457
Im Hintergrund ist Amerika eingezeichnet, das er aber nicht kannte.

Ein Astrolabium –
mit ihm konnten sich Seefahrer auf hoher See orientieren.

Albrecht Dürer,
Renaissance-Künstler aus Nürnberg in einem Selbstporträt

M 1 **Seuchenzug des Schwarzen Todes**
Zeitgenössische Darstellung der Pest

M 2 **David mit dem Haupt des Goliath**
Bronzestatue von Donatello, der als erster Künstler wieder nackte Statuen nach antikem Vorbild schuf, Florenz 1430

Die Renaissance - eine Zeit der Veränderung

Gottes Wille - Menschenwille

Zwischen dem 14. und 15. Jahrhundert fanden viele Veränderungen in Europa statt. Diese wurden von den meisten Zeitgenossen nicht erkannt, dennoch hatte sich am Ende dieser Jahrzehnte das Denken vieler Menschen verändert. In der bisherigen Vorstellung war der Mensch ein Teil einer göttlichen Ordnung. Nun aber erkannte er, dass er diese Welt selbst gestaltete und verändern konnte. Somit rückte der Mensch selbst in den Mittelpunkt seines Denkens, Strebens und seiner Forschung. Diese Entwicklung geschah natürlich nicht über Nacht und es brauchte einige Umstände, die diesen Wandel anstießen und vorantrieben.

Der Schwarze Tod

Es mag zunächst überraschen, wenn man die Erklärung dieses Fortschritts in der **Renaissance** mit einer Krankheit verbindet, die hundert Jahre vorher auftauchte. Zu jener Zeit wütete in Europa die Pest, der ein Drittel der gesamten Bevölkerung zum Opfer fiel – etwa 30 Millionen Menschen starben. Diese Krankheit war sehr ansteckend und es gab kein Heilmittel. Diejenigen, die helfen wollten, wurden selbst krank. Ganze Landstriche wurden entvölkert und es sollte Jahrzehnte dauern, bis die Bevölkerungszahlen wieder den Stand vor der Pest erreicht hatten.

Eine Folge der Seuche war, dass viele Menschen sehr unsicher wurden. Der Tod war allgegenwärtig und konnte jeden treffen, egal, ob man reich oder arm war, alt oder jung. Den Menschen kam es so vor, als wollte Gott sie für ihre Sünden bestrafen. Die einen zeigten nun eine starke Frömmigkeit und wollten durch ein gottgefälliges Leben die Strafen im Jenseits abmildern. Andere jedoch kamen zu der Überzeugung, dass sie das Leben vor dem Tod nutzen mussten, weil der Tod an jeder Ecke auf sie lauerte.

Wiederentdecktes Wissen

In derselben Zeit begannen die Gelehrten damit altes Wissen neu zu entdecken. Während des Mittelalters war viel Wissen verloren gegangen, weil man die Kenntnisse der Griechen und Römer als heidnisch abgelehnt hatte. Die Gelehrten der Renaissance bezeichneten daher die vorangegangene Epoche als „das finstere Zeitalter". Im Zuge des Unterganges des Byzantinischen Reiches und der Begegnung mit der islamischen Welt kamen griechische Gelehrte nach Italien. Sie brachten das Wissen der Antike wieder in das Zentrum Europas zurück. Die Bibliotheken Konstantinopels besaßen viele Bücher, die im Mittelalter vergessen worden waren. Gleichfalls waren während der Rückeroberung Spaniens von den Muslimen umfangreiche Schriften entdeckt worden, die zusammen mit den islamischen Fortschritten in Architektur und Wissenschaften übernommen wurden.

Der Begriff „Renaissance" geht auf diese Entwicklung zurück: Er stammt aus dem Französischen und bedeutet „Wiedergeburt" und meint damit die Wiedergeburt der Kultur der römischen und griechischen Antike.

M 3 Lorenzo de Medici, genannt „der Prächtige", lebte von 1449–1492, besaß in Florenz kein Amt, steuerte aber mit seinem Geld im Hintergrund die Politik der Stadt. Gemälde, 16. Jahrhundert

Reiche Erben

Dass so viele Menschen an der Pest starben, bewirkte, dass sich der Reichtum von großen Familien auf wenige überlebende Erben konzentrierte. Zudem führte die Verminderung der Bevölkerung zu einem Anstieg der Arbeitskosten – vor allem in den Städten gab es viel Arbeit, aber nur wenige Arbeitskräfte, sodass für die Arbeit mehr bezahlt wurde. So konnte nun auch die einfachere Bevölkerung zu kleinem Wohlstand kommen.

Der insgesamt steigende Wohlstand bewirkte nun zweierlei. Zum einen, dass sich viele nicht mehr nur um das reine Überleben kümmern brauchten, sondern sich auch anderen Bereichen des Lebens widmen konnten, wie z. B. der Kunst und der Bildung. Zum anderen, dass einige Familien ihren Reichtum durch geschicktes Wirtschaften und umfangreichen Handel stark vermehren konnten – sie gewannen sogar Einfluss auf die Politik. Dadurch stiegen ihr Ansehen und ihr Selbstbewusstsein.

In Italien beginnt es

In einigen Städten Italiens waren all diese Entwicklungslinien besonders ausgeprägt. Deutlich wurde dies in der norditalienischen Stadt Florenz. Es hatte dort, wie in wenigen anderen Handelsstädten, eine Entwicklung gegeben, die den Bürgern eine größere Freiheit im Handeln und im Denken ermöglichte. Dafür verantwortlich waren vor allem die Familien gewesen, die durch den Handel zu Macht und Einfluss gekommen waren. Sie konnten mit Geld, aber auch mit einer umfangreichen Bildung innerhalb der Gesellschaft weiter aufsteigen und letztlich die Politik über die Stadt hinaus bestimmen.

Eine dieser Familien waren die Medici. Sie hatten ausgehend vom Tuchhandel eine wahre Handels- und Bankmacht aufgebaut, wurden zu den Stadtherren von Florenz und stiegen dann in den Adel auf. Die weiten Verzweigungen der Familie reichten bis zu Königen und Päpsten. Sie waren aber auch wichtige Förderer der Kunst und der Naturwissenschaften. Viele prächtige Bauten in Florenz gehen auf ihre Aufträge zurück. Zu den Künstlern, die von den Medici unterstützt wurden, gehörten der berühmte Michelangelo, aber auch der junge Leonardo da Vinci.

M 4 Stadtansicht von Florenz

M 5 **Die Erschaffung Adams,** Deckenfresko in der Sixtinischen Kapelle in Rom

M 6 Der selbstbewusste Mensch

Der Diplomat und Geschichtsschreiber Gianozzo Manetti schrieb 1452:

Die Welt ist wohl von Gott erschaffen, aber der Mensch hat sie verwandelt und verbessert. Denn alles, was uns umgibt, ist unser eigenes Werk, das Werk des Menschen; alle Wohnstätten, alle Schlösser, alle Gebäude aus der ganzen Welt […] . Von uns sind die Gemälde und die Skulpturen; von uns kommen der Handel, die Wissenschaften und philosophischen Systeme. Von uns kommen alle Erfindungen und alle Arten von Sprachen und Literaturen.

Hale, J. R.: Fürsten, Künstler, Humanisten. S. 26

M 7 Wie der Mensch geschaffen wurde

Giovanni Pico della Mirandola lässt Gott in einer Rede zu Adam sprechen:

Wir haben dir keinen bestimmten Wohnsitz noch ein eigenes Gesicht noch irgendeine besondere Gabe verliehen, o Adam, damit du jeden beliebigen Wohnsitz, jedes beliebige Gesicht und alle Gaben, die du dir sicher wünschest, auch nach deinem Willen und nach deiner eigenen Meinung haben und besitzen mögest. Den übrigen Wesen ist ihre Natur durch die von uns vorgeschriebenen Gesetze bestimmt und wird dadurch in Schranken gehalten. Du bist durch keinerlei unüberwindliche Schranken gehemmt, sondern du sollst nach deinem eigenen freien Willen […] sogar jene Natur dir selbst vorherbestimmen. Ich habe dich in die Mitte der Welt gesetzt, damit du von dort bequem um dich schaust, was es alles in dieser Welt gibt. […] Es steht dir frei, in die Unterwelt des Viehs zu entarten. Es steht dir ebenso frei, in die höhere Welt des Göttlichen dich durch den Entschluss deines eigenen Geistes zu erheben.

zit. n.: Stützer, Herbert A: Die italienische Renaissance. S. 22

M 8 Die Pest

Der Schriftsteller Boccaccio lässt in einer Novelle beschreiben, wie sich die Pest bei den Bürgern von Florenz auswirkt:

Wir wollen nicht erwähnen, dass ein Bürger dem anderen aus dem Weg ging und sich fast niemand um seinen Nachbarn kümmerte und die Verwandten einander nur selten oder nie und dann nur von ferne sahen. Durch diese Heimsuchung hatte die Herzen der Männer und Frauen eine solche Angst befallen, dass ein Bruder den anderen verließ, der Onkel den Neffen, die Schwester den Bruder und oft [genug] die Frau ihren Mann, und, was mehr wiegt und fast unglaublich ist, Väter und Mütter scheuten sich, zu ihren Kindern zu gehen und sie zu pflegen […]. Und fast alle hatten nur ein grausames Ziel vor Augen: die Kranken und ihre Sachen zu meiden und zu fliehen. Dadurch glaubte jedermann sich Rettung verschaffen zu können. Manche dachten durch eine maßvolle Lebensweise und dadurch, dass sie sich vor jeglichem Überfluss hüteten, ihre Widerstandskraft gegen die Seuche stärken zu können. Sie taten sich in Gruppen zusammen und lebten von jedem anderen abgesondert, versammelten und schlossen sich in Häuser ein, wo kein Kranker war, und, um besser überleben zu können, genossen sie mit Maß die köstlichsten Speisen und besten Weine, mieden aber jede Schwelgerei. [...] Andere vertraten die gegenteilige Auffassung und versicherten, die sicherste Medizin bei einem solchen Übel sei reichlich zu trinken, zu genießen, singend und scherzend umherzuziehen, jeglicher Begierde, wo es nur möglich sei, zu genügen und über das, was kommen werde, zu lachen und zu spotten.

Boccaccio, Giovanni: Das Decamerone. S.39 ff. (bearbeitet)

M 9 Die Stadt Nürnberg

Enea Silvio Piccolomini wohnte zwei Jahre im Deutschen Reich und berichtete u.a. über die Stadt Nürnberg, die als eine typische Renaissance-Stadt galt:

Die Stadt Nürnberg, die von der Pegnitz durchschnitten wird, können wir nicht übergehen [...] welch einen Anblick bietet diese Stadt, welchen Glanz, welch reizvolle Lage, welche Schönheiten, welche Kultur, welch vorbildliche Stadtverwaltung! [...]
Welche Großartigkeit bietet sich da dem Blick von außen! [...] Was gibt es Großartigeres als die Kirche des heiligen Sebaldus, was Prachtvolleres als die Kirche des heiligen Laurentius, was Stolzeres und Festeres als die Königsburg, was Berühmteres als die Graben und Stadtmauern? Wie viel Bürgerhäuser kann man dort finden, die für Könige passende wären. Die schottischen Könige würden wünschen, so hervorragend zu wohnen, wie mäßig begüterte Nürnberger Bürger!

Piccolomini, E.S.: Aus der Beschreibung des Deutschen Reiches. S. 144 ff.

M 10 Das Fembohaus in Nürnberg, typisches Patrizierhaus der Spätrenaissance, erbaut 1591–1596, heute Stadtmuseum

Aufgaben

1. a) Beschreibe genau das Deckenfresko von Michelangelo. Gehe dabei besonders auf die dargestellten Figuren ein. → M5
   b) Wie stellt der Künstler das Verhältnis Gott – Mensch dar? → M5
2. Fasse in eigenen Worten zusammen, wie der Mensch die von Gott geschaffene Welt verbessert hat. → M6
3. Stelle kurz dar, worin der freie Wille des Menschen besteht, wie ihn Mirandola beschreibt. → M7
4. Erkläre die Veränderungen, die die Pest auf das Zusammenleben der Menschen hatte. → M8
5. Ein Schriftsteller der Renaissance beschreibt die Stadt Nürnberg. → M9
   a) Stelle fest, welche Eigenschaften er besonders hervorhebt.
   b) Welche Bevölkerungsgruppe ist allein von diesen Entwicklungen betroffen?

M 1 Selbstbildnis Leonardo da Vincis
Er gilt aufgrund seiner vielseitigen Forschungen als typischer Vertreter des Renaissancemenschen. Unten auf dem Bild erkennt man den Namen Leonardos in Spiegelschrift. Er schrieb oft auf diese Weise – manche glauben, um zu verhindern, dass seine Ideen gestohlen werden. Rötelzeichnung, um 1512

M 2 Stillleben mit Totenschädel, Gemälde von Gerard Dou, ca. 1631

Humanismus - der Mensch im Mittelpunkt

„Pferde werden geboren …

… Menschen dagegen werden nicht geboren, sie werden gebildet.“ So lässt sich in einem Satz zusammenfassen, wie sich das Denken in der Renaissance veränderte. Die Gelehrten der Renaissance zeigten, dass der Mensch nicht einfach der Natur oder dem göttlichen Willen unterworfen ist. Vielmehr hat er die Möglichkeit die Welt um sich herum zu gestalten und zu verbessern. Darüber hinaus aber erkannte man, dass sich der Mensch selbst verändern konnte, u.a. durch Wissen – Man meinte, dass man nur durch die Bildung erst zum wirklichen Menschen wurde.

Diese neue Art der Vorstellung nennt man **Humanismus** (vom lateinischen Wort humanus – menschlich). Kunst und Wissenschaften stellten nunmehr den Menschen in das Zentrum ihrer Tätigkeit.

Die Beschäftigung mit den unterschiedlichsten Fachgebieten (Mathematik, Astronomie, Rechtswissenschaften usw.) wurde sehr beliebt, vor allem für die wohlhabenderen Bürger in den Großstädten, wo sich an den Universitäten die Gelehrten trafen und austauschten. Man machte die griechischen und römischen Künstler, Wissenschaftler und Philosophen zu Vorbildern. Um die Werke im Original lesen zu können, musste man Griechisch und Latein lernen. Studierende reisten sogar durch ganz Europa, um an diese Schriften zu kommen oder ihre Kunstwerke zu bewundern. Die bekanntesten Gelehrten lebten in Italien, das daher ein beliebtes Ziel von Studienreisen war.

Leonardo da Vinci

Leonardo da Vinci kennen die meisten heute als den Maler der Mona Lisa. Wenige wissen, dass er auch Bildhauer, Architekt, Erfinder, Mechaniker, Philosoph, Musiker und Ingenieur war. In seinen Notizbüchern finden sich sogar Skizzen für Flugapparate. Viele seiner Ideen konnten jedoch erst später verwirklicht werden, weil es ihm zu seiner Zeit an Geld und an den technischen Möglichkeiten zur Umsetzung fehlte. Heute gilt er als ein universal gebildeter und interessierter Mensch der Renaissance, der vor allem von Wissenshunger und Forscherdrang angetrieben wurde.

Kunst und Medizin

Für uns ist es heute schwer zu verstehen, was die Medizin mit der Kunst zu tun haben soll. Dennoch konnten sich beide in der Renaissance ergänzen. Die Künstler stellten fest, dass sie den Menschen nur dann naturgetreu darstellen konnten, wenn sie genau wussten, wie der Körper funktioniert und aufgebaut ist. Den Medizinern ihrerseits wurde klar, dass sie mit einer genauen Darstellung mehr erreichen konnten als mit einem wissenschaftlichen Text. So begannen nun Ärzte damit, Tote zu sezieren, d.h. aufzuschneiden und den menschlichen Körper genau zu untersuchen und mit Unterstützung der Künstler genau zu beschreiben. Dieses Sezieren war zur Zeit des Mittelalters verboten, weil man den menschlichen Körper als von Gott gegeben betrachtete und ihn deshalb nicht aufschneiden durfte.

M 3 Selbstbildnis Albrecht Dürers, 1498

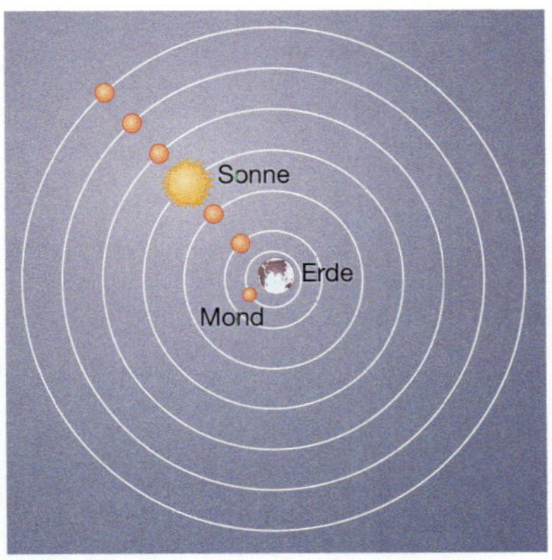

M 4 Geozentrisches Weltbild

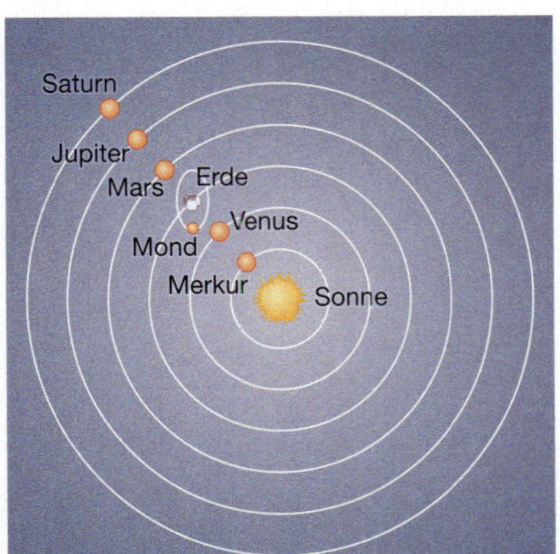

M 5 Heliozentrisches Weltbild

Humanismus in Nürnberg

Die geistigen Strömungen Italiens erreichten auch Deutschland. Im Zuge eines wirtschaftlichen Aufschwungs des Bürgertums wurden auch die Städte immer stärker. Ebenso wie in Italien versuchten die Stadtherren ihr gewonnenes Selbstbewusstsein auch nach außen zu zeigen.

Einer der Künstler, die in dieser Zeit bekannt wurden, war der Nürnberger Albrecht Dürer. Er wurde unter anderem durch seine Holzschnitte und Kupferstiche berühmt, deren Herstellungstechnik er verfeinerte und perfektionierte. War der Holzschnitt ursprünglich zur Vervielfältigung von Grafiken gedacht, stellte Dürer ihn als eigenes Kunstwerk dar. Durch seine große Kunstfertigkeit wurden seine Werke in ganz Europa bekannt.

Eng befreundet mit Dürer war Willibald Pirckheimer, der aus einer Familie stammte, die viele Generationen lang die Stadtherren Nürnbergs stellte. Neben seinen amtlichen Tätigkeiten übersetzte Pirckheimer antike Werke vom Griechischen ins Lateinische oder ins Deutsche. Eine dieser Schriften beschäftigte sich mit der Gestalt der Erde und stammte von einem Griechen namens Ptolemäus.

Die Erde kreist

Eine der weitreichendsten Veränderungen betraf das Weltbild eben jenes griechischen Mathematikers und Astronomen Claudius Ptolemäus (2. Jh. v. Chr.). Er hatte aufgrund von Berechnungen und Darstellungen aus der Bibel behauptet, dass die Erde im Mittelpunkt des Universums steht und sich alle Planeten und Sterne um sie herum in perfekten Kreisbahnen bewegen. Diese Theorie nennt man auch das **geozentrische Weltbild** (von gr. geo – Erde). Schon zu Zeiten von Ptolemäus gab es Zweifel daran, dennoch blieb dieses Weltbild über 1300 Jahre lang die offizielle Meinung der Kirche.

In der Renaissance verwarf man die Bibel als Quelle wissenschaftlicher Erkenntnis und setzte verstärkt auf die Beobachtungen des Himmels. Dem Arzt Nikolaus Kopernikus, der nebenbei Mathematik und Astronomie betrieb, fielen bei Ptolemäus ungenaue Berechnungen der Planetenbahnen auf. Kopernikus stellte eine neue Theorie auf, die er mit dem Satz beendete: „Schließlich wird man sich überzeugen, dass die Sonne selbst im Mittelpunkt der Welt steht." Damit gilt er als Begründer des sogenannten kopernikanischen oder **heliozentrischen Weltbilds** (von gr. helios – die Sonne).

Kopernikus hatte nicht nur eine wissenschaftliche Frage neu beantwortet, sondern sich auch gegen die alte Lehrmeinung der Kirche gestellt. Er hielt seine Erkenntnisse jedoch aus Angst vor Verfolgung bis kurz vor seinem Tod geheim. Dass er recht hatte, konnte erst Galileo Galilei 100 Jahre später beweisen, u. a. durch die Verbesserung des Fernrohrs.

Aufgaben

1. Beschreibe und erkläre die einzelnen Gegenstände auf dem Stillleben. Was sagen sie über den Künstler aus? → M2
2. Analysiere M4/M5 und stelle drei Unterschiede der Weltbilder in eigenen Worten dar.

M 6 Willibald Pirckheimer: Aus den autobiografischen Schriften des Willibald Pirckheimer

Die Pirckheimer waren ein Patriziergeschlecht und gehörten stets zu den Familien, von denen die Stadt Nürnberg regiert wurde. [...]

Willibald [wurde] im Jahre des Heils 1470 zu Eichstätt geboren.

Der Vater ließ ihn, sobald dies sein Alter erlaubte, in den Wissenschaften unterrichten; und alsbald zeigte er eine ungewöhnliche Begabung. [...]

Als er sich dem zwanzigsten Lebensjahr näherte, beschloss der Vater, ihn nach Italien zu schicken, damit er dort seine unterbrochenen Studien fortsetzen sollte. [...] Er ging also nach Padua und widmete sich drei Jahre dem Rechtsstudium. Währenddessen aber ließ er die humanistischen Studien[1] [...] keineswegs außer Acht. [...] Besonders verkehrte er in Padua sowie in Pavia mit Männern italienischer Herkunft, sodass er deshalb von den Deutschen bisweilen geschmäht wurde. Doch fand er an der geistvollen Veranlagung, Umgänglichkeit und Bildung der Italiener Gefallen, wogegen ihm die Sitten der Deutschen, ihr Spielen, Zechen und Saufen und ihre maßlose Verschwendung sehr missfielen. Auch war er bei den Italienern nicht nur deshalb sehr beliebt, weil er sich ihren Sitten anpasste, sondern dass er entgegen der herkömmlichen Art der Deutschen eine feine Bildung besaß. [...]

Obwohl [später in Nürnberg] viele Ämter auf ihm lasteten, unterbrach er keineswegs seine wissenschaftlichen Studien, sondern widmete sich ihnen häufig, soweit ihm das seine Verpflichtungen gestatteten, indem er andere Vergnügungen unterließ, sodass ihn seine Freunde manchmal tadelten, bisweilen sogar verlachten [...].

Pirckheimer. W.: Autobiografische Aufzeichnungen. S. 338 ff.

1 Humanistische Studien umfassten das Erlernen der lateinischen und griechischen Sprache sowie das Lesen und Studieren antiker Schriftsteller.

M 7 Die Mutter von Albrecht Dürer,
Zeichnung von Albrecht Dürer, 1514

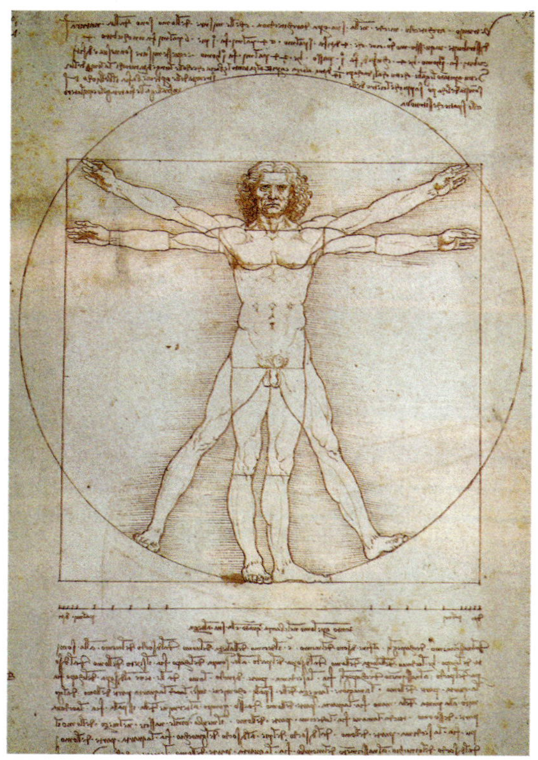

M 8 Vitruvischer Mensch,
Skizze von Leonardo da Vinci. Die Skizze soll zeigen, wie perfekt die menschlichen Proportionen sind und gleichzeitig als Hilfe für Künstler dienen, um Menschen besonders natürlich und lebensecht darzustellen. Venedig, 1500

M 9 Leonardo da Vinci an den Herzog Ludovico Sforza

In einem Brief richtet Leonardo da Vinci eine Bitte um Anstellung an den Herzog:

Monseigneur, überzeugt, dass die Vorspiegelungen von allen denen, welche sich Meister in der Kunst des Erfindens von Kriegsgerät nennen, in Wirklichkeit nichts Nützliches oder Neues geleistet wird, was nicht schon gewöhnlich ist, beeile ich mich gegenwärtig, ohne jemandem schaden zu wollen, Eurer Herrlichkeit meine Geheimnisse zu entschleiern und sie, wenn es Ihnen gefällt, zur Ausführung zu bringen; […]

1. Ich weiß zu konstruieren sehr leichte Brücken, welche man leicht von einem zum anderen Ort transportieren kann, und mit Hülfe welcher es oft möglich wird, den Feind zu verfolgen und ihn in die Flucht zu jagen. […] Ich habe auch ein Mittel, die Brücken des Feindes zu zerstören und anzuzünden.

2. Ich habe ein Mittel gefunden, die Wasser bei einer Belagerung abzuleiten, Fallbrücken zu machen und eine Reihe Instrumente für solche Gelegenheit.

3. Wenn die Höhe der Mauern oder die Stärke der Position eines Platzes nicht erlaubt, in einer Belagerung mit den Kanonen zu nahen, habe ich ein Mittel gefunden, jeden Turm oder andere Befestigung, sobald sie nicht auf Felsen gebaut ist, zu ruinieren.[…]

10. In Friedenszeiten wird es nützlich sein, zu allgemeinem Nutzen Architektur zu pflegen, Gebäude für Private und die Öffentlichkeit, und die Wasser von Ort zu Ort zu führen.

Ich beschäftige mich auch mit Skulpturen in Marmor, in Bronze […]; ebenso fertige ich Gemälde, alles was man will. Ich würde auch an einer Reiterstatue in Bronze arbeiten können, welche zum unsterblichen Ruhme und ewiger Ehre, also auch zur glücklichen Erinnerung Eurer Herrlichkeit Vaters und des fürstlichen Hauses Sforza errichtet werden soll.

Grothe, Dr. H.: Da Vinci. S. 63–65

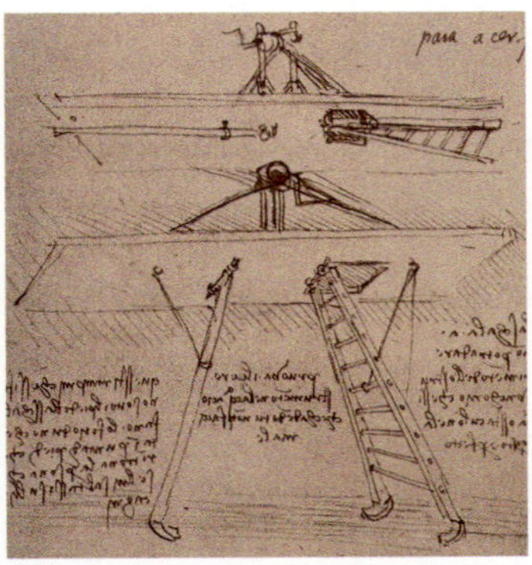

M 10 Skizzenblatt da Vincis: Darstellung eines Fluggerätes

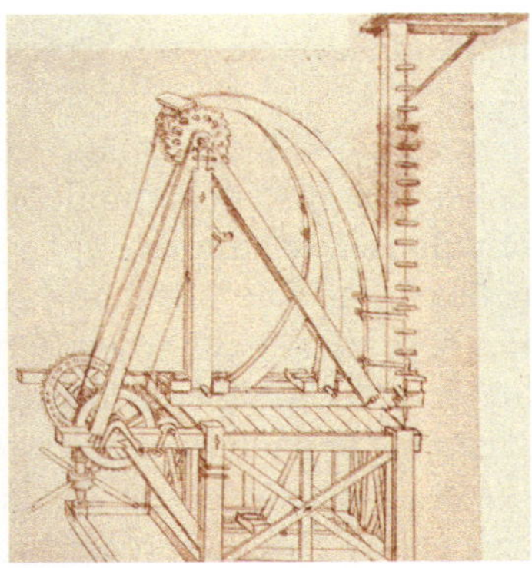

M 11 Skizzenblatt da Vincis: Belagerungsmaschine

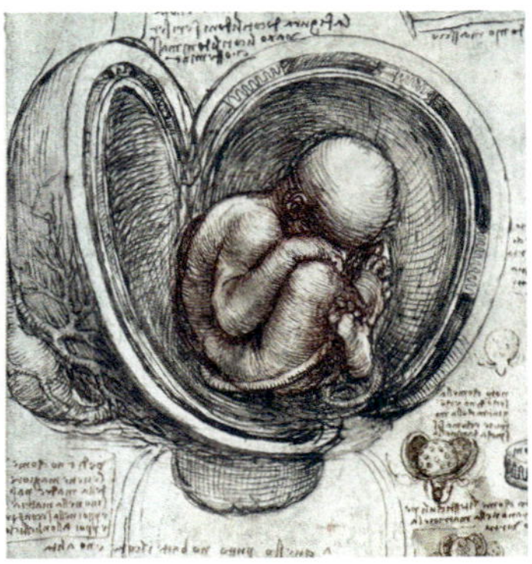

M 12 Skizzenblatt da Vincis: Kind im Mutterleib

Aufgaben

1. Fasse zusammen, welche Beschäftigungen in dem Leben Pirckheimers eine wichtige Rolle spielten. → M6
2. Erkläre, wieso der Künstler seine Mutter so darstellte. → M7
3. Untersuche die Skizze des vitruvischen Menschen und versuche mit einem Lineal bestimmte Feststellungen über die Proportionen des menschlichen Körpers zu treffen, z. B. die Spannweite der Arme entspricht genau der Größe des Körpers. → M8
4. a) Liste in eigenen Worten auf, welche Fähigkeiten Leonardo da Vinci dem Herzog anpreist. → M9
   b) Begründe, welche dieser Kenntnisse wohl von besonderem Interesse für den Herrscher gewesen sein könnten. → M9
   c) Recherchiere im Internet weitere Erfindungen und Entwicklungen von Leonardo da Vinci. Ordne jeder der dargestellten Skizzen eine weitere zu. → M10, M11, M12

M 1 **Druckerei Gutenbergs,**
Gutenberg-Museum in Mainz

Der Buchdruck wird verbessert

Wissen und Bücher

Im Humanismus wurde die Bildung so bedeutsam, dass einige Menschen geradezu nach Wissen gierig wurden. Im Verlauf des Übergangs vom Mittelalter zur Neuzeit wurde es daher immer wichtiger das Wissen nicht mehr nur abzuspeichern (in klösterlichen Bibliotheken), sondern es auch zu verbreiten. Bildung sollte es schließlich jedem ermöglichen, ein neuer Mensch zu werden. So brauchte es eine Möglichkeit, Bücher billiger als im Mittelalter herzustellen und vor allem in größerer Zahl. Die Renaissance und der Humanismus führten somit zur Weiterentwicklung eines bekannten Verfahrens, nämlich des Druckens. Anders herum beschleunigte das Drucken von Büchern die massenhafte Verbreitung neuer Ideen.

Gutenberg verbessert den Buchdruck

Johannes Gutenberg, der um 1397 in Mainz geboren wurde, hat – entgegen der Meinung der Allgemeinheit – den Buchdruck nicht erfunden. Schon vor ihm gab es Verfahren, mit denen Texte auf Papier vervielfältigt werden konnten. Dabei wurden Druckplatten aus Holz verwendet, die jedoch nicht sehr haltbar waren. Außerdem kannte man durch die Kreuzzüge bereits das Papier, welches in Arabien schon lange verwendet wurde.

Vielmehr hat Gutenberg die bestehenden Methoden verbessert und verfeinert, so z. B.

- kam er auf die Idee, einzelne Lettern (einzelner Buchstabe zum Drucken) herzustellen, mit denen man Texte in beliebiger Länge zusammensetzen konnte,
- entwickelte er eine Mischung aus Blei und Zinn, mit denen die Letter besonders haltbar wurden,
- baute er ein Handgießinstrument, mit dem man die einzelnen Buchstaben einfach herstellen konnte,
- stellte er eine neue, besonders haltbare Tinte her,
- erfand er die Druckerpresse, wobei er eine alte Weinpresse für seine Zwecke umbaute.

Eine weitreichende Entwicklung

Durch seine Weiterentwicklung konnten jetzt Nachrichten, neue Ideen und Meinungen viel mehr Menschen erreichen und somit auch beeinflussen. Etwas, was erst einmal gedruckt worden war, konnte man nicht mehr so einfach verschweigen oder unterdrücken. Die Reformation, die durch Martin Luther angestoßen wurde, wäre nicht in dem Ausmaß möglich gewesen, wenn es den „Buchdruck mit beweglichen Lettern“ nicht gegeben hätte.

Gutenberg jedoch hatte von dieser Entwicklung nichts. Er hatte sich mit seiner Druckerwerkstatt verschuldet und als er die Schulden nicht zurückzahlen konnte, wurde er vor Gericht gestellt. Er starb 1468 einsam und verarmt. Die Auswirkungen seiner Entwicklung reichen jedoch bis in unsere Zeit. Bis 1500 wurden etwa 30 000 Titel gedruckt. Zum Vergleich: Im Jahr 2004 erschienen in Deutschland mehr als 86 000 neue Bücher.

M 2 **Bleiletter**

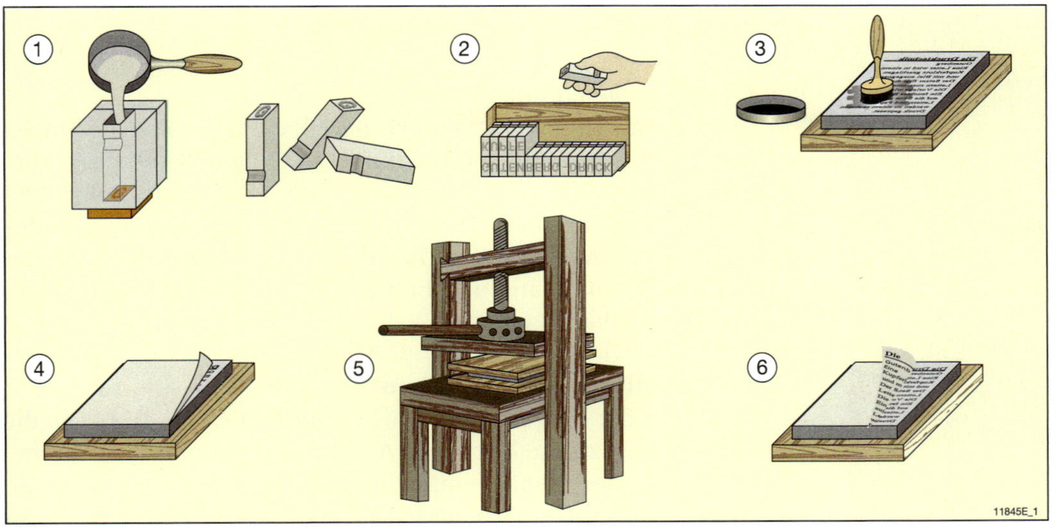

M 3 **Schematische Darstellung des Druckverfahrens nach Gutenberg**

M 4 **Buchdruckerwerkstatt,** Kupferstich von Matthäus Merian dem Älteren, 1632

Aufgaben

1. a) Beschreibe in eigenen Worten das Vervielfältigen eines Buches durch das von Gutenberg verbesserte Druckverfahren. Verwende die Bilder M3 und M4.
   b) Benenne die einzelnen Schritte des Buchdrucks nach Gutenberg und schreibe sie nummeriert ins Heft. → M3
2. Ordne den einzelnen Schritten aus M3 die Stelle im Bild zu, an der dieser jeweils dargestellt wird. → M4
3. Erkläre in eigenen Worten, worin der Vorteil des Buchdrucks nach Gutenberg liegt.

M 1 Jakob Fugger, genannt „der Reiche", Gemälde von Albrecht Dürer um 1520

M 2 Ein Wohnhaus in der „Fuggerei" in Augsburg
Als Jakob Fugger merkte, dass die ärmere Stadtbevölkerung unruhig wurde, ließ er Häuser für sie bauen, in denen sie kostengünstig wohnen konnten – Bedingung war aber, dass sie katholisch waren und zukünftig die Fugger in ihre Gebete einschließen sollten. Die Miete wurde dafür festgelegt und durfte nicht erhöht werden. Sie beträgt heute 0,07 € pro Monat.

Die Fugger - reich und mächtig

Jakob Fugger - genannt „der Reiche"

Ein fester Blick, schmaler Mund und den Blick in die Ferne gerichtet – so malte Albrecht Dürer den Augsburger Kaufmann Jakob Fugger um 1520. Zu diesem Zeitpunkt war dieser schon in den Adel aufgenommen worden und das Geld der Familie kursierte bereits in den höchsten europäischen Adelskreisen. Die Handelsverbindungen der Fugger reichten über Deutschland und Europa hinaus bis nach Indien, Südamerika und Afrika.

Von Tuchhändlern und Millionären

Die Vorfahren der Fugger waren im 14. Jahrhundert als Weber in die Stadt Augsburg gezogen. Nach dem Aufbau einer bescheidenen Weberei waren sie in den Handel eingestiegen. Langsam aber stetig hatten sie ihre Handelsbeziehungen ausgebaut.

Jakob Fugger wurde zur Ausbildung nach Italien geschickt, wo er in den norditalienischen Städten sein Handwerk erlernte. Besonders in Venedig lernte er die Beziehungen zwischen Kaufleuten, Kirche und Adel kennen, bei denen es vor allem um den Austausch von Geld gegen Einfluss ging.

Bevor er die Führung der Firma übernahm, hatte er bereits die Grundlagen des ansteigenden Vermögens gelegt, indem er kleine Anteile an Silberbergwerken in Tirol aufgekauft hatte. Mit der Zunahme der Geldwirtschaft war dies ein vielversprechender Wirtschaftsfaktor geworden und versprach hohe Gewinne. Zudem investierten die Fugger in ein weit umspannendes Handelsnetz. In den wichtigen Städten saßen die sogenannten Faktoreien (Handelsniederlassungen), deren Leiter nicht nur die Geschäfte im Sinne der Familie führten, sondern auch Neuigkeiten weitergaben. Somit war Jakob Fugger oftmals schneller informiert als der Kaiser und konnte in seinen Geschäften auf Veränderungen umgehend reagieren.

Der Kaiser leiht sich Geld

Einträglich wurde auch das Banken- und Kreditgeschäft. Vor allem Kaiser Maximilian I. verschuldete sich bei der Augsburger Familie stark, weil er Geld für seine Wahl brauchte. Für diese Kredite nahm man als Gegenleistung Landbesitz und Titel und sicherte sich den Rang der ersten Firma am Hofe. Da der Kaiser immer ärmer wurde, kam es schließlich dazu, dass die wichtigen Hofbeamten von den Fuggern direkt bezahlt wurden. Am Ende musste sich Maximilian für ein Festbankett am kaiserlichen Hofe alles bei den Augsburgern leihen – bis hin zu den Tischtüchern.

Die Fugger wählen den neuen Kaiser

Karl V. von Habsburg, der im Jahre 1519 zum deutschen Kaiser gewählt wurde, vermochte dies vor allem durch eine großzügige Spende an die Kurfürsten. Von den 851 985 Gulden, die er zahlte, stammten über die Hälfte aus der Fuggerbank. Damit hatten die Augsburger Tuchhändler den Sprung auf die höchste Ebene der Macht geschafft, denn ihr Reichtum stand nun mit ihnen hinter dem Kaiser.

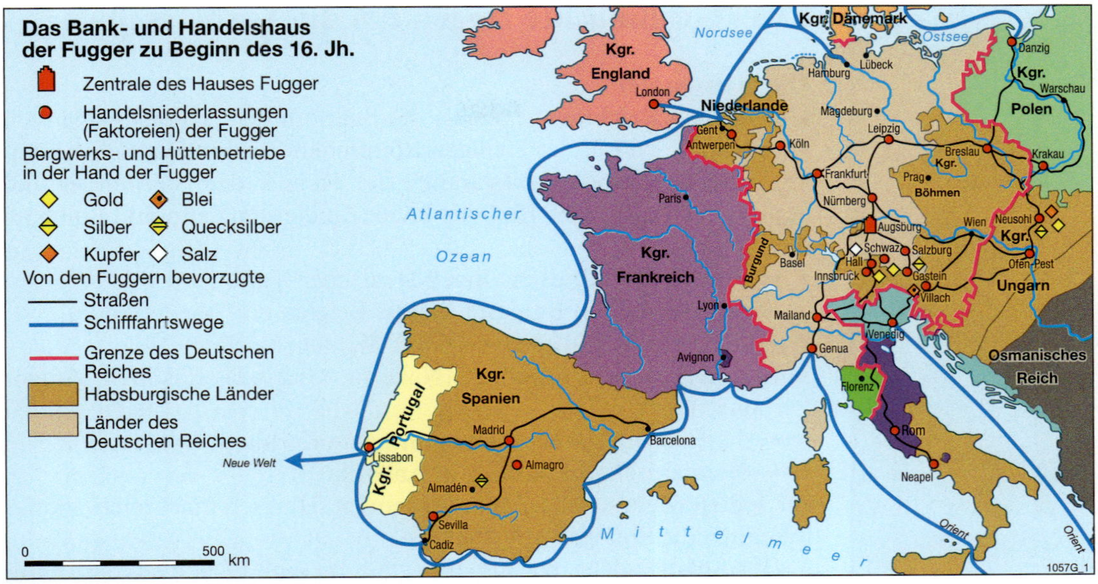

M 4 **Das Bank- und Handelshaus Fugger zu Beginn des 16. Jahrhunderts**

M 4 **Jakob Fugger und sein Buchhalter Matthäus Schwarz,** Miniatur, 1520

M 5 **Jakob Fugger in einem Brief an Kaiser Karl V.**

Mithilfe des Kredits von den Fuggern konnte Karl V. seinen Widersacher Franz I. bezüglich der Kaiserwahl bei den Kurfürsten übertrumpfen.

Eure Kaiserliche Hoheit wissen ohne Zweifel, wie ich und meine Vettern bisher dem Hause Österreich zu dessen Wohlfahrt alleruntertänigst zu dienen geneigt gewesen sind […]. Es ist auch bekannt und liegt am Tage, dass Eure Kaiserliche Majestät die Römische Krone ohne meine Hilfe nicht hätte erlangen können […]. Denn wenn ich hätte vom Hause Habsburg abstehen und Frankreich fördern wollen, so hätte ich viel Geld und Gut erlangt. […] Welcher Nachteil aber hieraus Eurer Kaiserlichen Majestät und dem Hause Österreich erwachsen wäre, das haben Eure Majestät aus hohem Verstande wohl zu erwägen.

Ehrenberg, R. (Hg.): Das Zeitalter der Fugger. S. 112

Aufgaben

1. Fertige eine Tabelle an, aus der deutlich wird, welche Waren die Fugger aus welchen Ländern bekamen und handelten. → M3

Warenart	Herkunftsland
…	…

2. Erkläre anhand des Bildes, wie der Zeichner die Bedeutung des Hauses Fugger hervorhebt. → M4

3. a) Woran erinnert Jakob Fugger den Kaiser in seinem Brief? → M5
   b) Überlege, worin die Vorteile lagen, wenn man so engen Kontakt zum Kaiser pflegte. → M5
   c) Was will er mit dem Brief wohl erreichen? → M5

M 1 **Karl V.**
Gemälde von Tizian, 1548

Zwei Großmächte ringen um die Vorherrschaft

Die Habsburger

„In meinem Reich geht niemals die Sonne unter." Dieser Ausspruch wird Karl V., Kaiser des Heiligen Römischen Reiches Deutscher Nation, zugeschrieben. Er entstammte der Familie der Habsburger und regierte als Kaiser von 1520 bis 1556. Zu diesem Zeitpunkt umfasste diese Herrschaft

- das Heilige Römische Reich Deutscher Nation,
- das Herzogtum Burgund (heute: Belgien und Niederlande),
- Königreiche in Italien (Neapel, Sizilien, Sardinien),
- Königreiche in Spanien (Navarra, Granada, Kastilien, Aragonien),
- die Habsburgischen Lande (mit dem Kernland Österreich),
- die spanischen Kolonien in Amerika.

Zu jedem Zeitpunkt schien in seinem Herrschaftsbereich immer irgendwo die Sonne.

Der Aufstieg der Habsburger begann im Jahr 1273, als Graf Rudolf zum deutschen König gewählt wurde. In der nachfolgenden Zeit bauten die Habsburger ihre Herrschaft, die im Kern das Land Österreich hatte, durch Kriege, Kauf und Heirat zu einer Großmacht aus. Zu ihrem Einflussgebiet zählte später auch der Balkan, wo ihr Machtinteresse mit dem vordringenden Osmanischen Reich in Konflikt geriet.

Die Osmanen

Zu Beginn des 14. Jahrhunderts hatte sich aus einem kleinen nomadischen Stamm in Westanatolien das Osmanische Reich herausgebildet. Der Namensgeber Osman I. konnte ausgehend von seinem Stammland einige türkische Stämme unterwerfen und seinen Machtbereich ausweiten. Seine Nachfolger eroberten nach und nach Gebiete in Kleinasien, Palästina, Ägypten und Nordafrika. Auf seinem Höhepunkt umfasste das Osmanische Reich Gebiete auf drei Kontinenten.

Mit der Belagerung und Eroberung Konstantinopels durch den Sultan Mehmed II. im Jahre 1453 zerbrach das Byzantinische Reich. Die Stadt wurde umbenannt in Istanbul und blieb bis zum Jahre 1923 das Zentrum des Osmanischen Reiches.

Einer der Gründe für den militärischen Erfolg waren die Janitscharen, die neben der Reiterei eine Art Eliteeinheit des osmanischen Heeres bildeten. Ihre Mitglieder wurden in den eroberten Gebieten im Alter von 7 bis 14 ausgewählt („Knabenlese") und mit strenger Disziplin und harter Arbeit zu Soldaten ausgebildet. Im Verlauf dieser Ausbildung wurden sie außerdem zu gläubigen Muslimen erzogen.

Die Osmanen veränderten auch nach der Eroberung Konstantinopels so wenig wie möglich in den eroberten Gebieten. So durften die Bewohner Sprache und Religion weiter pflegen, ohne dass sie verfolgt wurden. Während also im christlichen Europa Ungläubige und Ketzer verbrannt wurden, nahmen am Ende des 15. Jahrhunderts die osmanischen Herrscher Andersgläubige, zum Beispiel Juden, die aus Spanien vertrieben wurden, auf.

M 2 **Süleyman I. (1494–1566),** auch der „Prächtige" genannt
Während er mit seiner Flotte das Mittelmeer beherrschte und die Heere neue Länder eroberten, galt er als Dichter und Förderer von Architektur, Kunst und Wissenschaft.

Balkan

in Südosteuropa gelegene Halbinsel, lange Zeit waren die anliegenden Staaten Russland, Türkei und Österreich daran interessiert, dort ihre Macht auszuweiten.

Nach dem Fall Konstantinopels drangen die Osmanen auf dem *Balkan* weiter nach Europa vor. Sultan Suleiman der Prächtige eroberte schließlich Serbien und Teile Ungarns. 1529 belagerten die Osmanen schließlich zum ersten Mal Wien und standen damit mitten in Europa.

Die Osmanen werden zurückgeschlagen

Wien konnte bei dieser ersten Belagerung 1529 nicht erobert werden. Dennoch musste der Herzog von Österreich den Osmanen Abgaben zahlen. Diese richteten zunächst ihre weiteren Interessen auf das östliche Mittelmeer. Erst 150 Jahre später unternahmen sie unter dem Heerführer Kara Mustafa einen erneuten Versuch Wien zu erobern. Die Osmanen waren weit in der Überzahl und stürmten unaufhörlich gegen die befestigte Stadt. Sogenannte Mineure gruben Gänge unter die Mauern, um dort Sprengladungen zu zünden. Durch die Mauerlöcher sollten dann die Janitscharen in die Stadt drängen. Doch auch im Jahr 1683 war dieses Unternehmen erfolglos. Die Stadt konnte sich halten und die Belagerer wurden schließlich von einem Heer unter dem polnischen König Jan III. Sobieski in die Flucht geschlagen. In den Jahrzehnten danach konnten die Habsburger das geschwächte Osmanenheer weiter zurückdrängen und Ungarn und später auch Belgrad erobern.

M 3

M 4 Die Belagerung Konstantinopels,
Ausschnitt aus einer Buchmalerei von 1455

M 5 In unserem eigenen Haus geschlagen

Enea Silvio Piccolomini stand in den Diensten des habsburgischen Kaisers, als Konstantinopel von den Osmanen erobert wurde. Vor dem Reichstag in Frankfurt hielt er eine Rede. Dort hieß es u. a.:

Konstantinopels Untergang, ehrwürdige Väter, erlauchte Fürsten und ihr anderen nach Stand und Bildung hervorragenden Männer, der für die Türken ein großer Sieg, für die Griechen die größte Katastrophe, für die Lateiner die höchste Schmach war, ängstigt und quält einen jeden von euch, wie ich glaube, umso mehr, je edler und besser ihr seid. […]

Auch viele Jahrhunderte zuvor hat die Christengemeinschaft, wenn wir die Wahrheit bekennen wollen, niemals größere Schmach erlitten als jetzt. Denn in früheren Zeiten wurden wir in Asien und Afrika, das heißt auf fremdem Gebiet, verwundet, nun aber sind wir in Europa, das heißt im Vaterland, im eigenen Haus, an unserem Sitz erschüttert und niedergemetzelt worden. […]

Zuerst wollen wir über die Berechtigung zum Krieg nachdenken. Einen Krieg, der zum Schutz der Religion, zur Rettung des Vaterlands, zur Bewahrung der Verbündeten mit der Autorität eines Hochgestellten geführt wird, hat nie einer der Alten für ungerecht gehalten. […]

Nie kam aber euren Vorfahren ein so gerechter Kriegsgrund entgegen wie euch. Nie haben sie so grausames Unrecht, so erniedrigende Schande von den Ungläubigen empfangen, wie es zu unserer Zeit die Gemeinschaft der Christen erduldet hat.

www.europa.clio-online.de/2006/Article=96 (Stand: 20.11.2008)

M 6 Der Alhambra-Erlass

Am Ende des 15. Jahrhunderts erließen die Herrscher Spaniens, Isabella und Philipp, ein Edikt, in dem folgende Bestimmungen zu finden sind:

Wir bestimmen in diesem Edikt, dass alle Juden, die in unserem Herrschaftsbereich leben, zusammen mit Söhnen und Töchtern, Dienern und Verwandten, groß und klein, jeden Alters bis zum Ende Juli diesen Jahres dieses Land verlassen müssen. […] Jeder Jude, der dieses Edikt [Erlass] nicht befolgt und danach hier angetroffen wird, wird mit dem Tode bestraft und dem Verlust aller seiner Habseligkeiten. […]

Weiterhin bestimmen wir, dass jeder in diesem Land, egal ob von hohem oder niederem Stand, der Juden versteckt oder verteidigt, ebenso bestraft wird und seine Privilegien und seinen Besitz verliert.

Frei übersetzt nach: www.jrbooksonline.com/ALHAMBRA_DECREE.htm (Stand: 24.11.2008)

M 7 Heißt sie willkommen

In der Folge der Ausweisungen der Juden aus Spanien wanderten viele Juden in osmanisches Gebiet ein. Sie bildeten eine Minderheit, die man auch als die Sepharden bezeichnete. Der Zeitgenosse Elias Capsali berichtete:

Sultan Bayezid hörte also von den Übeln, die der spanische Herrscher den Juden angetan hatte, und erfuhr, dass sie nach einer Zuflucht und einem Hafen suchten. Er hatte Mitleid mit ihnen und entsandte Boten, die in seinem ganzen Reich verkünden sollten, dass niemand den Juden den Zugang verwehren oder sie ausweisen dürfe. Er ordnete an, sie freundlich aufzunehmen.

Herschhorn, Lilli (Hg.): Die Sepharden im osmanischen Exil. S. 2

M 8 Sie trinken schwarzes Wasser …

Als sich die Osmanen aus Wien zurückzogen, so will es die Legende, ließen sie Säcke mit seltsamem Inhalt zurück. Die Wiener dachten angeblich, dies sei Pferdefutter, und wunderten sich, dass ihre Pferde dies nicht vertrugen. Erst später entdeckten sie, was es mit dem Inhalt eigentlich auf sich hatte und er wurde in ganz Österreich bekannt und beliebt. Ein Pariser Reisender beschrieb es nach einer Orientreise folgendermaßen:

Sie haben noch ein anderes, sehr verbreitetes Getränk, das sie „cahué" nennen und von dem sie zu allen Tageszeiten trinken. Dieses Getränk bereiten sie aus einem Korn [...], das sie in einer Pfanne oder sonst einem geeigneten Gerät auf dem Feuer rösten, schälen und dann zu sehr feinem Pulver zerstoßen. […] Dieses Getränk ist bitter und schwarz und schmeckt etwas angebrannt; man trinkt es in ganz kleinen Schlücken, aus Angst, sich zu verbrennen: Dies führt dazu, dass man in einem „cauhane" – so heißt der Ort, wo man das fertig zubereitete Getränk verkauft – jeweils eine recht vergnügliche Schlürfmusik hört. […]
Dieses Getränk […] hilft dementsprechend gegen Schläfrigkeit [und] bei Magenbeschwerden und ist gut für die Verdauung […].
Was den Geschmack betrifft, so braucht man nur zweimal davon zu trinken, um sich daran zu gewöhnen und es nicht mehr unangenehm zu finden; es gibt auch Leute, die ihm Gewürznelken oder etwas Kardamom beimischen, ... andere geben etwas Zucker dazu […].

Waldkirch, A. von: Wie Europa den Kaffee entdeckte. S. 57 f.

M 9 Szene aus einem Wiener Café

Aufgaben

1. Untersuche die Karte M3. Orientiere dich an der Methode „Umgang mit Geschichtskarten". → S. 32
   a) Welche heutigen Länder standen unter osmanischer Herrschaft?
   b) Woran kann man ihre osmanische Vergangenheit heute noch erkennen?
2. Gib die Gründe wieder, mit denen Piccolomini zum Krieg gegen die Osmanen aufruft. → M5
3. Erkläre, welche Folgen der Erlass für die Beteiligten hatte. → M6
4. a) Finde Gründe dafür, dass der Sultan die Juden aufnimmt. Denke dabei an alles, was du bisher in Geschichte oder Religion über die Juden gelernt hast. → M7
   b) Recherchiere den Begriff „Sepharden" und notiere in einer Mind-Map deine Ergebnisse nach folgenden Oberpunkten: Sprache, Kultur, Herkunft, Sepharden heute.
5. Erarbeite charakteristische Merkmale des beschriebenen Getränks aus der Darstellung (Zubereitung, Verwendung, Geschmack usw.). → M8

Aufbruch zu neuen Welten

M 1 **Marco Polo,** Porträt Lithografie 19. Jahrhundert nach einem Gemälde aus dem 16. Jh.

Indien war das Ziel

Die Berichte des Marco Polo, der nach eigenem Bekunden China bereist hatte und in den Diensten des Kublai Khan (dem Enkel von Dschingis Khan und Herrscher über das Mongolenreich) stand, wurden schon von seinen Zeitgenossen angezweifelt. Dennoch beflügelten sie die Fantasien der Europäer, die von dem nahezu unerschöpflichen Reichtum Asiens und insbesondere Indiens lasen.

Über die sogenannte Seidenstraße, einem dichten Netz verschiedener Verkehrswege, die Asien durchzog und bis nach Europa reichte, gelangten Luxusgüter an die europäischen Herrscherhöfe. Gewürze, Seide, Edelsteine und Gold waren begehrte Güter. Doch war der Weg sehr beschwerlich und gefährlich. Hinzu kam, dass der Übergang von Asien nach Europa am Bosporus nach der Eroberung Konstantinopels durch die Türken gesperrt worden war und diese nun hohe Zölle verlangten. So begann man angestrengt nach neuen Wegen nach Indien zu suchen.

M 2 **Denkmal der Entdecker in Lissabon (Portugal),** die vordere Figur stellt Heinrich den Seefahrer dar

Seefahrer ohne Schiff

Lange Zeit waren die Portugiesen führend gewesen bei der Entdeckung neuer Seefahrtswege und unter ihnen war vor allem Heinrich der Seefahrer von Bedeutung (1394–1460). Man hatte ihm, dem Prinzen von Portugal, diesen Beinamen gegeben, obwohl er niemals selbst eine Entdeckungsfahrt unternommen hatte. Aber er war ein bedeutender Förderer von Entdeckungsreisen, auch im Hinblick auf den Weg nach Indien. Von ihm ausgerüstete Schiffe bereisten vor allem die afrikanische Küste auf der Suche nach der Umfahrung des Kontinents in Richtung Asien.

Heinrichs Bedeutung lag auch darin, dass er den Bau eines völlig neuen Schiffstyps beauftragte. Die Karavelle, die daraufhin entstand, war ein hochseetaugliches Schiff, das später auch Columbus benutzte. Das Besondere war, dass die Rahen der Masten (die Querstreben an einem Mastbaum) beweglich waren und man somit viel einfacher gegen den Wind segeln konnte.

Ab dem 15. Jahrhundert trat Spanien in den Wettstreit mit Portugal ein, den Seeweg nach Indien zu entdecken. Das spanische Herrscherpaar setzte dabei auf einen Mann, der aus Italien stammte und dessen Pläne aberwitzig klangen: Christoph Columbus.

M 3 **Astrolabium**

Kompass, Jakobsstab und Karavelle

Bis weit in das 15. Jahrhundert hinein war die Seefahrt auf die küstennahen Gebiete beschränkt. Man orientierte sich an Uferlinien, Flussmündungen und Siedlungen, die an den Küsten lagen. Am Tag half bei der Navigation die Sonne, in der Nacht der Polarstern oder das Kreuz des Südens. Es fehlten aber vor allem zuverlässige Karten.

Einige Neuerfindungen machten die Navigation auf dem Meer einfacher, wenn auch nicht immer genauer. Dazu gehörten u. a.:

- das Astrolabium – mit ihm konnten bekannte Fixsterne angepeilt werden und man berechnete dann den Winkel zwischen Himmel und Erde, woraus sich der genaue Standpunkt ergab,

M 4 Sternmessung mit dem Jakobsstab, Holzschnitt
Das Anpeilen der Sterne und der Sonne mit dem Jakobsstab oder dem Astrolabium (später Sextant), führte oft dazu, dass die Seefahrer auf einem Auge blind wurden, weil sie ungeschützt in die Sonne schauen mussten. Dies spiegelt sich auch darin wider, dass die Seeräuber oft mit einer Augenklappe dargestellt werden.

- der Kompass – mit ihm konnte man sich anhand der Himmelsrichtungen ständig orientieren,
- der Jakobsstab – wird ähnlich wie das Astrolabium benutzt.

Ausschlaggebend waren aber letztlich die Fortschritte im Schiffsbau, die Schiffe hervorbrachten, die hochseetauglich waren.

Warum Columbus?

Der Plan des Columbus war es, von Europa aus immer nach Westen zu segeln, um Indien zu erreichen. Die Vorstellung, die dazu nötig war, nämlich dass die Erde eine Kugel sei, war nicht unbekannt. Unbekannt war aber die Entfernung, die ein Schiff dabei zurücklegen musste. Dies und der Aberglaube der Menschen, dass jenseits des Horizontes Meeresungeheuer in der Tiefe lauerten, ließen diesen Plan so unglaubwürdig erscheinen. Er musste daher mehr als zehn Jahre bei den verschiedensten Herrschern vorsprechen, bis er letztlich in Spanien Unterstützung fand. Denn allein konnte Columbus eine solche Expedition nicht finanzieren.

Columbus bricht auf ...

Mit drei Schiffen brach Columbus am 3. August 1492 auf. Die Entfernung zwischen Europa und Asien, die er errechnet hatte, war so groß gewesen, dass er sie sowohl seinen Auftraggebern wie auch seiner Mannschaft an Bord nicht verriet. In den Bordbüchern während der Fahrt notierte er ständig eine geringere Zahl der zurückgelegten Meilen, um seine Mannschaft nicht zu beunruhigen.

Zunächst segelten die Schiffe südwärts bis vor die Küste Afrikas, zu den Kanarischen Inseln. Dort versorgte man sich noch einmal mit dem Notwendigsten und führte Reparaturen durch, um dann in Richtung Westen zu fahren. Es gab von dort aus günstige Passatwinde, die ein Segelschiff schnell in Richtung Westen bringen sollten.

Dennoch dauerte die Fahrt sehr lange, die Stimmung an Bord verschlechterte sich und Columbus konnte seine Mannschaft nur sehr schwer von der Weiterfahrt überzeugen. Am 10. Oktober erreichte er lediglich die Zusage, dass man noch drei weitere Tage nach Land suchen würde – damit war eine Meuterei zunächst verhindert worden.

... und glaubt Indien erreicht zu haben

Am 12. Oktober 1492 um 2 Uhr morgens ließ Columbus einen Kanonenschuss vor der Insel Guanahani abfeuern. Nach 36 Tagen auf See hatte man Land erreicht.

Die Insel, die Columbus betreten hatte, nannte er San Salvador („der heilige Erlöser"). Er glaubte, dass es sich dabei um eine Insel handelte, die vor Japan lag. Daher reiste man von dort aus weiter, um zum indischen Festland zu kommen, und entdeckte u.a. Kuba und Haiti.

An dieser letzten Station strandete die Santa Maria am 25. Dezember 1492 und musste aufgegeben werden. Aus den Resten des Schiffes ließ Columbus eine Festung bauen, die La Navidad (Weihnachten) genannt wurde. Dort ließ er 40 Mann der Besatzung zurück, weil die verbleibenden Schiffe nicht genug Raum für alle boten.

M 5 Santa Maria, Karavelle, Holzschnitt

M 6 **Christoph Columbus,** Porträt von Ridolfi Ghirlandaio

Columbus sucht weiter

Columbus wurde in Spanien nach seiner Rückkehr triumphal empfangen. Wie vorher ausgehandelt, ernannte man ihn zum „Admiral des Ozeans, Vizekönig und Gouverneur der Inseln". Obwohl er nicht nur Gold mitbrachte, wurde dies doch das Hauptargument dafür, dass das spanische Königspaar ihm eine weitere Reise finanzierte. Dass seine Flotte nun 17 Schiffe und 1200 Mann Besatzung umfasste, zeigte, dass man sich viel erhoffte. Darüber hinaus wollte man nun Siedlungen in der neuen Welt gründen.

Auf allen neu entdeckten Inseln wurde die königliche Flagge aufgestellt und auf seiner vierten und letzten Reise erreichte Columbus auch Mittelamerika und damit das amerikanische Festland. Auch hier versuchte er weiterhin eine Durchfahrt nach China und Indien zu finden.

Columbus selbst hatte bis zu seinem Tod 1506 geglaubt, dass er einen neuen Seeweg nach Indien entdeckt hatte, und nannte daher die Ureinwohner, auf die er stieß, „Indianer". Die entdeckten Inseln tragen bis heute den Namen „Westindische Inseln".

Columbus' eigene Erwartungen und die Hoffnungen der Auftraggeber auf z. B. reiche Goldvorkommen wurden zu seinen Lebzeiten nicht erfüllt. Mit der Zeit verloren die Herrscher das Vertrauen in den Entdecker, der in der neuen Welt auch einige Fehlentscheidungen traf.

Columbus war nicht der Erste, sondern der Letzte

Die Geschichtsbücher verzeichnen für den Oktober 1492 die Entdeckung Amerikas durch Christoph Columbus. Wir wissen heute, dass dies so nicht ganz richtig ist.

Vielmehr kann man durch Überreste nachweisen, dass die Wikinger die ersten Europäer auf dem amerikanischen Kontinent waren. Durch die Archäologie und durch schriftliche Überlieferungen lässt sich eindeutig belegen, dass sie Amerika schon vor dem Jahr 1000 „entdeckt" hatten. Etwa in diesem Jahr brach Bjarne Herloffson von Island nach Grönland auf und verirrte sich. Er geriet mit seinem Boot an eine fremde Küste im Westen (in der Gegend des heutigen Neufundland). Ein paar Jahre später reiste der Grönländer Leif Eriksson in dieselbe Richtung und entdeckte das Land wieder. Von diesen Fahrten berichten die isländischen Sagas: Erzählungen, die in Island mündlich überlieferte Geschichte darstellen. Es gibt noch viele andere Theorien über Völker, die die amerikanische Küste erreicht haben sollen, jedoch ist keine weitere belegbar.

Warum nicht „Columbia"?

Der Name Amerika geht offensichtlich nicht auf Columbus zurück, sondern auf einen anderen Entdeckungsfahrer: Amerigo Vespucci. Er hatte 1499 und 1501 an zwei Entdeckungsfahrten teilgenommen und über die zweite einen Bericht geschrieben. Darin kam er zu dem eindeutigen Schluss, dass die bereisten Küsten nicht Teile von Asien darstellten, sondern zu einer neuen Welt gehörten. Seine Berichte wurden von zwei deutschen Wissenschaftlern gelesen, die ihrerseits 1507 vorschlugen dem neuen Kontinent den Namen ihres Entdeckers zu geben. Von Columbus erfuhren sie erst später, doch bis dahin hatte sich der Name Amerika schon verbreitet.

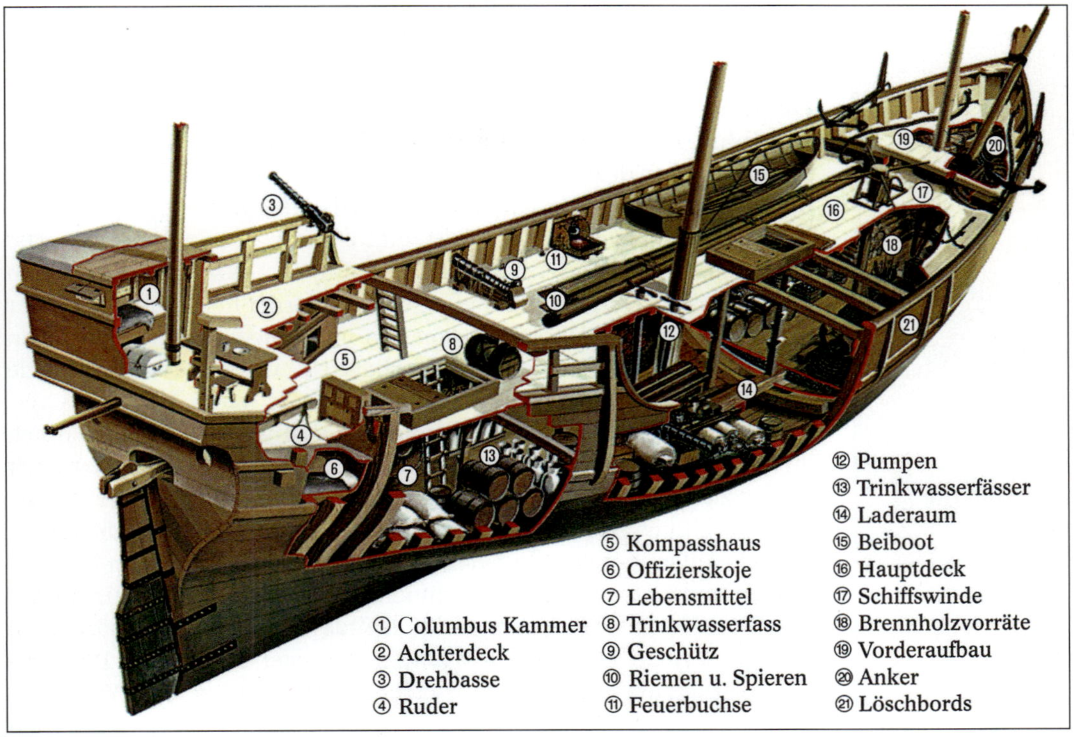

M 7 **Längsschnitt der Karavelle Niña**

M 8 Aus dem Bordbuch von Columbus

Nach der Landung auf der Insel Guanahani notierte Columbus folgende Beobachtungen in sein Bordbuch:

12. Oktober (1492)
Sofort sammelten sich an jener Stelle zahlreiche Eingeborene der Insel an. In der Erkenntnis, dass es sich um Leute handele, die man weit besser durch Liebe als mit dem Schwerte retten und zu unserem Heiligen Glauben bekehren könne, gedachte ich sie mir zu Freunden zu machen und schenkte also einigen unter ihnen rote Kappen und Halsketten aus Glas und noch andere Kleinigkeiten von geringem Werte, worüber sie sich ungemein freuten.

13. Oktober (1492)
Sie brachten Knäuel gesponnener Baumwolle, Papageie, Spieße und andere Dinge mit sich [...] und tauschten sie gegen jeden noch so geringfügigen Gegenstand aus, den man ihnen anbot. Ich betrachtete alles mit größter Aufmerksamkeit und trachtete, herauszubekommen, ob in dieser Gegend Gold vorkomme. [...] Mithilfe von Zeichensprache erfuhr ich, dass man gegen Süden fahren müsse, um zu einem König zu gelangen, der große, goldene Gefäße und viele Goldstücke besaß [...]. Also entschied ich mich, nach Südwesten vorzudringen, um nach Gold und Edelsteinen zu suchen.

Columbus: Bordbuch. S. 46 und 49 f.

Aufgaben

1. Fasse zusammen, welche Voraussetzungen dazu führten, dass Columbus den Westweg nach Indien wagte.
2. Diskutiert, welche Probleme sich durch das lange Beisammensein der Mannschaft auf der langen Überfahrt ergeben haben. → M7
3. Stelle dar, welche Ziele Columbus im neu entdeckten Land verfolgte. → M8
4. Der deutsche Philosoph Lichtenberg sagte folgenden Satz: „Der Amerikaner, der den Columbus zuerst entdeckte, machte eine böse Entdeckung." Wie kann man aus dem, was Columbus ganz am Anfang seiner Entdeckung schrieb, diesen Satz verstehen?

M 1 **Vasco da Gama,**
Gemälde um 1524

Entdecker und Eroberer

Die Umsegelung der Welt

Die Fahrten von Columbus und die Berichte, die nun in Europa kursierten, führten dazu, dass auch andere Länder Schiffe ausstatteten, um die Neue Welt zu erkunden. So wurde in den nachfolgenden Jahren die Welt immer mehr entdeckt.

Der Portugiese Vasco da Gama schaffte es 1497/98 endlich einen Schiffsweg nach Indien zu finden, der um Afrika herum führte. Als er mit seinen billigen Waren (Glasperlen und Spiegel) in der indischen Stadt Calicut Gewürze und Stoffe erhandeln wollte, hat man ihn, wie es überliefert ist, ausgelacht.

Ferdinand Magellan, ein Portugiese in spanischen Diensten, brach im August 1519 auf, um wie Columbus einen westlichen Weg nach Indien zu finden. Ihm war bewusst, dass er dazu entweder eine Durchfahrt durch den neuen Kontinent finden – was schon Columbus nicht gelang – oder aber um ihn herum fahren musste. Nach vielen Entbehrungen und Enttäuschungen vermochte es seine Flotte von fünf Schiffen, eine Durchfahrt durch die Südspitze zu entdecken und in den Pazifik zu gelangen. Nach drei Jahren gelangten schließlich 18 Mann seiner Besatzung und ein Schiff zurück nach Spanien. Die Weltumsegelung war gelungen, Magellan selbst aber im Kampf mit Eingeborenen unterwegs gestorben.

Die spanischen Eroberer

Nachdem man erkannt hatte, dass der westliche Weg nach Indien nur unter großen Anstrengungen zu schaffen und weitaus länger als der Weg um die Südspitze Afrikas war, wandten sich die Spanier dem amerikanischen Kontinent und seinen Schätzen zu. Die ersten Berichte ließen immer wieder die Vermutung aufkommen, dass nahezu unbegrenzte Vorkommen an Gold und Silber zu finden wären.

Diese Aussichten zogen auch viele Abenteurer und zwielichtige Gestalten an. Die zwei bekanntesten waren Hernan Cortez und Francisco Pizarro. Sie waren nicht mehr einfache Entdecker, sondern einzig mit dem Ziel gekommen, Gold und Silber zu finden und die einheimische Bevölkerung unter die Herrschaft der Spanier zu bringen. Sie waren daher Eroberer, im Spanischen „Conquistadores“.

Hernan Cortez entstammte dem niederen Adel und fuhr 1506 nach Amerika, um zunächst als Landwirt auf Haiti seinen Unterhalt zu bestreiten. Doch das war ihm nicht genug. Im Jahre 1519 landete er schließlich mit elf Schiffen und 600 Mann an der Küste zu Mexiko mit dem Ziel, das Land der Azteken zu erobern. Nach seiner Ankunft, so ist überliefert, ließ er alle Schiffe zerstören, damit es für seine Männer keinen Weg zurück mehr gab. Nach nur zwei Jahren belagerte er die Hauptstadt Tenochtitlan, nach dessen Fall er das gesamte Aztekenreich unterwerfen konnte.

Weiter südlich, im heutigen Peru, wurde ein anderer spanischer Eroberer zum Verhängnis für die altamerikanische Bevölkerung: Francisco Pizarro. 1535 eroberte er die Hauptstadt der Inkas, unterwarf in der Folge ihr Reich und ermordete zahllose Eingeborene. Auch ihm gelang es, mit einer zahlenmäßig unterlegenen Schar ein altes Reich zu stürzen.

M 2 **Hernan Cortez,**
anonymes Gemälde, 16. Jh.

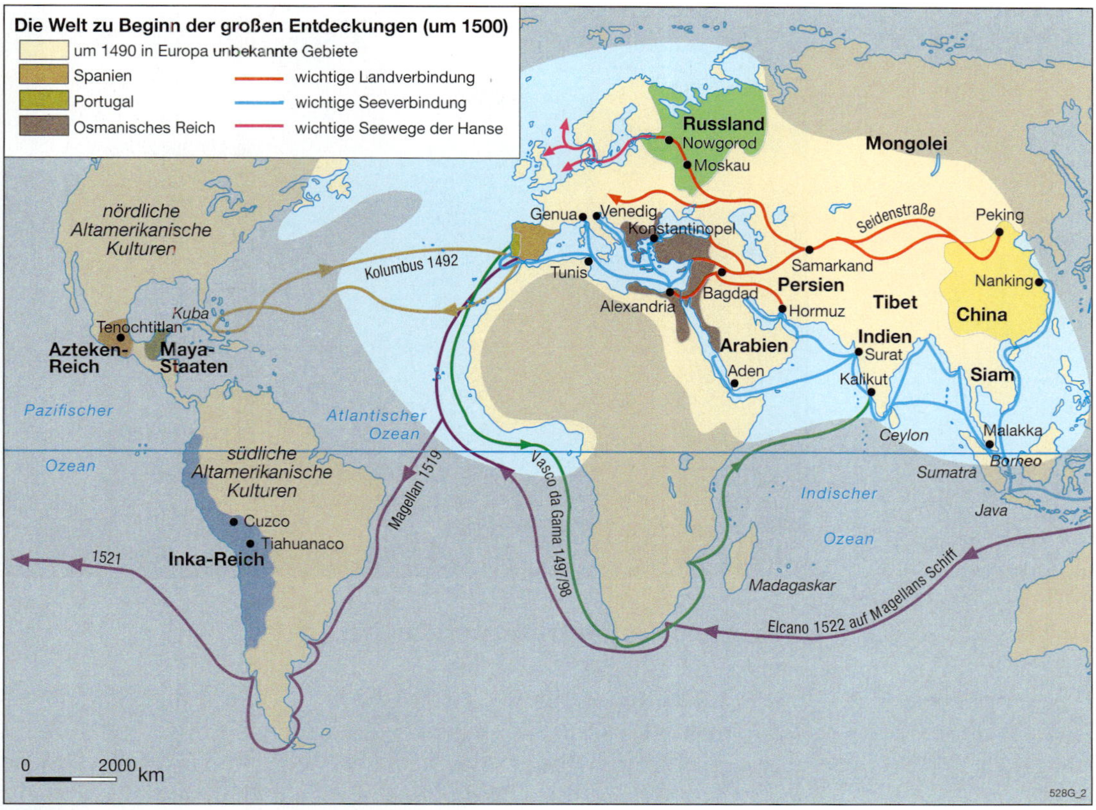

M 3 **Die Welt zu Beginn der großen Entdeckungen**

M 4 Über die Ankunft der Spanier

Ein überlieferter Bericht beschreibt die Reaktion der Inka auf die Ankunft der spanischen Eroberer:

Huyana Capac (der herrschende Inka) erholte sich grade in seinen Palästen, [...] da erfuhr er von der Ankunft der Spanier an den Küsten [...]. Die Boten brachten diese Nachricht vor den Inka [...], sie erzählten, am Strande [...] seien sonderbare Fremdlinge, wie man sie vorher nie gesehen habe; sie hätten neue Lehren und Gesetze gepredigt; sie seien so tapfere Männer, dass sie keine Gefahr fürchteten; sie gingen in Kleider gehüllt, von Kopf bis Fuß, seien weiß, hätten Bärte und ein wildes Aussehen. [...] als er sie fragte, von welchem Teile der Welt die Männer gekommen seien, antworteten sie, sie wüssten nicht mehr, als dass jene in großen, hölzernen Häusern übers Meer führen, diese lenken und wenden und damit hin und her fahren könnten und kommen und verschwinden, wohin sie wollten [...].

[...] Der Inka war sprachlos über das Gehörte, und ihn überkam eine solche Bestürzung und Traurigkeit, dass er sich allein in sein Gemach zurückzog und nicht mehr herauskam bis zum Anbruch der Nacht.

[...] Da kamen weitere Boten von der Küste und ließen ihn wissen, jene Leute seien in ihre Häuser und ihre Paläste eingedrungen, hätten sie geplündert und alle Schätze mitgenommen.

Schmitt, E. (Hg.): Dokumente zur Geschichte der europäischen Expansion. S. 387 f.

Aufgaben

1. Erstelle eine Tabelle mit den Oberbegriffen Herkunftsland, Entdecker, Entdecktes und fülle sie mit den Informationen aus der Karte. → M3
2. Erkläre in eigenen Worten, was den Inka wohl beunruhigte. → M4
3. Suche nach Informationen über andere Entdecker, wie z. B. Francis Drake, James Cook.

M 1 **Machu Picchu,** Inkastadt in den Anden, heutiges Foto

Observatorium

Gebäude/Ort, an dem der Himmel und die Sterne beobachtet werden

M 2 **Altamerikanische Hochkulturen zu Zeiten der Entdeckungsfahrten**

Altamerikanische Hochkulturen

Die Stadt in den Wolken

Auf 3000 Meter Höhe mitten in den peruanischen Anden finden Besucher eine alte Stadt. Sie ist zwischen zwei Bergen auf einer Hochebene so angelegt worden, dass an drei Seiten etwa 600 Meter tiefe Felswände zu einem Fluss abfallen. Um einen Platz herum sind ca. 200 Wohngebäude aus Stein angeordnet und sehr genau den natürlichen Gegebenheiten der Hochebene angepasst. Während dieser Bereich offensichtlich als Wohnbezirk diente, gab es auch einen religiösen Bezirk, in dem sich ein großer runder Turm befindet, der wahrscheinlich als *Observatorium* diente.

Man weiß bis heute nicht, zu welchem Zweck diese Stadt gebaut wurde. Sicher ist nur, dass es der einzige Ort im Inka-Reich war, der nicht von den spanischen Eroberern entdeckt und geplündert wurde. So wurde er durch die Jahrhunderte hin immer wieder von Reisenden beschrieben, aber erst zu Beginn des 20. Jahrhunderts wirklich entdeckt und erforscht – 400 Jahre nach seiner Erbauung. So weiß man erst heute genauer, wie hoch entwickelt die altamerikanischen Völker wirklich waren.

Überhebliche Europäer

Die europäischen Entdecker und Eroberer hielten sich für ein überlegenes Volk, welches nicht nur das Recht, sondern auch die Pflicht besaß, die eigene Kultur zu verbreiten. Die Europäer betrachteten die Ureinwohner Amerikas als „Wilde“ und „Unzivilisierte“. Ignoriert wurde dabei, dass es zu Zeiten der Entdeckungsfahrten drei große indigene (eingeborene) Kulturen gab:

- die Azteken, im heutigen Mexiko
- die Maya, in Mittelamerika
- die Inkas, in Südamerika.

Dass es sich hierbei bei Weitem nicht um Unzivilisierte handelte, zeigen u. a. die Inka.

M 3 **Fenster in einem Gebäude in Machu Picchu,** auffällig ist die Trapezform; auch die Wände der Wohnanlagen sind alle um etwa 4–6 Grad geneigt

M 4 **Knotenschnur der Inka**

Die Herkunft der Inkas

Neben den Mayas, deren Reich bereits vor Ankunft der Spanier im Untergehen begriffen war, existierten die Inkas, die ein sagenhaft großes Reich erobern konnten.

Der Ursprung der Inkas liegt bis heute im Dunkeln. Der Beginn ihrer Kultur ist nur in Legenden überliefert und daher nicht genau belegbar. Man weiß, dass sie um das Jahr 1000 im Gebiet um Cuzco auftauchten und ein relativ kleines Volk waren. Ihr Name wird zurückgeführt auf die Bezeichnung ihrer Herrscher – wie sie sich selbst nannten, wissen wir nicht.

Kein Rad, keine Schrift

An der Spitze des Inka-Staates stand der Herrscher, der unter sich eine Schicht von Adligen als hohe Beamte einsetzte. Diese kontrollierten die Provinzen, in die das Reich eingeteilt worden war. Die Bauern an unterster Stelle zahlten keine Abgaben im eigentlichen Sinne (Geld war nicht bekannt), sondern gaben ihre Arbeitskraft. In der Zeit des Frondienstes wurden Kleidung, Unterkunft und Ernährung des Arbeiters vom Herrn getragen.

Ohne das Rad zu gebrauchen und ohne die Erfindung des Eisens vermochten die Inkas es, Städte mit Mauern zu bauen, deren Steine ohne Mörtel so eng aufeinander gesetzt wurden, dass bis heute nicht einmal eine Messerklinge hineinpasst. Darüber hinaus entstand ein Straßen- und Wegenetz, das etwa 40 000 km umfasste (damit war es doppelt so umfangreich wie das der Römer). Umso überraschender ist, dass sie das Rad zwar kannten, aber nicht nutzten. Die Bewohner gingen entweder zu Fuß oder transportierten Lasten mit den Lamas.

Für uns verwunderlich ist weiterhin, dass Straßen- und Häuserbau, aber auch die Verwaltung eines solchen Reiches ohne die Schrift, die die Inka nicht kannten, überhaupt möglich war. Statt der Schrift verwendeten sie Knotenschnüre, mit denen sie vor allem Zahlen und Statistiken festhielten. In jedem Dorf gab es spezielle Personen, die sich mit diesen Schnüren auskannten und sie übersetzten.

Herrscher über eine Million Quadratkilometer

Ab 1500 begannen die Inka-Herrscher mit einer Ausdehnung ihres Reiches. Dabei wurden Gebiete erobert, die bis zu 1000 km nördlich und südlich um die Hauptstadt Cuzco herum lagen. Auf dem Höhepunkt beherrschten sie ein Gebiet von etwa einer Million Quadratkilometern (in der Länge etwa die Strecke des nördlichsten Punktes Europas in Norwegen bis hinunter nach Sizilien in Italien). Doch je größer das Reich wurde, desto schwieriger war es auch für den Inka, dieses zu regieren. Noch bevor die Spanier eintrafen, gab es daher Aufstände, die das Regieren erschwerten und mit zu seinem Untergang beitrugen.

Aufgaben

1. Recherchiere im Internet Informationen zu den drei altamerikanischen Kulturen nach folgenden Gesichtspunkten: Gesellschaftsordnung, Architektur, Religion, Besonderheiten.

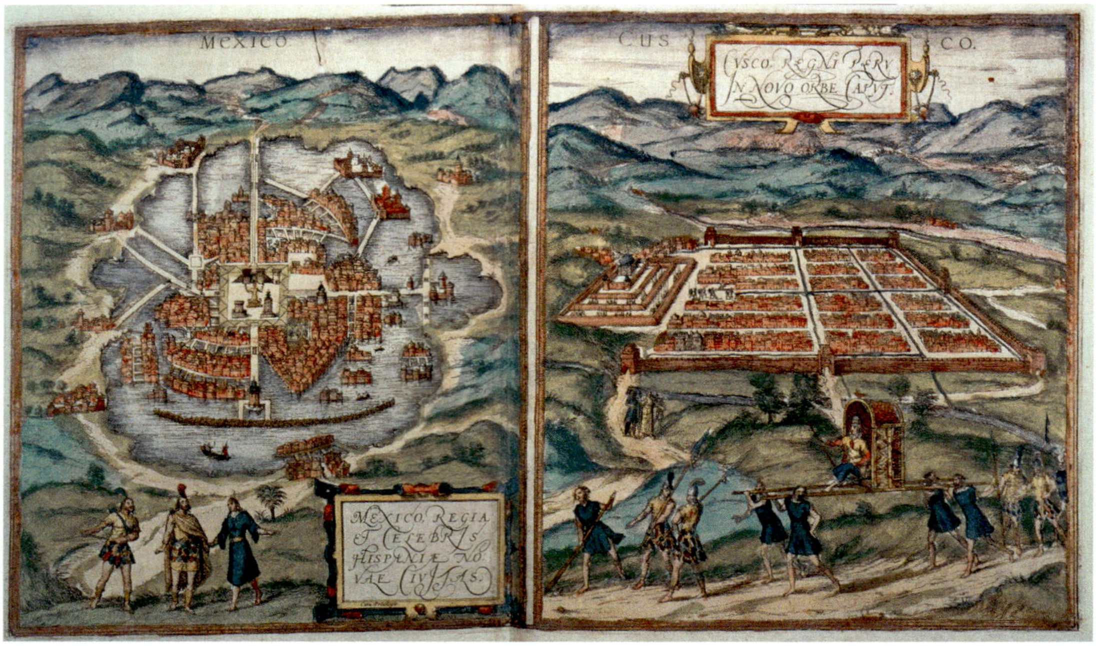

M 5 **Die Städte Tenochtitlan (links) und Cuzco (rechts),** Kupferstich spanischen Ursprungs

M 6 Die Stadt Tenochtitlan

Da die Schrift bei den altamerikanischen Kulturen nicht gebräuchlich war, sind wir heute zumeist auf spanische Quellen angewiesen. Der spanische Eroberer Hernan Cortez berichtet 1520:

Die Stadt Tenochtitlan liegt in einem salzigen See. Sie hat vier Zugänge, alle über Steindämme führend, die von Menschenhand erbaut sind. Sie sind etwa zwei Lanzen breit. An einem der Dämme laufen zwei Röhren aus Mörtelwerk entlang, jede etwa zwei Schritte breit und eine Mannslänge hoch. Durch eine Röhre kommt ein Strom Wassers bis in die Mitte der Stadt. Alle Menschen nehmen davon und trinken es. Die andere Röhre wird benutzt, wenn die erste gereinigt wird [...].
Die Stadt hat viele öffentliche Plätze, auf denen ständig Markt gehalten wird. Dann hat sie noch einen anderen Platz [...], wo sich täglich mehr als 60000 Einwohner treffen: Käufer und Verkäufer von Lebensmitteln, Schmuckstücken aus Gold, Silber, Blech [...]. Außerdem verkauft man Steine, Bauholz, Kalk und Ziegelsteine [...].
Es gibt Apotheken [...], Häuser, wo man für Geld essen und trinken kann. Es gibt Menschen zum Lastentragen [...].
An allen Eingängen der Stadt, wo die Kähne ausgeladen werden, also an den Stellen, durch die der größte Teil der Lebensmittel in die Stadt gelangt, sind Hütten gebaut. In ihnen halten sich Wachtposten auf, die eine Abgabe von allem erheben, was in die Stadt gebracht wird. Ich weiß aber nicht, ob diese Beträge für den Herrscher oder die Stadt erhoben werden.

Cortez, H.: Die Eroberung Mexikos. S. 86 ff.

M 7 **Steinaltar vor einem Mayatempel in Chichen Itza,** heutiges Foto

M 8 Sonnenuhr in Machu Picchu

M 10 Aztekische Mumienmaske

M 9 Aztekischer Kalenderstein

M 11 Affen und Menschen

Ein spanischer Gelehrter schreibt 1545 zur Situation in Mittelamerika:

All dies folgt aus den Gesetzen Gottes und der Natur. [...] Und so ist es auch mit den barbarischen und unmenschlichen Völkern [den Indios], die kein geordnetes Staatswesen und keine Friedensordnung kennen. [Und so ist es gerecht], dass die Spanier [...] über die Barbaren der neuen Welt herrschen, [...] die, was Weisheit, Intelligenz, Tugend und Menschlichkeit betrifft, den Spaniern [...] untergeordnet sind [...]. Zwischen ihnen besteht der gleiche Unterschied wie zwischen grausamen, wilden Völkern und den allerbarmherzigsten Nationen [...], sozusagen wie zwischen Affen und Menschen.

Sepulveda, J. G.: Democrates alter.

Aufgaben

1. Betrachte die Stadtansichten und bestimme in einer Liste, welche Personengruppen (z. B. Handwerker) notwendig waren, um eine solche Stadt zu errichten.
→ M5, M6
2. Sammle und unterscheide in einer Tabelle die Dinge, die auf dem Markt von Tenochtitlan angeboten und verkauft wurden (z. B. Luxusgüter). → M6
3. Untersuche die Bilder M7 bis M10 und beschreibe kurz, welche Rückschlüsse durch diese Funde auf die Kultur der altamerikanischen Hochkulturen möglich sind.
4. Vergleiche die altamerikanischen Hochkulturen mit anderen dir bekannten Kulturen und stelle in einer kleinen Übersicht Gemeinsamkeiten fest. Du kannst dazu auch im Internet recherchieren.
5. Nimm Stellung zu den einzelnen Aussagen des spanischen Gelehrten. → M11
6. Recherchiere, wie die Nachfahren der altamerikanischen Kulturen heute leben.

Referat:

Der Aufbau eines Inka-Staates

Was will ich wissen?

- Gab es einen Krieg?
- Wie wurde das Reich verwaltet?
- Gab es Handel?
- Unterschied man die Menschen nach Ständen?

Ein Geschichtswörterbuch:

Inka: Indianisches Volk in Südamerika, das vor Eintreffen der Spanier ein großes Reich errichtete. Das Wort Inka bezeichnete ursprünglich nur den Herrscher und seine Sippe, ging jedoch später auf die gesamte Reichsbevölkerung über.
Das Kerngebiet der Inka lag im Bergland des heutigen Peru, wo sie im Hochtal von Cuzco um 1200 n. Chr. einen Kleinstaat bildeten. Die militärische Expansion begann jedoch erst unter dem 9. Herrscher, dem Inka PACHACUTI YUPANQUI, der 1438 gekrönt wurde. Er und seine Nachfolger, TUPAC YUPANQUI (1471–93) und HUYANA CAPAC (1493–1525), dehnten das Reich so weit aus, dass es im Norden bis Kolumbien und im Süden bis weit nach Chile reichte – eine Ausdehnung von 4000 km! Die Inkaherrscher galten als direkte Nachfahren des Sonnengottes und genossen göttliche Verehrung […].
Bode, Dieter: Lexikon Geschichte. S. 147 f.

Der Aufbau des Inka-Staates

- Inka an der Spitze = Herrscher und Sohn Gottes
- Herrscherfamilie mit wichtigen Posten in Armee und Verwaltung
- Adel und Beamte mit besonderen Rechten (z. B. kein Militärdienst)
- unterworfene Stämme mussten Abgaben zahlen
- große Armee
- weites Straßennetz
- Grundlage Landwirtschaft
- …

Der Aufbau des Inka-Staates

1. Der Herrscher
   - „Inka“ an der Spitze = Herrscher und Sohn Gottes
   - Inka = Titel
2. Adel
   - Herrscherfamilie mit wichtigen Posten in Armee und Verwaltung
   - Adel und Beamte mit besonderen Rechten (z. B. kein Militärdienst)
3. Bevölkerung
   - …

In Nachschlagewerken und im Internet recherchieren

Manchmal stößt man im Geschichtsbuch auf Begriffe oder Namen, die man nicht kennt. Oder man bekommt den Auftrag, sich über eine historische Person oder ein Ereignis zu informieren und die Ergebnisse in der Klasse darzustellen. Sich über ein Thema oder einen Begriff zu informieren nennt man auch *Recherche* (als Verb *recherchieren*).

1. Vorarbeit: Zu Beginn einer Recherche ist es sinnvoll, sich genau klarzumachen, was man überhaupt erfahren will. Ohne eine genaue Vorstellung davon zu haben, kann man nicht gezielt suchen und braucht sehr lange, um Antworten zu finden. Bei der Internetsuche kommt hinzu, dass oftmals nach der Eingabe von einzelnen Begriffen viele Ergebnisse angezeigt werden, die man erst mühsam durchsuchen muss. Für die Vorarbeit kann man auch eine Mind-Map verwenden.

- das Thema aufschreiben
- die wichtigen Begriffe des Themas markieren
- alles notieren, was man schon zum Thema weiß
- weitere Fragen zum Thema hinzufügen

2. Nachschlagen: Wenn man danach nun einen ersten Blick in Nachschlagewerke wirft, findet man wesentliche Informationen oft schon kurz dargestellt.

- Den Artikel „überfliegen“: mit den Augen über den Text fahren und nur dort lesen, wo sich ein Begriff befindet, den man gesucht oder zu dem man eine Frage gestellt hat.
- Wichtig sind ebenfalls Inhaltsverzeichnisse oder sogenannte Register. Mit ihnen kann man gezielt die Seiten oder Links aussuchen, die zu dem gesuchten Thema passen.
- Wichtig: Benutze immer mehr als eine Quelle.

3. Sammeln: Wenn alle Begriffe nachgeschlagen sind, höre auf zu suchen. Man muss oft nur einen kurzen Vortrag halten und nicht ein neues Buch schreiben. Schreibe nun die wichtigsten Stellen, am besten in eigenen Worten, heraus. Damit kann man einen wichtigen Lernschritt leisten, denn vieles merkt man sich schon durch das Aufschreiben.

4. Ordnen: Zum Abschluss sollte man das Notierte noch einmal überprüfen.

- Notizen in eine richtige, logische Reihenfolge bringen
- Überflüssiges wegstreichen
- Überschriften oder wichtige Begriffe markieren

Aufgaben

1. Ergänze die begonnene Recherche auf der linken Seite zum Thema „Der Aufbau des Inka-Staates“, indem du weitere Fragen an das Thema stellst und eine gegliederte Übersicht deiner Ergebnisse aufschreibst.

2. Führe eine eigene Internetrecherche durch zum Thema: „Wie leben die Nachfahren der altamerikanischen Kulturen heute?“

Folgen der Entdeckungen

Vernichtung der Hochkulturen

Cortez und Pizarro vermochten es, in sehr kurzer Zeit und mit eigentlich sehr wenigen Soldaten die Reiche der altamerikanischen Kulturen zu vernichten. Dies hatte verschiedene Ursachen:

- Die Bewaffnung der altamerikanischen Hochkulturen (Rüstungen aus Leder und Baumwolle) war den eisernen Waffen der Spanier nicht gewachsen.
- Hinzu kamen Krankheiten, die die Eroberer eingeschleppt hatten, wie z. B. die Pocken oder auch harmlos erscheinende wie die Grippe.
- Im Inkareich waren vor der Ankunft der Spanier Thronstreitigkeiten um die Nachfolge des Inka ausgebrochen, welche das Land schwächten.
- Die Eroberer nutzten den Unmut der eroberten Völker aus, um mit ihnen gegen die herrschenden Inkas zu kämpfen.

Man förderte aber nicht nur die Ermordung der einheimischen Bevölkerung, sondern setzte auch alles daran, dass ihre kulturellen Spuren getilgt wurden. Nach der Eroberung der aztekischen Hauptstadt Tenochtitlan ließ Cortez daher die Stadt schleifen. Auf ihren Trümmern steht die heutige Hauptstadt Mexico-City.

Mit und nach den spanischen Eroberern kamen viele Glücksritter in die Neue Welt. Sie versprachen sich hohe Gewinne durch den Abbau von Gold und Silber. Von Beginn an wurden die Eingeborenen zu den Arbeiten in den Bergwerken gezwungen. Sie wurden weder besonders geschützt noch gut versorgt. So starben in den Jahren der Herrschaft der Eroberer fast 90 % der Eingeborenen an den Krankheiten, der Arbeit und der Unterdrückung durch die Europäer.

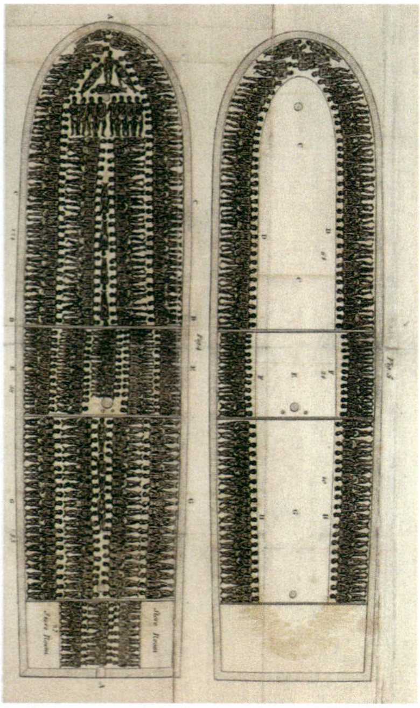

M 1 Grundrisszeichnung eines Sklavenschiffes von 1808, gezeigt wird, wie die Menschen liegend und auf mehrere Ebenen verteilt, unter Deck von Afrika nach Amerika verschifft wurden

Sklavenhandel

Als die Zahl der Arbeitskräfte sank, verfielen die Spanier auf eine andere Idee, um an Arbeitskräfte zu kommen. Europäische Kaufleute brachten nun afrikanische Sklaven nach Amerika, wo sie ausgebeutet wurden. Dabei gingen die Sklavenhändler wie folgt vor:

- Sie landeten an den Küsten,
- stießen landeinwärts vor,
- fingen die männlichen Eingeborenen ein und
- schleppten sie in großen Gruppen auf die Schiffe.

Während der Überfahrt nach Amerika starben häufig mehr als die Hälfte der Gefangenen. Die Überlebenden wurden nach der Ankunft verkauft – doch nicht ohne vorher das Brandzeichen ihres Besitzers eingebrannt zu bekommen. Gegen diese Form des Menschenhandels regte sich lange Zeit kein Widerstand und so wurde der Sklavenhandel bis ins 19. Jahrhundert hinein weiter betrieben. Er verursachte, dass weite Landstriche Afrikas entvölkert wurden, wobei vor allem die Männer verschwanden.

Ohne Widerstand

Es ist nur der Dominikanermönch Bartolomé de Las Casas bekannt, der sich gegen die beschriebene Ausbeutung der Eingeborenen wandte.

Er hatte Columbus auf seiner zweiten Reise begleitet und 1512 Boden, eine Goldmine und Sklaven erworben, die er jedoch gut behandelte. Zwei Jahre später gab er seinen Besitz auf und prangerte den unmenschlichen Umgang mit den eingeborenen Sklaven immer schärfer an. Bis er zum Bischof ernannt wurde, konnte er schon einige Reformen durchsetzen, die jedoch teilweise wieder zurückgenommen wurden, weil man beständig gegen ihn vorging und ihn verleumdete.

Europa beherrscht den Welthandel

Aufgrund der neuen Handelsrouten bildeten sich in Europa neue Hafenstädte, wie z. B. Antwerpen und Amsterdam. Die sogenannten „Kolonialwaren“ wurden dort gehandelt. Die Europäer bauten nun bestimmte Pflanzen, die man in Amerika schon lange kannte, auf großen Plantagen an: Mais, Kartoffeln, Tomaten, Erdnüsse, Kakao und Baumwolle.

Jede europäische Großmacht oder die, die es werden wollte, versuchte Kolonien in Übersee zu gründen, um von dort aus Anteil an der Verschiffung neuer Waren zu haben. Nach den Spaniern und Portugiesen schickten nun auch die Holländer, Franzosen und Engländer Schiffe nach Amerika und gründeten dort Handelsniederlassungen.

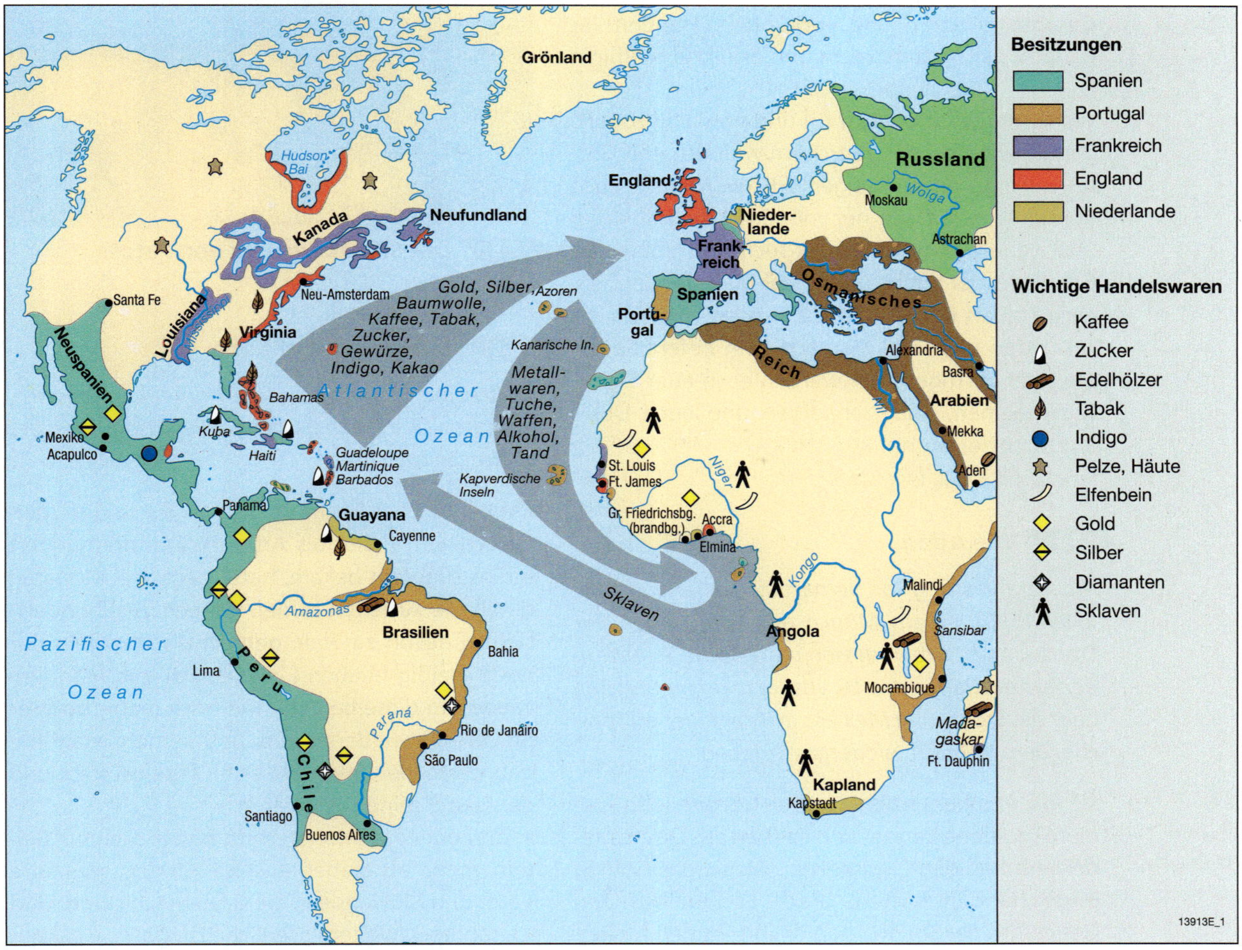

M 2 **Kolonialreiche und Überseehandel um 1700**

M 3 Missionierung der Indios

Am spanischen Hof wurde von Juristen und Theologen folgender Text verfasst, der den Indios das Ziel der Eroberung und Missionierung verdeutlichen sollte:

Gott, unser Herr, der Einige und Ewige, schuf Himmel und Erde, einen Mann und eine Frau, von denen wir und ihr, alle Menschen auf der Welt, abstammen, wie auch alle, die künftig nach uns kommen werden [...].
Einer der letzten Päpste [...] hat kraft seiner Herrschaft über die Welt diese Inseln und dieses ozeanische Festland den katholischen Königen von Spanien [...] zum Geschenk gegeben [...].
Deswegen bitten und suchen wir euch nach bestem Vermögen, dass ihr auf unsere Rede hört und eine angemessene Weile darüber beratet, dass ihr die Kirche als Oberherren der ganzen Welt [...] anerkennt und euch einverstanden erklärt, dass die hier anwesenden Ordensbrüder euch das Gesagte erklären und verkünden. Handelt ihr danach, dann tut ihr recht und erfüllt eure Pflicht [...].
Wenn ihr dies aber nicht tut und böswillig zögert, dann werde ich, das versichern wir euch, mit Gottes Hilfe gewaltsam gegen euch vorgehen, euch überall und auf alle nur mögliche Art mit Krieg überziehen, euch unter das Joch und unter den Gehorsam der Kirche und seiner Majestät beugen, eure Frauen und Kinder zu Sklaven machen, sie verkaufen und über sie nach dem Befehl Seiner Majestät verfügen. Wir werden euch euer Eigentum nehmen, euch schädigen und euch Übles antun, soviel wir nur können [...]

Entwicklungspolitik, 19/29, 1988

M 4 Wie Affen ...

Auf Veranlassung von Bernardino de Sahagún (ca. 1500–1590), einem Mönch aus dem Orden der Franziskaner, haben dessen indianische Schüler in der ersten Hälfte des 16. Jhs. aztekische Berichte über die Eroberung Mexikos in ihrer eigenen Sprache, dem Náhuatl, niedergeschrieben:

Sie [die Azteken] schenkten den Göttern [den Spaniern] goldene Banner und Fahnen aus Quetzalfedern und goldene Halsketten. Als sie das Gold in ihren Händen hatten, brach Lachen aus den Gesichtern der Spanier hervor, ihre Augen funkelten vor Vergnügen, sie waren entzückt. Wie Affen griffen sie nach dem Gold und befingerten es, sie waren hingerissen vor Freude, auch ihre Herzen waren angesteckt von den Strahlen des Goldes. Nur nach Gold hungerten und dürsteten sie, es ist wahr! Sie schwollen an vor Gier und Verlangen nach Gold. Gefräßig wurden sie in ihrem Hunger nach Gold, sie wühlten wie hungrige Schweine nach Gold [...].
Als sie am Teucalco, dem großen Schatzhaus, waren, wurden die Reichtümer ihnen gezeigt: [...]. Vor Vergnügen fletschten die Spanier die Zähne wie Tiere und beklopften einander vor Freude.

Portilla, L.; u. a. (Hg.): Rückkehr der Götter. S. 43, 55 f.

M 5 Das Silberbergwerk von Potosi

M 6 Die Spanier auf Kuba

Bartolomé de Las Casas, ein Dominikanermönch, wandte sich schon bald gegen die Ausbeutung der Indios. Er berichtet:

Ein königlicher Beamter, der mir durch die Überlassung von Indios als Arbeitskräfte dreihundert Indios zugeteilt bekam, hatte nach drei Monaten durch die Arbeiten in den Gruben zweihundertsiebzig davon zu Tode gebracht, sodass ihm nur noch dreißig blieben [...]. Danach gab man ihm wiederum dieselbe Zahl und noch mehr; doch er brachte sie wiederum um, und je mehr man ihm gab, desto mehr mordete er, bis er selbst starb und der Teufel seine Seele nahm.
In drei oder vier Monaten starben in meinem Beisein mehr als siebentausend Kinder, weil ihre Väter und Mütter sie in die Gruben schickten. Und ich sah noch weitere greuliche Dinge.

Strosetzki, Ch.: Griff nach der Neuen Welt. S. 274

M 7 **Die Landung der Spanier, 1519,** Gemälde von Rivera 1951

Aufgaben

1. Analysiere die Karte M2 und notiere in einer Tabelle die typischen Kolonialwaren und deren Herkunftsländer.
2. a) Gib in eigenen Worten wieder, wie die Autoren ihr Vorgehen gegen die Indios rechtfertigen. → M3
   b) Liste in Stichworten auf, mit welchen Konsequenzen die Indios zu rechnen haben, wenn sie sich der Missionierung widersetzen. → M3
3. a) Erkläre, warum die Eingeborenen das Verhalten der Spanier so seltsam fanden. → M4
   b) Bewerte das Verhalten der Spanier. → M4
4. Fasse kurz zusammen, wovon Bartolomé de Las Casas berichtet. → M6
5. Suche aus dem Bild Motive heraus, die das, was du in diesem Kapitel gelernt hast, beschreiben. Erkläre diese Motive. → M7
6. Schreibe einen kurzen Artikel für die Schülerzeitung über das Schicksal der Indios nach der Eroberung durch die Spanier. Finde dafür heraus, ob es heute noch Indios in Süd- und Mittelamerika gibt und wie sie leben. Orientiere dich an der Methode „In Nachschlagewerken und im Internet recherchieren". → S. 134

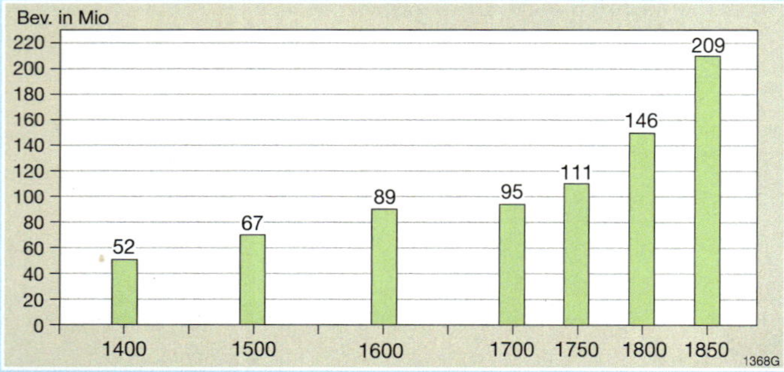

M 1 **Säulendiagramm zur Bevölkerungsentwicklung in Europa**

Jahr	Indios
1492	75 000 000
1570	10 000 000
1650	9 000 000
1825	800 000

M 2 **Statistik zu den Bevölkerungszahlen in Mittel- und Südamerika**

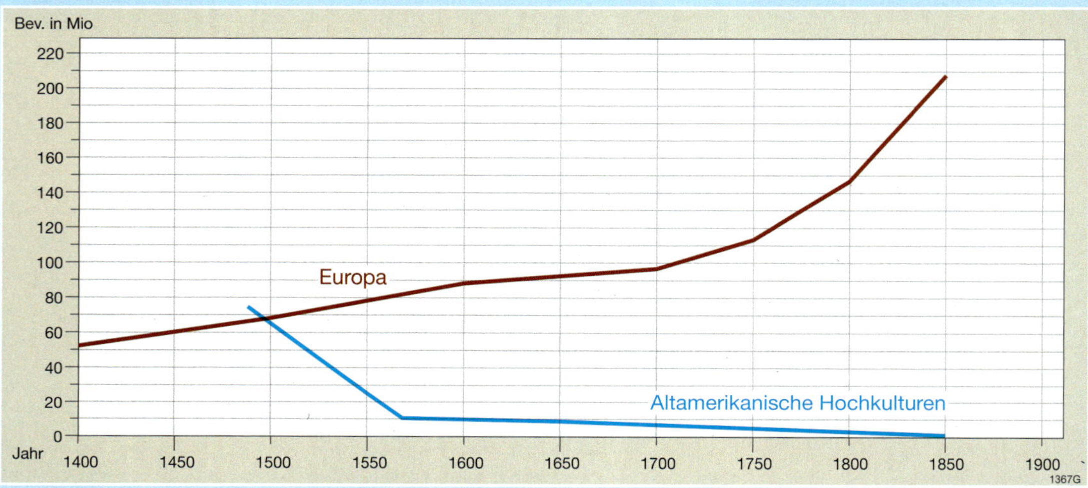

M 3 **Liniendiagramm zur Bevölkerungsentwicklung**

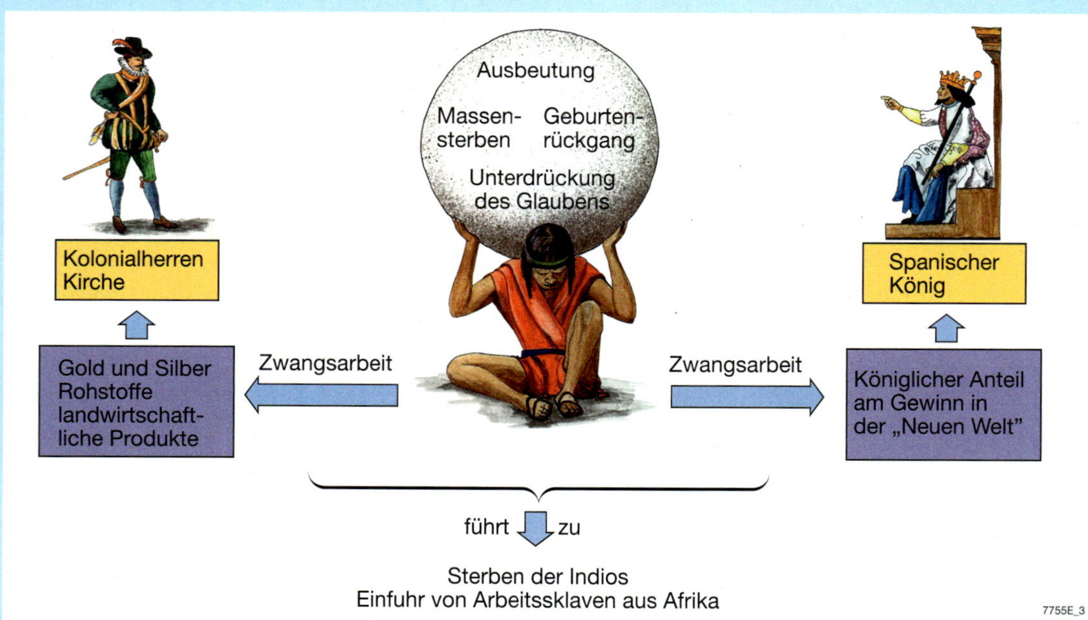

M 4 **Schaubild zu den Folgen der spanischen und portugiesischen Eroberung Mittel- und Südamerikas**

Statistiken, Diagramme und Schaubilder

Informationen über vergangene Epochen beziehen Historiker aus verschiedenen Quellen. Um sich Klarheit über geschichtliche Ereignisse und Entwicklungen zu verschaffen, hilft es auch, Zahlen auszuwerten. Statistiken versuchen durch Zahlen Zusammenhänge oder Sachverhalte abzubilden. Zur zeichnerischen Veranschaulichung solcher Zahlen benutzt man Diagramme.

Ein aussagekräftiges Beispiel bietet die Bevölkerungsentwicklung in Mittel- und Südamerika nach der Entdeckung Amerikas durch Christoph Columbus. Da man damals aber noch keine genauen Daten gesammelt hat, handelt es sich bei diesen Zahlen um Schätzungen. Hinweise in den schriftlichen Quellen und der beginnende Sklavenhandel mit Afrika seit dem 16. Jahrhundert bestätigen die Schätzungen jedoch.

Um schwierige Zusammenhänge durchschaubar zu machen, benutzt man Schaubilder. Diese Bilder enthalten Zeichnungen, Symbole sowie Beschriftungen und sind meist in verschiedenen Farben gestaltet. Dabei ist zu beachten, dass Schaubilder die oft recht komplizierte Wirklichkeit vereinfachen. Sie sind keine historischen Quellen, sondern ein Erklärungs- und Deutungsversuch von geschichtlichen Zusammenhängen, wie hier zum Thema der Auswirkungen der spanischen und portugiesischen Eroberung Mittel- und Südamerikas.

Fragen an alle Statistiken und Schaubilder

1. Themen der Statistik/ des Schaubildes
- Welcher Sachverhalt wird dargestellt?
- Was zeigen die Koordinaten im Diagramm?
- Welche Symbole und Zeichnungen enthält das Schaubild?

2. Darstellungen der Statistik/ des Schaubildes
- Mit und in welchen Formen könnte man die Angaben, wie sie in einem Liniendiagramm gestaltet sind, noch darstellen?
- Wird im Schaubild ein Zustand oder eine Entwicklung zum Ausdruck gebracht?
- Welche anderen Gestaltungsmittel findest du für das Schaubild?

3. Informationsgehalt von Statistiken und Schaubildern
- Welche Informationen fehlen? Suche nach Gründen dafür.
- Welche Angaben sind für dich am informativsten? Begründe deine Meinung.
- Inwiefern spiegelt auch ein Schaubild eine bestimmte Sichtweise wider? Nenne Anhaltspunkte dafür.

Fragen an diese Statistiken und dieses Schaubild

1. In welchem Zeitraum ist die Bevölkerung in Europa am stärksten gewachsen? Nenne die entsprechenden Zahlen und suche nach Gründen. → M1
2. In welchen Begriffen und Formulierungen werden die Aussagen von M3 im Schaubild M4 zum Ausdruck gebracht?
3. Wie ist der Bevölkerungsrückgang bei den Indios zu erklären? → M2, M3, M4

Buchdruck

Inkas erbauen Machu Picchu

Leonardo malt den Vitruvmann

Columbus entdeckt Amerika

1440 | 1455 | 1470 | 1485 | 1500

Landwirtschaft in der Inka-Zeit vor der Ankunft der Spanier

Hier siehst du die Bilder einer kleinen Ausstellung zu der Landwirtschaft in der Inka-Zeit. Leider sind die einzelnen Stücke bei der Anlieferung durcheinandergeraten. Hilf den Angestellten, indem du die Bilder in die richtige Reihenfolge bringst und die richtige Beschreibung zuordnest. Schreibe die zusammengehörigen Buchstaben und Zahlen mit der Beschreibung in dein Heft.

A

B

C

D

E

F

G

1 Ein Junge vertreibt die Tiere, die die Ernte wegfressen, mit einer Steinschleuder.

2 Die Männer pflügen und die Frauen bringen die Saat aus.

3 Ein Bewässerungssystem sorgt für ausreichend Wasser.

4 Der Quipuleser berichtet dem Inka genau über den Umfang der Ernte.

5 Erntezeit

6 Die Ernte wird in große Lagerhäuser gebracht.

7 Die Menschen bitten um Regen und eine gute Ernte.

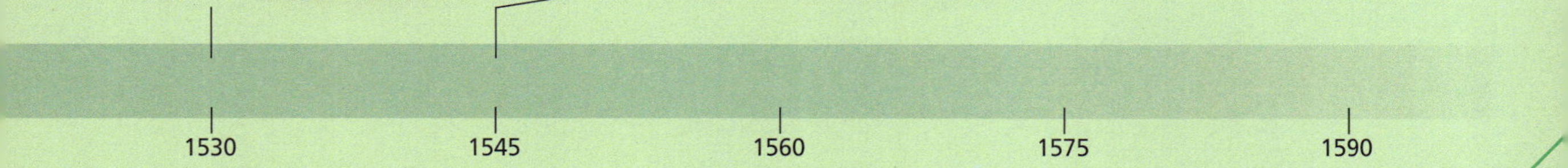

Lesetipp

Schröder, Rainer M.:
Das Geheimnis des Kartenmachers.
Arena Verlag 2003

Museumstipp

Fuggerei und Fugger-Museum in Augsburg

Linktipp

www.fiks.de/columbus/index.html

Seite über Columbus und die Geschichte seiner Entdeckung bis heute. Inklusive Online-Bordbuch von Columbus zum Nachlesen.

Zusammenfassung

Im Zeitalter der **Renaissance** änderten sich das Denken und die Vorstellung der Menschen von der Welt grundlegend. Man spricht hier auch vom Beginn der **Neuzeit** (ca. ab 1450). Der Künstler, Wissenschaftler und Ingenieur **Leonardo da Vinci** gehörte zu ihren wichtigsten Vertretern.

Im **Humanismus,** der die Grundlage der Renaissance bildet, kam man zu der Überzeugung, dass der Mensch nicht einfach geboren wird, sondern erst durch Bildung wirklich Mensch wird. Vorbilder in der Kunst, der Architektur, der Wissenschaft und der Literatur fanden die Gelehrten in der griechischen und römischen Antike.

Nikolaus Kopernikus begründete schließlich ein neues Weltbild. Er stellte die Theorie auf, dass sich die Erde und die Planeten um die Sonne drehen – nicht, wie man bisher annahm, alle Planeten um die Erde. Dieses **heliozentrische Weltbild** veränderte das Denken auf Dauer.

Bei der Verbreitung von Wissen half die Weiterentwicklung des **Buchdrucks** durch **Johannes Gutenberg** um 1450.

Wie auch später in Deutschland erweiterten die Stadtherren nicht nur ihre Einkünfte durch Handel und neue Investitionen, sondern versuchten ebenso ihre Macht und ihren Einfluss zu vermehren. Die Fugger begründeten dabei ein Familienimperium. Ihnen gelang es sogar, Kaiser und Könige von sich abhängig zu machen, wie z. B. den **Habsburger Karl V.**

In Südosteuropa sah sich das Habsburgerreich und damit auch das Deutsche Reich bedroht durch das Osmanische Reich, das seinen Einfluss in Richtung Norden erweitern wollte. Erst nach zwei erfolglosen Belagerungen der Stadt Wien gaben sie diesen Plan auf.

Viele Neuentdeckungen und Erfindungen in der Seefahrt machten den Plan eines Westweges nach Indien für **Christoph Columbus** machbar. Auf der Suche nach einem Seeweg nach Indien entdeckte er – ohne es zu wissen – einen neuen Kontinent: Amerika. Nach ihm wurden weitere **Entdeckungsfahrten** durchgeführt: **Ferdinand Magellan** z.B. gelang es, die Welt zu umsegeln. Durch die spanischen Eroberer wurden aber schließlich auch ganze Völkergruppen in Amerika vernichtet. In der Folge der Eroberungen entwickelte sich der Sklavenhandel mit Menschen aus Afrika.

Die **Europäisierung der Welt** hatte viele Gesichter. Europa profitierte zunächst von der Neuen Welt, da der Dreieckshandel (über Afrika) neue Erwerbsquellen eröffnete. Mit diesem kamen auch viele neue Waren in die Alte Welt, die uns heutzutage selbstverständlich erscheinen.

Friedrich II., Buchmalerei 1232

Minarett

Jude mit Spitzhut vor städtischen Würdenträgern

Castel del Monte

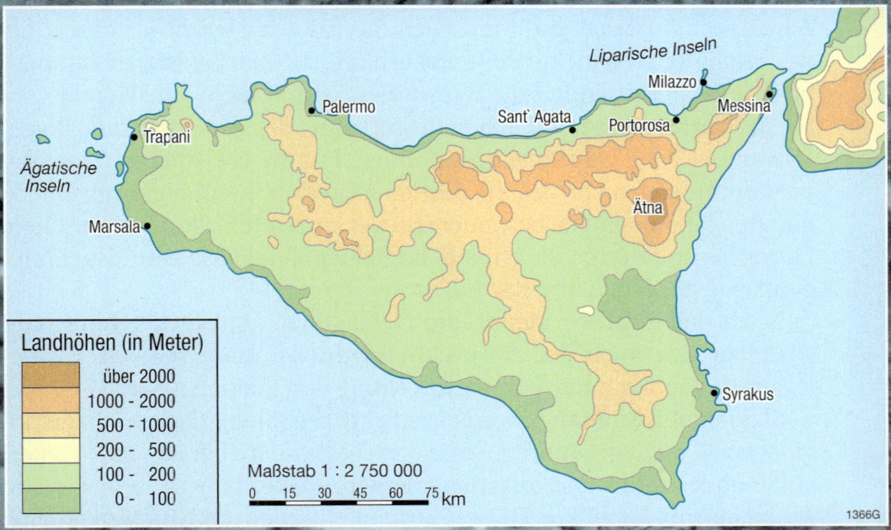

Sizilien

Ein ungewöhnlicher Herrscher: Friedrich II.

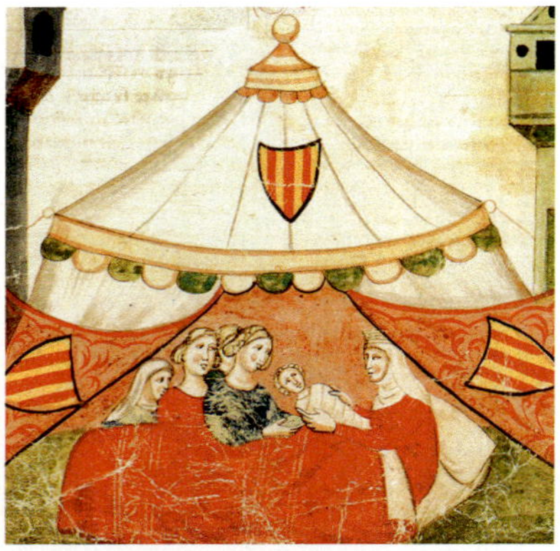

M 1 Konstanze bringt Friedrich zur Welt,
zeitgenössische Buchmalerei

Friedrich II. war ein König und Kaiser, der schon zu Lebzeiten sehr umstritten war. Seine Anhänger verehrten ihn als ein Genie. Seine Gegner, vor allem der Papst, verabscheuten ihn und sahen in ihm einen Abgesandten der Hölle. Besonders unterschiedlich wurde beurteilt, wie er mit andersgläubigen Minderheiten in seinem Reich umging. Für sein Verhalten waren sein Heranwachsen und die besondere Situation Siziliens bedeutsam.

Eine ungewöhnliche Kindheit

Friedrich wurde am 26. Dezember 1194 in Jesi, einer kleinen italienischen Bergstadt in der Nähe von Ancona geboren. Sein Vater war Kaiser Heinrich VI., seine Mutter eine normannische Prinzessin. Die Normannen hatten als bezahlte Soldaten gegen Araber in Süditalien gekämpft und sich dort niedergelassen.

Friedrich hatte aufgrund der politischen Umstände seine Eltern kaum gesehen. Und dann starben sein Vater und seine Mutter rasch hintereinander. Der minderjährige König von Sizilien, mittlerweile in Palermo, wurde dort als Siebenjähriger entführt und wuchs in einer Atmosphäre des Misstrauens und des Verrats auf. Jede der politisch bedeutenden Familien wollte ihn für ihre Zwecke einspannen und kontrollieren. Er wurde so zu einem Spielball der Mächtigen. Um seine Erziehung kümmerte man sich kaum, auch lebte er in einfachen Verhältnissen. Manche Quellen berichten sogar von Hunger und der Unterstützung mitleidiger Einwohner, die für ihn Essen besorgten. Wahrscheinlich war der spätere Kaiser wegen dieser Erlebnisse sehr argwöhnisch gegenüber anderen Menschen. Auch auf seine Politik könnte sich dies ausgewirkt haben. 1198 folgte Friedrich seinem Vater auf den sizilianischen Thron.

M 2 Konstanze und der Säugling Friedrich II.,
zeitgenössische Buchmalerei

Eine ungewöhnliche Insel: Sizilien

Sizilien und besonders Palermo stellten einen „Schmelztiegel" verschiedener Kulturen und Menschen dar. Dies lässt sich nur durch die wechselhafte Geschichte der Insel erklären. Zunächst herrschten hier im 5. und 6. Jahrhundert die Byzantiner. Dann rückten die Araber vor. Sie eroberten nach und nach die Insel, ohne die griechischsprachigen Byzantiner ganz verdrängen zu können. Für die christlichen Einwohner änderte sich nicht viel. Sie durften weiterhin ihre Religion ausüben, mussten allerdings eine besondere Steuer entrichten. Die muslimischen Herrscher tolerierten die christliche Religion, da diese eine „Buchreligion" wie der Islam und das Judentum ist.

Nach den Arabern kamen die Normannen. Auf diese Herrschaft gründete sich auch der Anspruch Friedrichs, denn sein Großvater Roger II. war auch normannischer König von Sizilien gewesen.

Sizilien und Süditalien waren also eine besondere Gegend, in der in einer sonst nicht gekannten Weise verschiedene Religionen und Völker aufeinandertrafen und zusammenlebten. Dabei gab es immer auch Probleme und Konflikte. Dieses Zusammentreffen der Kulturen erlebte Friedrich II. in seiner Kindheit und Jugend und es beeinflusste seine Einstellung zu Juden, Muslimen und anderen Minderheiten.

M 3 **Das Römisch-Deutsche Reich zur Zeit Friedrichs II.**

M 4 Brief Rainalds von Capua

Rainald, der Erzbischof von Capua, informiert den Papst im Jahr 1201 davon, wie der siebenjährige Friedrich in Palermo entführt wurde. Seine Schilderung beruht auf einem Augenzeugenbericht.

Als der Knabe durch die fluchwürdige Treulosigkeit seiner Wächter verraten und er, der sanfte junge König, von dem, der ihm nach dem Leben trachtete, in den innersten Gemächern des Palastes gestellt war und als er nun die Gefangenschaft unabwendbar vor Augen sah, weil die Schwäche seiner Jugend und der Abfall seiner Leibwächter jede Möglichkeit einer Verteidigung ausschlossen, als ihm klar wurde, dass er nun den Fesseln der Barbaren ausgeliefert sei, er, der eben noch mit Wiegenliedern hatte in den Schlaf gesungen werden sollen, da schützte er sich selbst statt durch Waffengewalt mit Tränen [...], so sprang er, da er ja doch erhascht [= gefangen] werden musste, dem Häscher entgegen und suchte, so gut er konnte, den Arm dessen, der den Gesalbten des Herrn antastete, zu lähmen. Darauf nestelte er seinen Königsmantel auf, zerriss voll Schmerz seine Kleider und zerkratzte mit der Schärfe der einschneidenden Nägel sein zartes Fleisch.

Eickels, Klaus van; Brüsch, Tania: Kaiser Friedrich II. S. 43 f.

M 5 „Brief Friedrichs II. an die Fürsten der Welt"

In einem Brief Friedrichs schildert der Verfasser, der nicht der König selbst sein dürfte, dessen Situation: Friedrich als Spielball verschiedener politischer Mächte. Bei aller Skepsis dürfte der Kern des Textes aus dem Jahre 1201 richtig sein.

Denn seither quält mich bald der Deutsche [...], bald verletzt mich der Toskaner [...], bald stört mich der Sizilier [...], bald beunruhigt mich der Gallier [...] und der Barbare oder irgendwer sonst. Das tägliche Brot wird mir nach Gewicht, der Trank becherweise, die Freiheit quäntchenweise zugemessen. Unter dauerndem Missbrauch des königlichen Namens werde ich mehr regiert, als dass ich regiere, mehr geheißen, als das ich heiße, muss ich mehr erbitten, als ich bekomme.

Eickels, Klaus van; Brüsch, Tania: Kaiser Friedrich II. S. 46

Aufgaben

1. Beschreibe die Kindheit Friedrichs und erkläre damit sein späteres Misstrauen.
   → M1, M2, M4, M5
2. Erkläre, warum sich in Sizilien so viele verschiedene Kulturen ansiedelten. → M3
3. Schildere Friedrichs Entführung und sein Verhalten. → M4

M 1 **Juden mit Spitzhüten**
Seit 1215 schrieb die Kirche eine eigene Kleidung für Juden vor. Zeitgenössisches Bild

Friedrich und die Juden

Die Juden: eine im Reich oft verfolgte Minderheit

Durch seinen Aufstieg zum König und Kaiser wurde Friedrich zu einem Herrscher über große Teile Europas. In vielen dieser Gebiete lebten Juden. Immer wieder gab es in der Geschichte **Pogrome,** wurden Juden unter religiösem Vorwand von Christen getötet. Als Friedrich II. herrschte, kam es allerdings seltener zu Ausschreitungen.

Die Juden auf Sizilien

Bereits in seiner Jugend auf Sizilien begegnete Friedrich Juden, die dort lebten. Sie waren auch während der arabischen Herrschaft in die dortige Gesellschaft integriert, übten Berufe in allen wirtschaftlichen Bereichen aus und konnten, so wie die Christen, ihre Religion leben. Es gab keine Gettos und keine Ausschreitungen. Auch als die Normannen die Insel eroberten, änderte sich daran nichts. Auf Sizilien lebten die Juden unbehelligt in Sicherheit. Die jüdischen Gemeinden konnten also aufblühen und wachsen. Friedrich führte diese vorurteilsfreie Haltung und Einstellung in seiner Zeit auch im Reich fort.

Verleumdung in Fulda

An einem Beispiel wird dies deutlich. An Weihnachten 1235 starben bei einem Brand bei Fulda fünf Kinder. Die dortige Bevölkerung sah in den Juden die Schuldigen. Dabei bediente man sich eines schrecklichen und absurden Vorwurfes: Die Juden hätten die Kinder umgebracht, um an das Blut der Christen zu kommen und es für Zeremonien verwenden zu können. Damit die Spuren dieser Tat verwischt werden, hätten sie dann den Brand gelegt. Die Bevölkerung hatte dies aufgenommen, von zwei Juden ein Geständnis erpresst und daraufhin mehr als 30 Juden zur Vergeltung umgebracht. Jetzt wollte man vom Kaiser eine öffentliche Verurteilung und Bestrafung aller Juden. Friedrich aber kannte von seiner Jugend her die jüdische Religion und wusste, dass die Vorwürfe falsch waren. Um dies aber auch den Anklägern und der Öffentlichkeit demonstrieren zu können, ließ er den Fall sachlich untersuchen. So zog er getaufte Juden als Experten heran, die darlegen konnten, dass Juden kein Blut zu sich nehmen dürfen. Dies untersagten ihnen ausdrücklich die Speisevorschriften im dritten Buch Mose. Friedrich sprach die Juden frei und verbot ähnliche Vorwürfe.

Schutz der Juden

Aufgrund dieses Vorfalls betonte und dehnte der Herrscher seinen Schutz über sämtliche Juden im Reich aus, er bezeichnete sie als „kaiserliche Kammerknechte“. Einerseits bedeutete dies, dass die Juden abhängig und ihm steuerpflichtig waren, andererseits bot ihnen der Kaiser damit auch Schutz vor Verfolgung. Jede Anschuldigung musste direkt beim Kaiser verhandelt werden. Spätere Könige benutzten dieses Gesetz, um Juden auszugrenzen.

Mit seiner Politik verhinderte Friedrich II. aber in seiner Herrschaftszeit weitere Ausschreitungen gegen Juden. Auch war es ihnen möglich hohe Ämter zu erreichen. Damit unterschied sich Friedrich II. von der allgemeinen Stimmung deutlich.

M 2 Das Privileg Friedrichs II. für die Juden in Deutschland

Friedrich geht hier auf den Fall in Fulda ein und stellt vorher fest, dass alle Juden in Deutschland dem Kaiser und seinem Schutz unterstehen. Damit weitet er 1235 den Schutz, den schon Friedrich I. den Juden in Worms zugesagt hatte, aus.

Daher soll durch das gegenwärtige Schriftstück die gegenwärtige Generation und ihre Nachkommenschaft wissen, dass alle Knechte unserer Kammer in Deutschland unsere Erhabenheit gebeten haben, [...] das den Juden von Worms und ihren Genossen gewährte Privileg aus unserer Gnade allen Juden Deutschlands zu bestätigen [...].
Um nun aber die Wahrheit über das vorgenannte Verbrechen aufzuklären, haben wir dafür gesorgt, dass die Fürsten, Großen und etliche Adlige des Reiches, Äbte und fromme Männer von überall her in unsere Gegenwart gerufen wurden, um sie um Rat zu fragen [...]. Diese sandten uns aus ihren Reichen etliche im jüdischen Gesetz bewanderte Neubekehrte, denen wir während ihres nicht zu kurzen Aufenthaltes an unserem Hof zur Untersuchung der Wahrheit dieser Sache befahlen [...]. [Deshalb] haben wir die Juden des genannten Ortes von dem ihnen vorgeworfenen Verbrechen und die übrigen Juden Deutschlands von einer so schweren Verleumdung gemäß dem Urteil der Fürsten ganz und gar freigesprochen. Daher bestimmen wir kraft gegenwärtigen Privilegs durch allgemeines Verbot, dass keine geistliche oder weltliche Person hohen oder niedrigen Standes, unter dem [Vorwand] der Predigt oder durch eine anderen Gelegenheit, [...] die genannten Juden im Einzelfall oder allgemein aufgrund des vorgenannten üblen Gerüchtes angreifen oder irgendetwas Schimpfliches oder Lästiges ihnen darüber vorwerfen [...], wohingegen die anderen, die gegen die gegenwärtige Urkunde unserer Bestätigung und unseres Freispruchs zu verstoßen wagen, die Ungnade unserer Erhabenheit auf sich ziehen werden.

Eickels, Klaus van; Brüsch, Tania: Kaiser Friedrich II. S. 319 f.

M 3 Ältester Judenfriedhof Deutschlands in Worms

M 4 Erfurter Annalen

In dieser von Dominikanern verfassten Geschichte Erfurts, die bis ins Jahr 1253 reicht, wird der Freispruch Friedrichs nicht erwähnt. Im Gegenteil: Die Juden werden weiterhin als Verbrecher bezeichnet.

[...] zwei [Juden haben] [...] am Weihnachtstag die fünf Knaben eines außerhalb der Mauern wohnenden [...] Müllers auf elende Weise umgebracht und ihr Blut in mit Wachs bestrichenen Säcken aufgefangen [...]. Nachdem die Wahrheit dieser Sache ermittelt und von den angeklagten Juden selbst gestanden worden war, wurden sie [...] bestraft.

Eickels, Klaus van; Brüsch, Tania: Kaiser Friedrich II. S. 322

Aufgaben

1. a) Erkläre, wie Friedrich II. zu einem Freispruch kommt. → M2
   b) Warum stellt er alle Juden unter seinen Schutz? → M2
2. Diskutiert darüber, wie Vorurteile entstehen.
3. In den „Erfurter Annalen" zeigt sich, dass sich Vorurteile lange halten, obwohl sie völlig falsch sind. Nenne mögliche Gründe dafür. → M1, M2, M4

M 1 Kaiser Friedrich II., Münze um 1240

Friedrich und die Muslime

Der Islam: Berührungspunkte

Friedrich interessierte sich sehr für die arabischen Wissenschaften und die Kultur des Islam. Es gab viele Berührungspunkte:

- Sein Hof war ein Zentrum mit jüdischen und arabischen Wissenschaftlern, wo er Mathematiker und Philosophen befragte.
- Er beschäftigte sich intensiv mit arabischer Technik.
- Seine Übersetzer machten arabische Schriften zugänglich.
- Er schrieb ein Buch über die Falkenjagd, die er von Arabern kannte.
- Arabische Handwerker stellten für Friedrich Waffen, Teppiche usw. her.
- Er ließ arabische Krieger gegen Bezahlung für sich kämpfen.

Dies alles war für ihn selbstverständlich, da er es so aus Sizilien kannte. Für die Zeitgenossen war es indes seltsam, dass ein christlicher Herrscher muslimische Krieger unter sich hatte, und für die Gegner Friedrichs war dies ein Grund mehr, ihn zu verteufeln.

„Friedlicher Kreuzzug“

Ungewöhnlich war auch seine friedliche Übereinkunft mit dem ägyptischen Sultan al-Kâmil. Friedrich musste sein Kreuzzugsversprechen erfüllen, wollte aber ebenso wie der Sultan, dessen Position durch Konkurrenten gefährdet war, keinen Kampf. So konnten beide mit einer friedlichen Einigung gut leben. Nach monatelangen Verhandlungen, bei denen man Geschenke austauschte und auch über wissenschaftliche Probleme diskutierte, erreichte Friedrich kampflos, was zuvor nur mit vielen Toten im Krieg möglich gewesen war: Jerusalem und andere Städte Palästinas, wie zum Beispiel Bethlehem, wurden 1229 christlich. Am 17. März 1229 zog der Kaiser mit Krone und Kaisermantel triumphal in die Grabeskirche ein. Viele jubelten darüber, andere übernahmen die Meinung des Papstes und verurteilten Friedrichs Vorgehen.

Der andere Kaiser

Allerdings gab es auch den Herrscher, der unnachgiebig gegen Muslime in seinem Herrschaftsbereich vorging. Als die wenigen Araber gegen ihre Benachteiligung aufbegehrten und Häuser des Bischofs besetzten, bekämpfte Friedrich diesen Aufstand auf Sizilien mit aller Macht. Nach immer wieder aufflackernden Kämpfen wurden 1246 schließlich die Überlebenden nach Lucera in Süditalien umgesiedelt. Damit endete die Geschichte der Araber auf Sizilien.

Friedrichs Umgang mit Muslimen

Für seine Zeit behandelte Friedrich II. Muslime ungewöhnlich. Er sah in ihnen keine Ungläubigen, die bekehrt werden müssten, wie dies der Papst immer wieder forderte und auch immer wieder zum Anlass nahm, den Kaiser dafür zu tadeln. Das von ihm verfasste Falkenbuch zeigt ebenfalls, dass sich Friedrich sehr für arabische Wissenschaften interessierte. Dies lag an den Prägungen in seiner Kindheit und Jugend in Sizilien und den dadurch gewonnenen Kenntnissen der arabischen Sprache, Religion und Kultur.

M 2 Die Grabeskirche in Jerusalem, heutiges Foto

M 3 Burchard von Ursberg

Nachdem er wohl im Frühjahr 1230 aus dem Heiligen Land zurückgekehrt war, verfasste der Probst Burchard eine Chronik. In ihr schildert er den Kreuzzug aus seiner, dem Kaiser wohl gesonnenen Sicht.

In diesem Jahre und im folgenden wurde der Friedensvertrag zwischen dem Kaiser und dem Sultan (al-Kâmil) und ihren Völkern geschlossen. Der Papst aber ergriff die Gelegenheit der Abwesenheit des Kaisers und schickte ein zahlreiches Heer nach Apulien und nahm die Länder des Kaisers, der im Dienste Christi stand [...] in Besitz [...]. In der Fastenzeit erfolgte die Vereinbarung zwischen dem Kaiser und dem Sultan. Jerusalem, Nazareth und Joppe wurden mit den umliegenden Gebieten und einigen anderen Ortschaften dem Kaiser zurückgegeben, und ein zehnjähriger Waffenstillstand zwischen Christen und Sarazenen wurde festgesetzt. Als der Kaiser diese ruhmvolle und löbliche Tatsache dem Papst berichtete und der Christenheit diese Freude verkündigte, warf der Papst den Brief auf den Boden und bespie ihn.

Eickels, Klaus van; Brüsch, Tania: Kaiser Friedrich II. S. 180

M 4 Ibn Wasil über die Verhandlungen

Der arabische Geschichtsschreiber Ibn Wasil (1207–1298) berichtet in seinem 1272 bis 1285 verfassten Buch aus eigener Erfahrung von den Verhandlungen und dem Abschluss des Vertrages zwischen dem Sultan al-Kâmil und Friedrich II. Darin wird unter anderem die Übergabe der heiligen christlichen Stätten geregelt und ein Waffenstillstand vereinbart.

Sultan al-Kâmil nahm an, wenn er den Kaiser nicht ganz voll zufriedenstelle und es zum Bruch komme, könne sich daraus Krieg mit den Franken und nicht wiedergutzumachender Schaden ergeben, sodass ihm alle Vorhaben entglitten, für die er gearbeitet hatte. Daher wollte er die Franken zufriedenstellen, ihnen das entfestigte Jerusalem überlassen und sich mit ihnen auf einen zeitlich begrenzten Waffenstillstand einigen. Danach könne er ihnen, wann immer er wolle, diese Zugeständnisse wieder entziehen. [...]. Dann beschworen al-Kamil und der Kaiser die Abmachungen des Vertrages und schlossen einen Waffenstillstand für eine bestimmte Zeit. Damit waren die Verhältnisse zwischen ihnen geregelt, und beide Seiten fühlten sich sicher voreinander.

Eickels, Klaus van; Brüsch, Tania: Kaiser Friedrich II. S. 182 f.

M 5 Friedrich II. und der Sultan al-Kâmil

Aufgaben

1. Erläutere die Einstellung des Papstes gegenüber den Muslimen am Ende des Briefes. → M3
2. Beschreibe die Vorteile, die jede Seite (Friedrich, Sultan) von diesem Friedensvertrag hat. → M4, M5
3. Beschreibe das Verhältnis der beiden Herrscher zueinander. Achte auf Details bei der Kleidung und Haltung. → M5

Martin Luther

Augsburger Bekenntnis

Seelenfischer

estfälischer Frieden

Das Reich im Jahr 1648

Kirche und Reich in der Krise

Konfession

Bezeichnung für die verschiedenen Glaubensgemeinschaften und -richtungen innerhalb des christlichen Glaubens

Noch im Mittelalter gab es für die Christenheit nur eine Kirche. Dieses änderte sich aber im 16. Jahrhundert, da sich im Deutschen Reich weitere *Konfessionen* innerhalb des christlichen Glaubens herausbildeten, was man als **Reformation** bezeichnet. Für viele Menschen war die Frage nach dem richtigen Glauben so bedeutsam, dass sogar erbittert darum gekämpft wurde. Dass die Christen heutzutage in Deutschland getrennten Religionsunterricht oder auch verschiedene Formen des Gottesdienstes erfahren, hat seinen Ursprung in der Frühen Neuzeit. Doch was waren die Rahmenbedingungen für diesen historischen Prozess?

M 1 Getrennte Wege?

Die gesellschaftliche Situation

Die mittelalterliche Ständeordnung stellte noch immer die Basis dar, wobei sich aber die Bedeutungen einzelner Gruppen stark verändert hatten.

- Viele Adlige mussten mit der Situation zurechtkommen, dass sie nicht mehr in dem Maße gebraucht wurden. Da die neu erfundenen Feuerwaffen die bisherigen Waffen ablösten, wurden Ritterheere überflüssig.
- Andere Gruppen, z. B. die Bürger, forderten vor allem in den Städten mehr Mitspracherecht.

Die politische Situation

Das Reich war um 1500 – im Vergleich zu anderen europäischen Mächten – ein äußerst uneinheitliches Gebilde. Eine Vielzahl an unterschiedlichen Herrschaftsgebieten zeichnete das Reich zu Beginn des 16. Jhs. aus, in dem die Städte eine immer größer werdende Bedeutung erlangten und vielfach zu geistig-kulturellen und auch politischen Zentren wurden.

M 2 Die Kommunion

M 3 Die Konfirmation

Die Verhältnisse in der Kirche

Seit dem 14. Jahrhundert häufte sich die Kritik an der Kirche, was sich aus schriftlichen und bildlichen Quellen erschließen lässt.

- Man klagte über mangelhafte Ausbildung der Pfarrer. Nur wenige hatten ein Theologiestudium absolviert und viele vernachlässigten ihre geistlichen Aufgaben.
- Auch die Lebensführung der Geistlichen bot Anlass zur Kritik. Manche Priester führten ein ausschweifendes Leben, in vielen Klöstern hielt sich kaum jemand an die Ordensregeln; Päpste, Bischöfe und Äbte pflegten oft einen luxuriösen Lebensstil.
- Ärger erregte der hohe Geldbedarf der Kirche. Besonders für den Neubau der Peterskirche in Rom benötigte Papst Leo X. sehr viel Geld. Im Jahr 1515 erlaubte er die Ausgabe eines Ablasses. Solche Ablassbriefe konnten Gläubige kaufen. Nach der Lehre der Kirche erlangten sie dadurch den Erlass von Sündenstrafen, die im Diesseits oder Jenseits abzubüßen waren. Der Ablasshandel bildete daher eine sprudelnde Einnahmequelle für die Kirche.

M 4 **Ablasshandel**

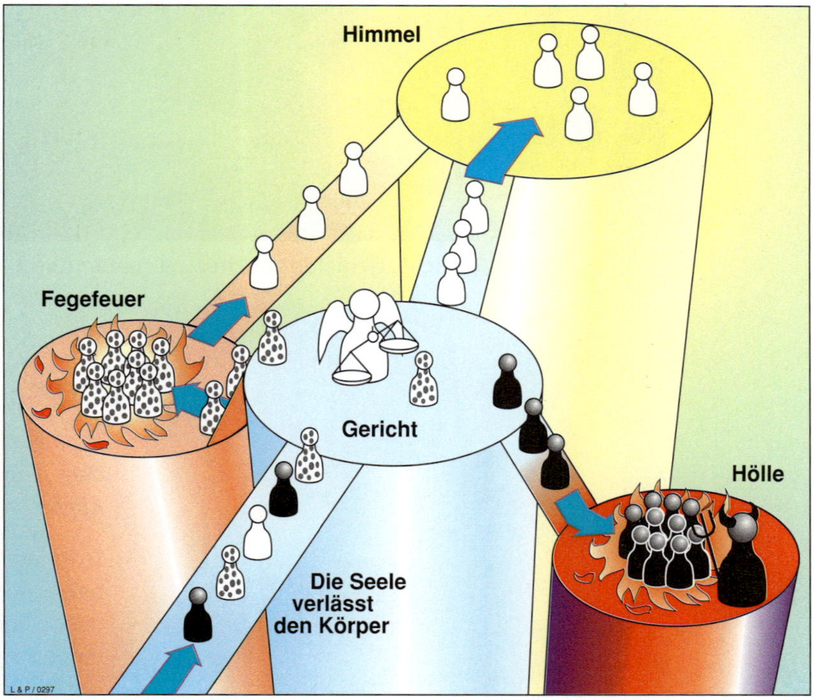

M 5 **Vorstellung der Gläubigen vom Leben nach dem Tod**

Da die Kirche den von Sündenangst geplagten Menschen wenig half, versuchten diese, von sich aus die Vergebung ihrer Sünden zu erwirken. Viele unternahmen Wallfahrten, andere stifteten kostbare Altäre oder unterstützten Arme und Alte. Volksprediger zogen durch das Land und hatten großen Zulauf. Doch hatte die Volksfrömmigkeit auch ihre bedenklichen Seiten, denn der Glaube an Hexen, Dämonen und Geister war weit verbreitet.

Enttäuscht von der Kirche wandten sich viele Leute dem Reformator **Martin Luther** zu, als dieser Kirche und Papst kritisierte.

M 6 **Jüngstes Gericht,** Gemälde von Stefan Lochner (um 1400–1451)

M 7 **Wallfahrt zur Schönen Maria**
Ausschnitt aus einem Holzschnitt von Michael Ostendorfer, ca. 1519

M 8 Kritik an den Priestern

In einem Schreiben des Bischofs von Konstanz aus dem Jahr 1495 heißt es zu den Missständen in der Kirche:

Trotzdem achten, was wir schweren Herzens beklagen, ziemlich viele auch unter euch Priestern die heiligen Satzungen und die in ihnen enthaltenen Strafen gering. Bar [Ohne] jeder Scham und Gottesfurcht verzehren sie sich in beständiger Begehrlichkeit um verdächtige Frauenspersonen in ihren Wohnungen oder anderswo öffentlich zu unterhalten; […]. Andere wieder achten die genannten heiligen Bestimmungen der Kirche gering, lassen den Zügeln der Ausgelassenheit freien Lauf, ergeben sich in Würfelspiel, […]. Sie tragen herausfordernde Waffen, legen die ihrem Stand entsprechenden Kleider ab und ziehen andere an nach Art der Laien. […]

Bucher; Schmid (Hg.): Reformation und katholische Reform 1500–1712. S. 3

M 9 **Der Ablasshändler Johann Tetzel,** anonymes Flugblatt, um 1550

M 10 Ablasspredigt

Die Predigt des Johann Tetzel:

Du Priester, du Edler, du Kaufmann, du Weib, Jungfrau, du Verheiratete, du Jüngling, du Greis, gehe doch hinein in deine Kirche, […] besuche das allerheiligste Kreuz, das für dich aufgerichtet ist, das immer schreiet und dich ruft. […]

Bedenke, dass du auf dem tobenden Meer dieser Welt, in so viel Sturm und Gefahr bist, und nicht weißt, ob du zum Hafen des Heils kommen könntest. […]

Du sollst wissen, dass wer beichtet und in Reue Almosen in den Kasten legt, wie ihm der Beichtvater räth, vollkommene Vergebung aller seiner Sünden habe, und wenn er sowohl nach der Beichte als dem gehaltenen Jubeljahr täglich das Kreuz und die Altäre besucht, den Ablass erlangen wird, […]. Was steht ihr also müßig? Laufet alle nach dem Heil eurer Seele. […]

Höret ihr nicht die Stimme eurer schreienden todten Eltern und anderer, die da sagen: Erbarmet, erbarmet euch doch meiner etc., weil die Hand Gottes uns berührt hat. Wir sind in schweren Strafen und Pein, davon ihr uns mit wenigen Almosen erretten könntet, und doch nicht wollt. Thut die Ohren auf, weil der Vater zu dem Sohn, und die Mutter zur Tochter etc. schreiet: […]

Köhler, Walter: Dokumente zum Ablassstreit von 1517

Aufgaben

1. In der Bildunterschrift von M1 wird von „getrennten Wegen" gesprochen. Erkundige dich über Gemeinsamkeiten und Unterschiede bei Kommunion und Konfirmation.
2. Erkläre anhand von M4 und M5 das Prinzip des Ablasshandels.
3. In welcher Absicht könnte der Maler das Bild M6 gezeichnet haben?
4. Womit hatte der Mensch nach dem Tod zu rechnen? → M6
5. Nenne die Vorwürfe, die an die Priesterschaft gerichtet wurden. → M8
6. Entziffere die Aufschrift auf dem Flugblatt. → M9
7. Beschreibe, wie Tetzel den Ablass anpreist. → M10

M 1 Lutherhaus in Wittenberg, ehemaliges Augustinereremitenkloster, von 1508–1546 Wohnhaus Martin Luthers

Martin Luther gegen Kirche und Reich

Martin Luthers Werdegang

1483 wurde er in Eisleben (Thüringen) geboren. Nachdem er bei einem schweren Gewitter gelobt hatte Mönch zu werden, trat er in das Augustinerkloster der Stadt Erfurt ein. Dort studierte er Theologie, wurde Priester und 1512 Professor für Bibelauslegung in Wittenberg. Luther hatte wie viele seiner Zeitgenossen große Angst um sein Seelenheil, d.h. darum, ob er nach seinem Tod in den Himmel gelangen würde.

Trotz der Einhaltung der Gebote, der Bibel und täglichen Gebets fühlte er sich als Sünder und fragte sich, wie er die Gnade Gottes erreichen könnte. Nach Auffassung der Kirche konnten sich die Menschen dieser Gnade vor allem durch „gute Werke“ wie die Gabe von Almosen oder Stiftungsgründungen versichern. Doch Luther konnte davon nichts in der Bibel finden. Er kam zu der Einsicht, dass der sündige Mensch nicht durch gute Werke, sondern nur durch den Glauben die Gnade Gottes erhalten könnte. Fortan bekämpfte er den Ablasshandel, da er kein Ersatz für den echten Glauben und die persönliche Buße sein könne. Auch vertrat er die Ansicht, die Kirche bedürfe keines irdischen Hauptes, da ihr Haupt Jesus Christus sei. Als Luther am 31. Oktober 1517 seine berühmten Thesen gegen den Ablasshandel in Wittenberg veröffentlichte, begann das folgenreiche Zerwürfnis zwischen ihm und der katholischen Kirche.

M 2 Martin Luther als Mönch, Geistlicher und Universitätslehrer, Altarbild von Lukas Cranach, 1572

M 3 Eingang zur Schlosskirche in Wittenberg
An diese Tür schlug Luther vermutlich ein Plakat mit seinen Thesen. Die ursprüngliche Holztür wurde im siebenjährigen Krieg zerstört. Dieses Bronzeportal stiftete der preußische König 1858.

Konzil
Versammlung von Bischöfen

Edikt
Beschluss, Gesetz

Luther wendet sich gegen die Kirche …

Nachdem Luther seine Meinung gegen den Ablasshandel veröffentlicht hatte, weitete sich die Auseinandersetzung schnell aus. Aus einer religiösen Streitfrage wurde ein politischer Streit. Luther wurde 1518 in Augsburg im Auftrag des Papstes von Kardinal Cajetan verhört, widerrief seine Auffassungen allerdings nicht. Nun wurde Luther in einer Bulle der **Bann** angedroht; die Bulle, die Urkunde, in der der Ausschluss aus der Kirchengemeinschaft niedergeschrieben war, warf er aber ins Feuer. Im gleichen Jahr verfasste Luther seine wichtigen reformatorischen Schriften:

- „An den christlichen Adel deutscher Nation“,
- „Von der Freiheit eines Christenmenschen“,
- „Von der babylonischen Gefangenschaft der Kirche“.

In diesen Büchern begründete und verschärfte er seine Kritik an der Kirche und am Papst.

Alte Lehre	Neue Lehre
• Auslegung der Hl. Schrift alleinige Aufgabe des Papstes	• Irrtumsmöglichkeit von Päpsten und *Konzilien*
• Betonung der Hl. Schrift und der Tradition (zusätzliche Glaubenssätze von Päpsten und Bischöfen) als Glaubensgrundlage	• Hl. Schrift in ihrem urspr. Wortlaut als alleinige Glaubensgrundlage; dort sind nur zwei Sakramente statt sieben: Taufe, Abendmahl
• Unterscheidung zw. Geistlichen und Laien	• keine Unterscheidung von Geistlichen und Laien, aufgrund der direkten Beziehung zu Gott
• Die Gnade Gottes wird durch die Kirche in Form der Spendung von Sakramenten und Gewährung von Ablass und durch „gute Werke“ vermittelt.	• Vermittlung von Gnade nicht durch „gute Werke“ oder Kirche, sondern durch den Glauben, besonders durch Reue

M 4 Alte und neue Lehre

M 5 Wartburg bei Eisenach, heute durch das Lutherzimmer ein beliebtes Ausflugsziel

… und auch gegen den Kaiser

Auf dem Reichstag in Worms 1521 verweigerte Luther vor Kaiser **Karl V.** und den Reichsfürsten den Widerruf. Er wurde daraufhin mit dem Wormser *Edikt* vom Kaiser geächtet, das heißt für rechtlos erklärt. Der Landesherr des Reformators, Kurfürst Friedrich der Weise von Sachsen, ließ ihn nach der Abreise von Worms zum Schein überfallen und auf die Wartburg bringen, um ihn zu schützen. Denn nach dem Reichstag in Worms war nicht klar, wie weit Luthers Gegner gehen würden. Dort übersetzte Luther – als Junker (junger Herr) Jörg verkleidet – das Neue Testament ins Deutsche. 1522 kehrte Luther schließlich nach Wittenberg zurück und arbeitete weiter als Professor für Theologie.

Aufgaben

1. Nenne mithilfe des Textes wesentliche Kritikpunkte Luthers an der katholischen Kirche.
2. Inwiefern gibt das mittlere Bild von M2 einen zentralen Aspekt der Lehre Luthers wieder?

M 6 **Luthers Rede in Worms**

Nach Zusicherung freien Geleites reiste Luther von Wittenberg nach Worms, wo er am 16. April 1521 eintraf. Am 17. April stand Luther erstmals vor Kaiser Karl V. und den Reichsständen. Der Leiter der bischöflichen Gerichtsbehörde, Johannes Eck, fragte ihn, ob er zum Widerruf des Inhalts seiner Schriften bereit sei. Nach einer Bedenkzeit trug Luther am 18. April seine Antwort vor, deren Überlieferung vermutlich auf seinen eigenen Bericht zurückgeht:

Darauf entgegnete ich: „Weil Eure geheiligte Majestät und Eure Herrlichkeiten es verlangen, so will ich eine schlichte Antwort geben, die weder Hörner noch Zähne hat: Es sei denn, dass ich durch das Zeugnis der Heiligen Schrift oder vernünftige Gründe überwunden werde – denn weder dem Papst, noch den Konzilien allein vermag ich zu glauben, da es feststeht, dass sie wiederholt geirrt und sich selbst widersprochen haben –, so halte ich mich überwunden durch die Schrift, auf die ich mich gestützt, so ist mein Gewissen im Gotteswort gefangen, und darum kann und will ich nichts widerrufen, weil gegen das Gewissen zu handeln gefährlich ist. Gott helf mir! Amen."

Köpf, Ulrich (Hg.): Deutsche Geschichte in Quellen und Darstellungen. S. 175

M 7 **Der Kaiser in Worms 1521**

Am folgenden Tag (19. April) ließ der Kaiser vor den Kurfürsten und vielen Fürsten eine feierliche Erklärung verlesen, in der er seine Haltung gegenüber Luther begründete – zuerst französisch, sodann in deutscher Übersetzung:

Wie Ihr wisst, stamme ich von den allerchristlichsten Kaisern der edeln deutschen Nation, den gläubigen Königen von Spanien, den Erzherzogen von Österreich und den Herzogen von Burgund. Sie alle waren bis in den Tod treue Söhne der römischen Kirche [...].
Denn es ist gewiss, dass ein einziger Bruder irrt, dessen Meinung gegen die der gesamten, über tausend Jahre alten Christenheit steht – eine Meinung, nach der die Christenheit sich zu jeder Zeit im Irrtum befunden hätte. [...]
Und nachdem ich die Antwort Luthers gehört habe, die er gestern in unser aller Gegenwart gab, erkläre ich Euch, dass ich bereue, so lange das Vorgehen gegen Luther und seine falsche Lehre aufgeschoben zu haben, und dass ich entschlossen bin, ihn nicht weiter anzuhören.

Köpf, Ulrich (Hg.): Deutsche Geschichte in Quellen und Darstellung. S. 176 f.

M 8 **Luthers Verhör auf dem Wormser Reichstag,** Buchtitel 1521

M 9 **„Luther auf dem Reichstag zu Worms 1521"**, Gemälde, 1557

M 10 **„Luther auf dem Reichstag zu Worms" (17./18. April 1521)**
Gemälde von Anton von Werner, 1900

Aufgaben

1. Erkläre, warum Luther in Worms nicht widerrufen hat. → M6
2. Warum verhängt Karl V. über Luther die Reichsacht? → M7
3. Vergleiche M9 und M10.

a) Woran kann man erkennen, dass Bilder meist nicht genau die Wirklichkeit wiedergeben?
b) Beschreibe die Fortschritte in der Maltechnik. Orientiere dich an der Methode „Umgang mit Bildquellen". → S. 162

M 1 **„Luther – des Teufels Dudelsack“** von Erhard Schoen (1521)
Luther wird als Dudelsack, den der Teufel spielt, dargestellt.

Flugblätter – mit Bildern kämpfen

Spottbilder – Kampfbilder

Viele Menschen konnten zur Zeit der Reformation weder lesen noch schreiben. Sie bekamen aber dennoch mit, was in dem Streit zwischen Luther und der katholischen Kirche vor sich ging. Dafür waren Flugblätter verantwortlich, die zum Teil in großer Anzahl in Druckereien hergestellt wurden. Denn erst die Erfindung des Buchdrucks erlaubte es, einseitige Flugblätter günstig zu vervielfältigen. Von einigen dieser Flugblätter wurden mehrere Tausend Exemplare gedruckt. Gerade in den Städten kauften Bürger gerne neu erschienene Flugblätter und gaben sie nach dem Lesen weiter. Durch Kaufleute wurden sie recht schnell im ganzen Reich verbreitet. Vielerorts hängte man die einseitig bedruckten Blätter an Türen von Kirchen, Wirtshäusern oder Rathäusern.

Dass viele Menschen neue Flugblätter geradezu herbeisehnten, liegt daran, wie Personen auf ihnen abgebildet sind. Auf vielen Flugblättern finden sich bekannte Persönlichkeiten, die entstellt oder übertrieben gezeichnet wurden. Diese Überzeichnung verspottet die so Dargestellten. Ziel des Flugblattes ist es, sich über die Person oder die Zustände, in denen sie lebt, lustig zu machen. Außerdem will der Autor des Flugblatts, dass seine Meinung – etwa bei politischen oder religiösen Fragen – deutlich wird.

Fragen an alle Bilder

1. Entstehung des Bildes
- Wann ist das Bild entstanden?
- Welche Informationen liegen über die Entstehung des Bildes vor?

2. Beschreibung des Bildes
- Was ist auf dem Bild dargestellt?
- Welche Farben oder künstlerische Technik wurde verwendet?
- Wie sind die einzelnen Teile des Bildes angeordnet?
- Welchen Eindruck vermittelt das Bild auf den Betrachter?

3. Deutung des Bildes
- Welche Bedeutung haben abgebildete Personen oder Gegenstände für die Menschen damals?
- Was sagt das Bild über das Denken der Menschen aus?
- Inwiefern spiegelt auch ein Bild eine bestimmte Sichtweise wider? Nenne Anhaltspunkte dafür.

Fragen an dieses Bild

1. Woran erkennt man den Teufel?
2. In welchem Verhältnis stehen Luther und der Teufel?
3. Wie steht der Autor Luther gegenüber?

M 1 **Burg Lisberg, Oberfranken**
1525 Vorburg beschädigt

M 2 **Kloster St. Walburg, Eichstätt, Oberbayern,** 1525 zerstört

Der Bauernkrieg

Die Ursachen

Eine Anhöhe über dem thüringischen Ort Frankenhausen heißt heute noch Schlachtberg, die dazugehörige Bergflanke „Blutrinne". Dies erinnert an die Schlacht von Frankenhausen. Sie war der Höhe- und Endpunkt des sogenannten Bauernkrieges. Von dem ungefähr 6000 Mann starken Bauernheer wurden am 15. Mai 1525 etwa 5000 getötet. Was waren die Gründe für den Aufruhr der Bauern?

Allmende

Ländereien, die von allen genutzt werden durften

Im 15. Jahrhundert verschärfte sich die Situation für die Bauern. Die Grundherren versuchten, ihre Herrschaft auszudehnen und die Selbstverwaltung der Bauern einzuschränken. Dazu gehörte:

- Die Nutzung der *Allmende* wurde stark eingeschränkt.
- Der Fischfang wurde verboten und die Nutzung des Waldes für die Eichelmast der Schweine untersagt.
- Zudem reservierten die Herren den Wald für die eigene Jagd und den ertragreichen Holzverkauf.
- Außerdem versuchten die Grundherren die Dorfgerichte zu beseitigen, in denen die Bauern ihre Streitigkeiten regelten.

Aus diesen Gründen kam es seit Anfang des 15. Jahrhunderts zu Aufständen – vor allem bei den Bauern, aber auch bei anderen benachteiligten Gruppen. Der Höhepunkt dieser Auseinandersetzungen wurde 1524/25 erreicht.

Der Verlauf

Die im Vergleich zu früheren Aufständen größere Ausdehnung hatte ihre Ursache auch in den Predigten von Luther und von anderen Reformatoren. So wie für die Reformatoren wurde auch für die Bauern das Neue Testament, durch das sie sich bestätigt glaubten, der Maßstab ihres Handelns. Sie beriefen sich seitdem auf das „Göttliche Recht". Der Aufstand gegen die Herren wurde damit auch zum Kampf für das Evangelium.

M 3 Ein Bauernhaufen, Zeichnung 19. Jh.

Söldner

Soldaten, die für einen Krieg angeworben und bezahlt wurden.

Die Bauern fassten ihre Forderungen in den sogenannten Zwölf Artikeln zusammen, in denen sie sich u. a. für weniger Abgaben aussprachen. Aber die Bauern dachten auch an politische Veränderungen, wenn sie eine ständelose Gesellschaft forderten. Nach erfolglosen Verhandlungen kam es zu gewalttätigen Auseinandersetzungen.

Die Rolle Luthers

Martin Luther unterstützte zunächst die Bauern und ihre Ideen und sprach sich gegen die Willkür der Adligen aus. Später kritisierte er die Aufständischen, da er es ablehnte, dass die Bauern die von Gott gewollte Ordnung beseitigen wollten. Anders hingegen Thomas Müntzer – ebenfalls Reformator, aber Gegner Luthers – der die Bauern Thüringens im Aufstand unterstützte, um die Feinde des Evangeliums zu vernichten und die Grundlage für das kommende Reich Gottes auf Erden zu schaffen. Nach der Schlacht von Frankenhausen wurde er hingerichtet.

M 4 Thomas Müntzer (1490–1525)

Der Ausgang

Die süddeutschen Adligen schlossen sich im Schwäbischen Bund zusammen und gingen auf die Forderungen der Aufständischen nicht ein. Bei den Bauern setzten sich die Radikalen durch, was zur Zerstörung zahlreicher Burgen, Schlösser und Klöster führte. Den *Söldnerheeren* der Adligen gelang es aufgrund ihrer militärischen Überlegenheit (Reiter, Artillerie) sich gegenüber den Bauernhaufen durchzusetzen. Obwohl die Bauernaufstände niedergeschlagen und die Anführer verfolgt und hingerichtet wurden, waren einzelne Herren jedoch aus Angst vor erneuten Aufständen zu Zugeständnissen bereit.

Aufgaben

1. Nenne anhand des Textes die Gründe für die Unzufriedenheit der Bauern.
2. Beschreibe M3 und besonders die Waffen der Bauern.

M 5 **Plünderung des Klosters Weißenau,** kolorierte Federzeichnung, um 1525

M 6 Die Zwölf Artikel (1525)

Der Handwerksgeselle Sebastian Lotzer und der Prediger Christoph Schappeler verfassten im Februar 1525 folgendes Dokument:

Der erste Artikel
Zum Ersten ist unser demütig Bitt und Begehr, auch unser aller Wille und Meinung, dass wir nun fürderhin Gewalt und Macht haben wollen, dass die ganze Gemeinde ihren Pfarrer selbst erwählen [...] soll; auch Gewalt haben, denselbigen wieder abzusetzen, wenn er sich ungebührlich verhalten sollte. [...]
Den kleinen [Fleisch] Zehnten wollen wir gar nicht geben. Denn Gott der Herr hat das Vieh dem Menschen abgabenfrei erschaffen. Das erachten wir für einen ungebührlichen Zehnten, den die Menschen ersonnen haben. Darum wollen wir ihn nicht weiter geben. [...]
Der vierte Artikel
Zum Vierten ist bisher im Brauch gewesen, dass kein Untertan die Befugnis gehabt hat, das Wildbret, Geflügel oder Fische in fließendem Wasser zu fangen – was uns gar nicht ziemlich und brüderlich dünkt, vielmehr eigennützig und dem Wort Gottes nicht gemäß. [...]
Der fünfte Artikel
Zum Fünften sind wir auch beschwert der Holznutzung halben. Denn unsere Herrschaften haben sich die Wälder alle allein zugeeignet, und wenn der Bauer etwas bedarf, muss er's ums doppelte Geld kaufen. Hier ist unsere Meinung: Was es an Waldungen gibt – mögen sie Geistliche oder Weltliche innehaben –, das soll, wenn jene sie nicht gekauft haben, der ganzen Gemeinde wieder anheimfallen. [...]
Beschluss
Zum Zwölften ist unser Beschluss und unsere endgültige Meinung: Wenn einer oder mehr Artikel allhier aufgestellt sein sollten, die dem Worte Gottes nicht gemäß – wie wir denn nicht vermeinen –: dieselbigen Artikel wolle man uns aufgrund des Wortes Gottes als ungebührlich erweisen, so wollten wir davon abstehen, wenn man uns den Nachweis mit Begründung aus der Schrift führt. [...]

Franz, G. (Hg.): Quellen zur Geschichte des Bauernkrieges. S. 102 ff.

M 7 Stellungnahmen zum Bauernaufstand

a) In seiner Schrift „Wider die räuberischen und mörderischen Rotten der Bauern" von Anfang Mai 1525 schrieb Martin Luther:

Dreierlei gräuliche Sünden wider Gott und Menschen laden diese Bauern auf sich, weswegen sie den Tod verdient haben an Leib und Seele mannigfältig.
Zum Ersten, dass sie ihrer Obrigkeit Treu und Huld geschworen haben, untertänig und gehorsam zu sein, wie solches Gott gebietet [...].
Zum andern, dass sie Aufruhr anrichten, rauben und plündern mit Frevel Klöster und Schlösser, die nicht ihnen gehören, womit sie, als die öffentlichen Straßenräuber und Mörder, allein wohl zwiefältig den Tod an Leib und Seele verdienen [...]. Denn Aufruhr ist nicht ein einfacher Mord, sondern wie ein großes Feuer, das ein Land anzündet und verwüstet. So bringt Aufruhr mit sich ein Land voll Mordes, Blutvergießens und macht Witwen und Waisen und zerstört alles, wie das allergrößte Unglück. [...]
Zum Dritten, dass sie solche schreckliche, greuliche Sünde mit dem Evangelium decken, nennen sich christliche Brüder, nehmen Eid und Huld und zwingen die Leute zu solchen Gräueln mit ihnen [sich] zu halten. Womit sie die allergrößten Gotteslästerer und Schänder seines heiligen Namens werden [...]. Daran haben sie wohl zehnmal den Tod verdient an Leib und Seele [...].

zit. n.: Wehr, Gerhard (Hg.): Thomas Müntzer, Schriften und Briefe. S. 206 ff.

b) Thomas Müntzer, revolutionärer Theologe, trat als Gegenspieler von Luther auf (1524):

Sieh zu, die Grundsuppe des Wuchers, der Dieberei und Räuberei sind unsere Herren und Fürsten; [sie] nehmen alle Kreaturen als Eigentum: die Fische im Wasser, die Vögel in der Luft, das Gewächs auf Erden muss alles ihrer sein, [...]. Darüber lassen sie dann Gottes Gebot ausgehen unter die Armen und sprechen: Gott hat geboten, du sollst nicht stehlen; es [hilft] ihnen aber nicht. So sie nun alle Menschen [nötigen], den armen Ackersmann, Handwerksmann und alles, was da lebt, schinden und schaben, [...] und wenn [einer] sich dann am Allergeringsten vergreift, so muss er hängen. Da sagt dann der Doktor Lügner [gemeint ist Luther] [auch noch]: Amen. [Dabei] machen die Herren das selber, dass ihnen der arme Mann feind wird.

zit. n.: Wehr, Gerhard (Hg.): Thomas Müntzer, Schriften und Briefe. S. 130 f.

M 8 Das Ende, gefangene Bauern werden abgeführt, zeitgenössischer Holzschnitt

Aufgaben

1. Nenne die wichtigsten Forderungen der Bauern. → M6
2. Vergleiche die Haltungen Luthers und Müntzers bezüglich der Bauernaufstände. → M7
3. Formuliere anhand von M8 einen Arbeitsauftrag an den Maler. „Male ein Bild, auf dem ... zu sehen ist."

M 1 **Karl V. (1500–1558)**
Das Gemälde zeigt ihn etwa zur Zeit des Wormser Reichstages von 1521.

Luthers Gedanken breiten sich aus …

und erfahren Zuspruch, …

Auch die Reichsacht gegenüber Luther konnte nicht verhindern, dass seine Glaubensvorstellungen Anhänger fanden und schrittweise zu einer Spaltung der Kirche führten. Diesen Prozess bezeichnet man heute als **Reformation.**

Eine Ursache für die Ausbreitung der Reformation lag darin, dass sich eine Reihe von Landesherren der neuen Lehre anschlossen. Zwar war die religiöse Überzeugung der einzelnen Fürsten ein wichtiger Entscheidungsgrund, doch spielten daneben auch machtpolitische Gründe eine Rolle. Denn die Fürsten konnten sich durch die Einführung der Reformation gegenüber dem Kaiser abgrenzen. Außerdem führte die Aufhebung der Klöster für die Fürsten zu finanziellem Gewinn, da sie den Erlös für sich beanspruchten.

Neben Sachsen, der Kurpfalz und Hessen bekannten sich insbesondere viele Städte zur Reformation. Bayern blieb katholisch.

Die neue Lehre wurde nicht nur durch die Landesherren angeordnet, sondern auch im Volk gelebt, indem man z.B. den Gottesdienst nach den Vorgaben Luthers abhielt. Entscheidend für den Fortgang der Reformation war aber vor allem die Position des Kaisers.

… rufen aber auch Widerstand hervor

Kaiser Karl V. aus der Dynastie der Habsburger beherrschte ein großes Reich, da er neben der römisch-deutschen Kaiserwürde auch über Spanien, über Kolonien in Amerika sowie über Neapel, Sizilien und

M 2 **Das Reich Karls V., um 1550**

M 3 **Kaiser Karl V. (1530–56),** der Sieger von Mühlberg, der entscheidenden Schlacht gegen den Schmalkaldischen Bund, Gemälde von Tizian, 1548

Reichsstände

Zusammenschluss u. a. aus Reichsfürsten, Reichsstädten, die im Reichstag vertreten sind

Sardinien in Italien verfügte. Dieser Machtfülle standen die Reichsfürsten jedoch skeptisch gegenüber, da sie befürchteten, ihren Einfluss zu verlieren.

In religiösen Belangen verstand sich Karl als Bewahrer der alten katholischen Lehre. In Luthers Haltung sah er nur eine Abweichung, die unterdrückt werden müsse. Dies machte Karl in Worms 1521 unmissverständlich deutlich, als er Luther auf Drängen des Papstes mit der Reichsacht belegte.

Von seiner harten Haltung gegenüber der neuen Lehre musste er immer wieder abweichen, da er im Reich Frieden benötigte, um andere Regierungsangelegenheiten außerhalb des Reiches fortsetzen zu können.

- Der Abwehrkampf gegen den Vorstoß der Türken in Südosteuropa kam der neuen Lehre zugute, da sich der Kaiser die finanzielle Unterstützung der evangelischen *Reichsstände* erkaufen musste.
- Der französische König Franz I. war beständigster Widersacher Karls, da er die Umklammerung seines Landes durch den Habsburger als große Gefahr betrachtete. Aus diesem Grund kam es immer wieder zu Kriegen gegen den französischen König, was die Abwesenheit des Kaisers in Deutschland zur Folge hatte. Auch dies begünstigte die Ausbreitung der Reformation.

Aus der Glaubensfrage wird immer mehr ein Machtkampf

1529 protestierten die evangelischen Landesherren auf dem Reichstag zu Speyer gegen einen Beschluss der Katholiken. Dieser sah vor, dass sich die evangelischen Landesherren in Glaubensfragen der Mehrheit der Bevölkerung beugen müssten. Die evangelischen Fürsten widersprachen und begründeten ihre Haltung damit, dass jeder Herrscher vor Gott verantwortlich sei und deswegen in Glaubensangelegenheiten zu nichts gezwungen werden dürfe. Die Bezeichnung **„Protestanten"** leitet sich von diesem Ereignis ab.

Im sogenannten „Augsburger Bekenntnis" von 1530 legten die Protestanten dem Kaiser ihr Glaubensbekenntnis vor. In dieser Schrift nahmen sie Stellung zu zahlreichen Aspekten des christlichen Glaubens, wie z. B. „Über die Ursache der Sünde" oder „Vom Glauben und den guten Werken". Letztendlich änderte aber auch das Augsburger Bekenntnis nichts an der Auffassung des Kaisers. Aus Angst vor einem Angriff der Katholiken gründeten die evangelischen Landesfürsten den Schmalkaldischen Bund. Er förderte die weitere Ausbreitung der Reformation nach 1530.

Erst als Karl V. mit dem französischen König Franz I. Frieden und einen Waffenstillstand mit den Türken geschlossen hatte, wandte er sich ab 1544 mit ganzer Kraft gegen den Protestantismus. 1546 besiegte der Kaiser den protestantischen Schmalkaldischen Bund.

Obwohl Karl gegen den Bund erfolgreich war und auf dem Höhepunkt seiner Macht schien, hatte er den Kampf um den Glauben und die Macht im Reich aber verloren. Evangelische wie katholische Fürsten fürchteten um ihre Eigenständigkeit. Das Ergebnis war ein gemeinsamer Aufstand der Fürsten und deren Sieg über den Kaiser. 1558 dankte Karl V. vermutlich aus Resignation ab, auch weil er die Einheit der Kirche nicht wiederherstellen konnte.

M 4 **Augsburger Bekenntnis,** 1530

Andere Bekenntnisse

Luther war nicht der einzige Reformator. So gab es z. B. auch Ulrich Zwingli oder Johann Calvin.

M 4 **Johann Calvin (1509–1564),** Gemälde von 1555

M 5 **Glaubensflüchtlinge**
Der Augsburger Religionsfriede hatte weitreichende Folgen. Noch 1731 wurden protestantische Bauern aus Salzburg vertrieben. 18. Jh.

Der Augsburger Religionsfrieden regelt die Streitfrage

Eine Einigung zwischen Karl V. und den protestantischen und katholischen Ständen kam auf dem Reichstag 1555 mit dem Augsburger Religionsfrieden zustande, der von Karls Bruder und Nachfolger als König im Heiligen Römischen Reich, Ferdinand I., abgehalten wurde. Auf dem Reichstag in Augsburg 1555 einigten sich die Parteien auf folgende Punkte:

- Das lutherische Bekenntnis wurde neben dem katholischen anerkannt. *Andere Bekenntnisse* wurden ausgeschlossen.
- Die evangelische und katholische Religionsausübung wurde in gemischt-konfessionellen Reichsständen garantiert.
- Nur Fürsten und Reichsstände hatten das Recht zur freien Konfessionswahl und zur Bestimmung der Konfession ihrer Untertanen.
- Wenn ein Fürst die Konfession wechseln wollte, müssten ihm alle Untertanen folgen. Wollten sie das nicht, konnten sie in ein anderes Land ihrer Konfession auswandern, müssten aber ihren Haus- und Grundbesitz verkaufen.
- Wechselt ein geistlicher Fürst zur evangelischen Konfession, verliert er sein Amt, sein Bistum bleibt aber katholisch.

Die Entwicklung nach dem Augsburger Religionsfrieden

Die Folge war eine dauerhafte Glaubensspaltung in Deutschland. Die katholischen und evangelischen Gebiete unterschieden sich nicht nur in ihrer religiösen Ausrichtung. Da die Religion damals das Leben der Menschen entscheidend bestimmte, waren die Auswirkungen auch im Alltag spürbar. Es gab unterschiedliche Formen von Frömmigkeit, zum Teil andere kirchliche Feiertage, konfessionell getrennte Schulen, ja sogar unterschiedliche Baustile.

Die Antwort der katholischen Kirche auf die Ausbreitung und Festigung der Reformation folgte mit dem Konzil von Trient, welches von 1545 mit Unterbrechungen bis 1563 abgehalten wurde. Es hatte zwei Stoßrichtungen:

- die Zurückdrängung des Protestantismus, die sogenannte **Gegenreformation**
- und eine Reform der Kirche, welche auf dem Konzil in Trient beschlossen wurde.

Diese Ziele sollten u. a. durch die Förderung der Priesterausbildung erreicht werden.

Der Augsburger Religionsfriede verhinderte auf Dauer nicht die steigende Zahl religiöser Streitigkeiten. 1608 kam es zur Gründung der protestantischen Union. Die katholische Seite antwortete im Jahr darauf mit der Gründung der Liga durch Herzog Maximilian von Bayern.

Aufgaben

1. Stelle anhand des Textes dar, wie sich die Reformation weiter ausbreitete. Orientiere dich dabei an den Jahreszahlen 1521 – 1526 – 1530 – 1555.
2. Warum ging Karl V. nicht konsequent gegen die Reformation vor?
3. Nenne die wichtigsten Bestimmungen des Augsburger Religionsfriedens.

M 6 Vollständiger Titel Karls V. nach seiner Wahl zum Kaiser

Römischer König, künftiger Kaiser, immer Augustus, König von Spanien, Sizilien, Jerusalem, der Balearen, der Kanadischen und Indianischen Inseln sowie des Festlandes jenseits des Ozeans, Erzherzog von Österreich, Herzog von Burgund, Brabant, Steiermark, Kärnten, Krain, Luxemburg, Limburg, Athen und Patras, Graf von Habsburg, Flandern, Tirol, Pfalzgraf von Burgund, Hennegau, Pfirt, Roussillion, Landgraf von Elsass, Fürst in Schwaben, Herr in Asien und Afrika.

Brandi, K.: Kaiser Karl V. S. 97

M 7 Der Landesherr als „Notbischof"

Die Pfarreien liegen überall elend; da gibt niemand, da bezahlt niemand. So achtet der gemeine Mann weder Predigt noch Pfarrer. Wenn hier nicht eine tapfere Ordnung und staatliche Erhaltung der Pfarrer vorgenommen wird, gibt es in kurzer Zeit weder Pfarrhöfe, noch Schulen, noch Schüler, und so wird das Wort Gottes zugrunde gehen. Eure Kurfürstliche Gnaden wird wohl Mittel finden. Es sind Klöster, Stifte, Kirchengüter und dergleichen Dinge genug vorhanden, wenn nur Eure Gnaden Befehle erteilt und diese zu besichtigen, zu berechnen und zu ordnen.

Luthers Werke. S. 595

M 8 Die Ausbreitung der Konfessionen um 1555

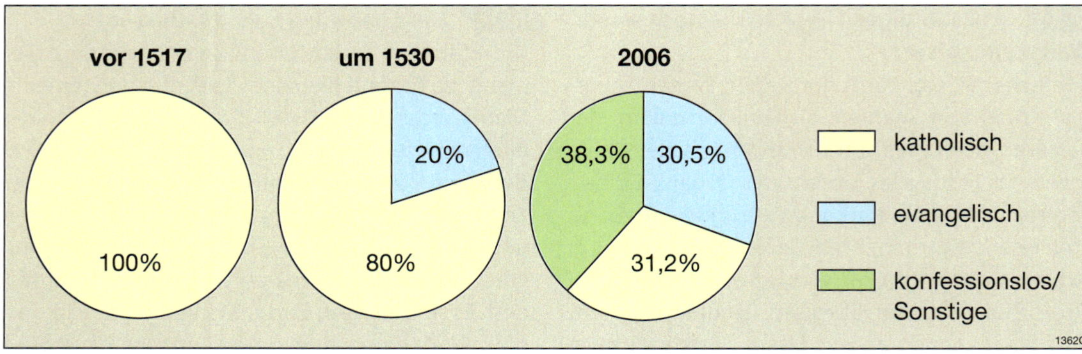

M 9 Die Konfessionen in Deutschland

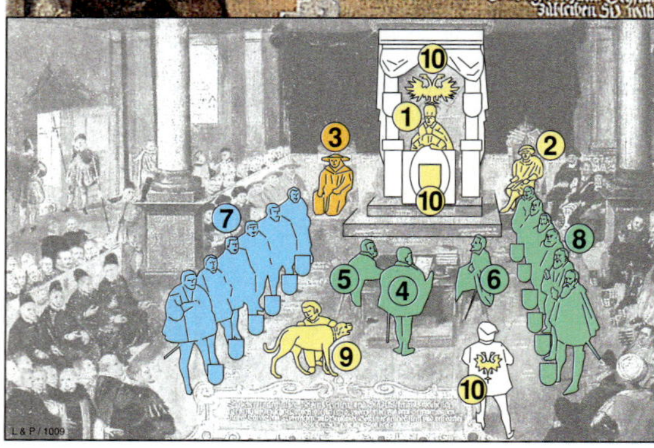

Ein feierlicher Augenblick

1. Kaiser Karl V.
2. König Ferdinand von Spanien, Bruder des Kaisers
3. Kardinal Campeggio, Legat des Papstes
4. Christian Baier, sächsischer Kanzler
5. Alexander Schweis, Sekretär des sächs. Kanzlers
6. Adolph Waldesius, Sekretär des sächs.Kanzlers
7. Vertreter protestantischer Städte
8. Landesfürsten: Sachsen, Anhalt, Hessen, Brandenburg, Lüneburg
9. „Hofzwerg" mit Dogge des Kaisers
10. Wappen des Kaisers

M 10 **„Etlicher vortrefflicher Helden, Fürsten und Städte Augsburgisches Bekenntnis"**
Gemälde nach 1530, 1,19 x1,69 m

M 11 Das Konzil von Trient
Die Konzilsväter von Trient tagten mit zwei mehrjährigen Unterbrechungen 18 Jahre. Sie sitzen hier im Halbrund, vor dem Kreuz sitzen der Protokollführer und der Abgesandte des Kaisers. Zeitgenössische Darstellung

M 12 Kirche in Escherndorf mit „Echterspitze"
Benannt nach Julius Echter, Fürstbischof von Würzburg und Herzog von Franken, der die Gegenreformation ganz entscheidend vorantrieb und deshalb u. a. zahlreiche Kirchen erbauen ließ.

M 13 Diözesanvisite des Fürstbischofs Julius Echter 1586 in Gerolzhofen

[...] Julius eröffnete dem Stadtrat, warum er gekommen; die protestantischen Mitglieder des Rates baten ihn, sie bei ihrer Religion zu belassen; denn sie hätten sie von Jugend an schon geübt. Aber der Fürstbischof erklärte, er wolle Einigkeit in der Religion und keine Zersplitterung haben; sie sollten sich äußern, ob sie wieder der katholischen Religion angehören wollten oder nicht. In gleicher Weise sprach Julius auch zur Bürgerschaft und zu jedem insbesondere. Als aber etliche vom Rat und der Bürgerschaft rundweg dem Fürsten erklärten, dass sie bei ihrer lutherischen Religion beharren wollten, da ordnete Julius eine Ratssitzung auf 1. März an; dort wurden durch drei fürstbischöfliche Räte die Abgefallenen nicht allein von ihrem Ratsstand abgesetzt, sondern auch ihr Gut zu verkaufen und wegzuziehen geheißen.

www.ijon.de/echter/biogra08.html

Aufgaben

1. Erkläre anhand von M6, warum viele Fürsten dem Kaiser misstrauten.
2. a) Welche Folgen hatte die Reformation für viele Pfarreien? → M7
   b) Beschreibe, welche Aufgabe der Landesherr übernehmen sollte. → M7
3. Der Maler von M10 wollte ein bedeutendes Ereignis darstellen. Was war ihm wichtig?
4. Erkläre mithilfe von M11 die Botschaft, welche vom Konzil von Trient ausgehen sollte.
5. Mit welchen Folgen hatten Protestanten zu rechnen, wenn sie sich der Gegenreformation verweigerten? → M13

M 1 **Teufelsanbetung**
Auf Flugblättern und Bildern wurden Frauen als Hexen verunglimpft. Dabei wurde immer wieder das Motiv eines „Teufelspaktes" oder einer „Teufelsanbetung" dargestellt.
Holzschnitt, um 1530

Hexen und Hexenverfolgung

„Gestehst du deine Zaubereien und Verbrechen? Gestehst du, Wind und Wetter verzaubert zu haben? Gestehst du, die Ernte verdorben zu haben? Gestehst du, geheime Wundertränke gebraut zu haben? Gestehst du, einen Pakt mit dem Teufel zu haben?" So hätte ein Hexenankläger sein Opfer während der gleichzeitigen Folterung befragt.

Gründe für die Hexenverfolgungen

Die Menschen des Mittelalters und der Frühen Neuzeit vermuteten, dass das persönliche Schicksal von außen mitbestimmt wird. Positive Dinge wurden dabei als Eingriff Gottes gelobt, negative als dessen Strafe bedauert. Den Widerpart zu Gott nahm der Teufel ein, von dem man gleichfalls annahm, dass er eingriff. Vor allem bei Abläufen, die man sich nicht erklären konnte oder die bedrohlich erschienen – Wetterkatastrophen, Seuchen oder Unfälle –, glaubte man an Zauberei oder Hexerei durch Handlanger des Teufels.

Zwischen 1400 und 1700 kam es zu Massenverfolgungen, bei denen etwa 20000 Menschen als Hexen oder Zauberer getötet wurden. Die Gründe für diese Verfolgungswellen sind im Bewusstsein der damaligen Menschen zu suchen, aber aus Quellen kaum ersichtlich:

- Die Kirchenspaltung hatte die Menschen im Glauben verunsichert. Wanderprediger und Sekten nutzten dies für ihre Botschaften aus.
- Bei einer Reihe von Kriegen starben viele Menschen und das Land wurde immer wieder verwüstet.
- Seuchen und Krankheitswellen ängstigten die Menschen,
- ebenso schlechte Ernten und hohe Preise für Lebensmittel.

All dies waren Geschehnisse, die man sich nicht erklären konnte. Hexen und Zauberer erschienen nun nicht mehr nur als dunkle Mächte, sondern wurden zu Sündenböcken der Gesellschaft.

Der Hexenhammer

In dem Buch „Maleus maleficarum", auch als „Hexenhammer" bekannt, beschrieb der Dominikanermönch Heinrich Kramer 1483 die typischen Merkmale einer Hexe. Das Buch wurde in ganz Europa zu einer Art Gebrauchsanweisung, um diese zu erkennen, zu überführen, zu verurteilen und zu bestrafen. Besonders glaubwürdig erschien der Hexenhammer auch, weil der Papst in einem Schreiben die Verfolgung der Hexen genehmigt hatte.

Erst 1631 wagte es der Jesuitenpater Friedrich von Spee dem Hexenhammer schriftlich, aber anonym zu widersprechen. Kritiker der Hexenverfolgung gab es aber schon früher. Jedoch gerieten sie schnell in Verdacht, gleichfalls dem Teufel verfallen zu sein.

Hexenprozess und Folterung

Geriet man in den Hexenverdacht, war das Schicksal eigentlich besiegelt. Einem Todesurteil konnte man kaum mehr entkommen. Die Verfolgung und Verurteilung einer Hexe wurde als sogenannter Inquisitionsprozess geführt, bei dem der Ankläger, der Inquisitor, gleichzeitig der Richter war. Eine unabhängige Entscheidung war hierdurch nicht gegeben.

M 2 Die Qualen der Hölle
Im Hexenhammer wurden Folterszenen als vermeintliche Höllenstrafen dargestellt.
Farbiger Holzschnitt, um 1511

M 3 Arm- oder Beinschraube
Die Metallplatten hatten im Inneren hervorstehende Dornen, die beim Zusammendrehen langsam in die Gliedmaßen gedrückt wurden.

Allerdings benötigte der Richter ein Geständnis des Angeklagten. Beschuldigungen und scheinbare Beweise allein genügten zur Verurteilung nicht. Um an das Geständnis zu kommen, übte man Gewalt aus und folterte die vermeintliche Hexe so lange, bis sie ihren Teufelspakt zugab. Schließlich übersteigerten die Ankläger dies so stark, dass nur noch ein unter Folter abgelegtes Geständnis als gültig angesehen wurde.

Zunächst wurden der verdächtigen Hexe die Folterinstrumente nur gezeigt. Gestand sie nicht, erfolgte eine „peinliche Befragung", die eigentliche Folter. Im Auftrag des Inquisitors steigerte der Folterknecht langsam die Quälerei: vom Verbrennen mit glühenden Eisen, dem Stoßen mit langen Nadeln, dem Ausrenken von Armen und Beinen bis hin zum Brechen von Gliedmaßen oder Wirbeln. Gleichzeitig wurde dabei immer wieder nach einem Schuldeingeständnis gefragt.

Die Schmerzen der Folterung führten am Ende meist zu einem falschen Geständnis, dem dann die lebendige Verbrennung oder auch die Ertränkung folgte. Von einer Hexe sollte nichts übrig bleiben, denn auch einen Leichnam sah man noch als gefährlich an. Das Feuer sollte außerdem die Qualen der Hölle zeigen und andere von einem Teufelspakt abschrecken.

Das Vermögen einer Hexe wurde beschlagnahmt und unter dem Inquisitor, dem Folterknecht und dem Henker aufgeteilt. Deshalb wurde manche Angeklagte sicher auch aus reiner Geldgier gefoltert und hingerichtet.

Frauen als Opfer

Die Hexenverfolgung betraf viel mehr Frauen als Männer. Frauen wurden besonders häufig verdächtigt, einen Teufelsbund geschlossen zu haben und damit eine Hexe zu sein. Schließlich konnte man in der Bibel lesen, dass bereits die Urmutter Eva dem Teufel einst im Paradies verfallen war. Die Kirche hatte in ihrer Lehrmeinung daher die Sündhaftigkeit der Frauen festgeschrieben und predigen lassen:

- Alte Frauen erschienen aufgrund ihres Lebensalters verdächtig,
- besonders hübsche wegen ihres Aussehens, andere wegen ihrer roten, schwarzen oder blonden Haarfarbe,
- ebenso körperlich behinderte, unverheiratete, alleinerziehende oder zugereiste Frauen.
- Hebammen und Heilkundige gerieten wegen ihrer medizinischen Kenntnisse in Verdacht.

Im Jahr 1756 fand die letzte Hexenhinrichtung im Reich statt. Danach kam es nur noch zu einzelnen Anklagen wegen Hexerei, die aber nicht mehr zu einem Urteil führten. In den Volksmärchen und Erzählungen blieb die mit dem Teufel im Bund stehende Hexe hingegen noch sehr lange erhalten.

Aufgaben

1. a) Nenne den Hauptgrund für die Hexenverfolgung. → M1
   b) Erläutere, welche Vorwürfe gegen die Hexen erhoben wurden.
2. Erkläre, warum ein Foltergeständnis eigentlich wertlos war. → M2, M3
3. Informiere dich über die Organisation Amnesty International.

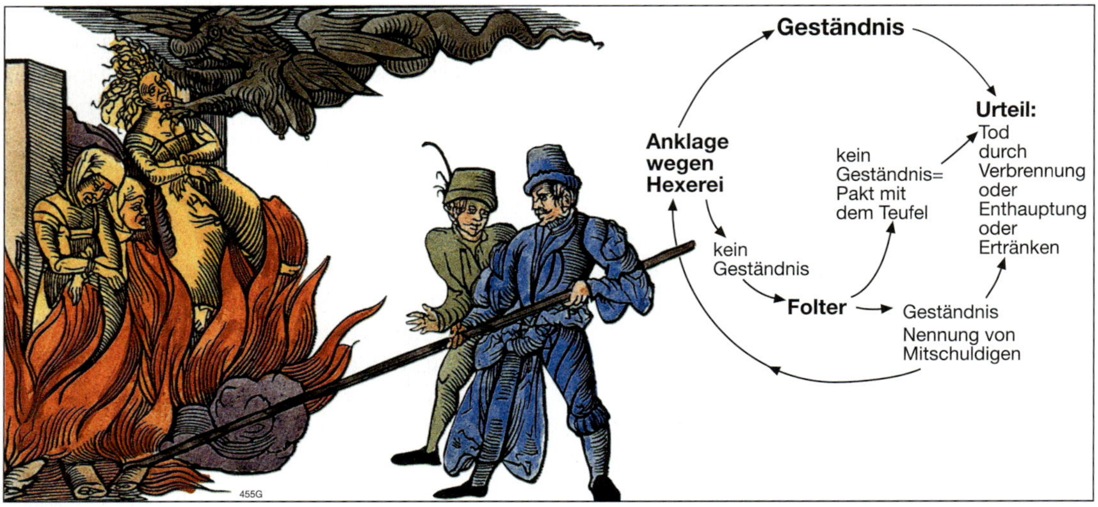

M 4 Anklage einer Hexe

Die wichtigsten Prozessregeln:

- Der Ankläger war gleichzeitig auch Richter.
- Nicht der Ankläger musste die Schuld, sondern die Angeklagte musste ihre Unschuld beweisen.
- Verteidigte man die Angeklagte, so machte man sich selbst als Hexenhelfer verdächtig.

M 5 Der „Hexenhammer"

Das Buch von 1486 war die Grundlage der Hexenverfolgung. Der Autor stellt Hexen als eine gefährliche Sekte weiblicher Zauberer dar:

Es gibt auch andere, die Gründe angeben, weshalb mehr Frauen als Männer für abergläubisch befunden werden. Der erste, weil sie leichtgläubig sind; und weil der Dämon hauptsächlich den Glauben zu verderben sucht, tritt er auch eher an diese heran. [...] Der zweite Grund ist, weil sie von Natur aus wegen [...] der körperlichen Verfassung [...] leichter zu beeinflussen sind. [...] Der dritte Grund ist der, weil sie eine schlüpfrige Zunge haben und sie das, was sie durch schlechte Kunst wissen, ihren Genossinnen kaum verheimlichen können, und sich heimlich, da sie schwach sind, leicht durch Schadenszauber zu rächen suchen. [...] Ebenso kann auch angefügt werden: Da jene unstet sind, können sie deswegen schneller die Kinder den Dämonen weihen, wie sie es auch tun. [...] Schlecht also ist die Frau von Natur aus, da sie schneller am Glauben zweifelt, auch schneller den Glauben ableugnet. Das ist die Grundlage für die Zauberer und Hexen.

Behringer, Wolfgang: Hexen. S. 96 f.

M 6 Vorbereitung einer „peinlichen Befragung", Holzschnitt 1508

M 7 **Folterkeller mit original erhaltenen Werkzeugen**
Stadtmuseum Zittau im ehemaligen Franziskanerkloster

M 8 Kritik an den Hexenprozessen

Friedrich Spee war Jesuit, Priester und Dichter. Seine Erlebnisse als Beichtvater vieler zum Tode verurteilter Hexen haben ihn wohl dazu bewogen, eine Streitschrift gegen die Hexenprozesse zu schreiben. Sein Buch erschien 1631 anonym:

Kennt einmal der Arzt nicht eine neue Krankheit oder weicht ein altes Leiden nicht gleich unter seiner Behandlung – kurz: lasst irgendein Unglück sich ereignen, das ungewöhnlich erscheint – und schon überlässt man sich Gott weiß welchem Leichtsinn, Aberglauben und Unsinn, denkt nur an Hexenwerk und schiebt die Schuld auf die Zauberer. Da behauptet man denn, den wahren Schlüssel in der Hand zu halten. Sah man sodann jemanden, der dies oder das sagte oder tat [...], so legt man alles übel aus, erklärt ihn für den Schuldigen und trägt in seiner Nichtswürdigkeit die Verdächtigung in der ganzen Nachbarschaft umher. Da ist es denn kein Wunder, wenn das immer mehr um sich greifende Gerede uns in wenig Jahren Hexen in so reichlicher Anzahl schafft, zumal Prediger und Geistliche nichts dagegen unternehmen, sondern eher noch selbst mit schuld daran sind [...].

Behringer, Wolfgang: Hexen. S. 277 f.

Aufgaben

1. a) Erkläre, warum eine als Hexe Angeklagte keine Chance hatte. → M4
   b) Vergleiche die damaligen Prozessregeln mit unseren heutigen Vorstellungen von Gerechtigkeit und Unparteilichkeit. → M4
2. Benenne die Gründe, die Frauen angeblich für die Hexerei anfällig machen. → M5
3. Benenne die Aufgaben der Personen in M6.
4. Stelle Vermutungen zum Gebrauch der abgebildeten Gegenstände an. → M7
5. a) Erkläre, was Friedrich Spee über die Entstehung des Hexenwahns schreibt. → M8
   b) Überlege, warum die Schrift anonym erschien.

M 1 Die Hexenverfolgung in einem Jugendbuch

Ursula, die Tochter des Bamberger Bürgermeisters, muss hilflos zusehen, wie ihr Vater eingekerkert wird, weil er der Hexerei verdächtigt wird. Als sie nicht aufhört zu fragen, was mit ihm geschieht, wird sie selbst zum Opfer der Hexenjäger.

Wieder packte er Ursula an den Haaren, riss sie hoch und trieb sie mit sich, bis sie vor einer verriegelten Tür standen. Er öffnete sie und stieß das Mädchen in die Finsternis, die sich dahinter auftat. Mit einem höhnischen „Bis zum nächsten Mal!" schlug er die Tür zu und schob den Riegel vor. Gleich darauf rumpelte er die Treppe hinunter. Der Tod konnte nicht schlimmer sein. Ursula stand in der fürchterlichen Dunkelheit, in der sie die Umrisse ihres Körpers nicht zu erkennen vermochte. Man konnte die Schmerzen ertragen, die Demütigung, den hilflosen Zorn und die Angst, aber nicht in dieser Dunkelheit, in der kein Baum, kein Stein, nicht einmal die eigenen Gliedmaßen einem zeigten, dass man noch lebte. „Wer bist du?", fragte eine leise Frauenstimme. „Komm her! Du kannst ruhig vorwärtsgehen, es ist kein Hindernis da." Wie betäubt folgte Ursula dem Klang der Stimme. „Hier bin ich. Komm hierher." Eine Hand fasste nach der des Mädchens. Sie war rau und ihr Griff war kraftlos. Aber sie brachte Ursula ins Leben zurück. Vorsichtig ließ sie sich nieder, ohne die tröstende Hand loszulassen. Sie ertastete einen menschlichen Leib, ein hageres Gesicht und wirres, verfilztes Haar. Sie roch den Geruch von Schweiß und Ausscheidungen, von feuchtem Leinen und altem Stroh. Sie lehnte ihren Kopf an eine magere Schulter, deren Wärme sie durch den dünnen Stoff eines Hemdes spürte, und war nichts mehr als ein Kind, das der Macht seiner Mutter vertraut, erlittene Schmerzen zu lindern und neue zu verhüten. Behutsam löste die Fremde ihre Hand aus der Ursulas und legte schützend den Arm um sie.

Parigger, Harald: Die Hexe von Zeil. S. 96 f.

M 2 Wie Hexenverfolger wirklich über Hexen und deren Bestrafung dachten

Der folgende Text ist einer Schrift entnommen, die 1486 veröffentlicht wurde und von einem Geistlichen stammt, der selbst als Inquisitor Hexen verfolgte.

Vor dem peinlichen Verhör [so bezeichnete man die Folter] soll sie [die verdächtige Hexe] zunächst von ehrbaren Frauen mit gutem Ruf entkleidet werden, um herauszufinden, ob vielleicht irgendein Hexenwerkzeug in die Kleider eingenäht ist, wie die Hexen es häufig nach dem Rat des Teufels aus den Gliedern eines ungetauften Jungen herstellen [...]. Während die Werkzeuge aufgestellt werden, soll der Richter die Verdächtige bewegen, die Wahrheit frei zu gestehen; wenn sie sich weigert, übergibt er sie den Bütteln [Gerichtsdienern], dass sie ans Seil gebunden werde oder andere Werkzeuge zu spüren bekomme; [...] während der Folter wird sie immer wieder zu den Vorwürfen befragt, mit den leichteren beginnend, weil sie das Leichte schneller zugeben wird als das Schwerere.

Kramer, Heinrich: Der Hexenhammer III. S. 84 ff. (vereinfacht)

M 3 **Buchcover**

Umgang mit Jugendbüchern

Es gibt in der Geschichte Vorgänge und Ereignisse, die noch Jahrhunderte später die Schriftsteller dazu veranlassen, sich damit auseinanderzusetzen. Sie tun dies nicht nur in Form von Erzählungen. Sogar Theaterstücke oder Gedichte können als literarischer Rahmen dafür dienen. Geschichte wird aber auch in vielen Jugendbüchern greifbar. Im Vordergrund steht dabei weniger, dass man sich genauestens an überlieferte Daten und Fakten hält. In einem Jugendbuch sollte schließlich die Spannung nicht zu kurz kommen. Deshalb erfinden die Autoren neue Dinge oder Personen hinzu, während sie anderes weglassen. Historische Romane oder Jugendbücher sind also kein hundertprozentiges Abbild der damaligen Wirklichkeit.

Der Raum, der dem Autor für seine eigenen Ideen bleibt, wird als dichterische Freiheit bezeichnet. Diese wird allerdings verschieden bewertet. Manche behaupten, dass dadurch Geschichte verfälscht würde. Andere sagen, dass erst eine anschauliche Schilderung vergangene Ereignisse nachvollziehbar mache. Wieder andere legen nur darauf Wert, dass das jeweilige Werk gut geschrieben ist und dem Leser gefällt.

Fragen an alle historischen Jugendbücher

1. Dargestelltes Ereignis
- Was wird erzählt?
- Woher weiß man, dass das dargestellte Geschehen auf historischen Tatsachen beruht?
- Was hat der Autor hinzuerfunden?

2. Dargestellte Figuren
- Wie werden die Figuren beschrieben?
- Gibt es bestimmte Kennzeichen oder Eigenschaften, durch die sich die Figuren voneinander unterscheiden?
- Woher weiß man, ob die Figuren tatsächlich gelebt haben?

3. Absicht der Darstellung
- Worauf kam es dem Autor in seinem Buch besonders an?
- Verfolgt der Autor noch andere Ziele außer Unterhaltung oder Information?
- Hat der Autor seine Ziele mit seiner Darstellungsweise erreicht?

Fragen an dieses Jugendbuch

1. Welche Hinweise enthält das Buch auf die Frage, ob es sich um tatsächliche Ereignisse und Figuren handelt? → M1
2. Wie schildert der Autor die Hauptfigur Ursula Lambrecht und deren Verfolger? Suche nach passenden Adjektiven. → M1
3. Was erfährt der Leser über die Hexenverfolgung? → M1
4. Vergleiche das im Buch geschilderte Gerichtsverfahren gegen Ursula mit den Informationen in M2. Welche Übereinstimmungen oder Abweichungen gibt es?

M 1 **„Seelenfischerei"**
Wenngleich schon vor dem 30-jährigen Krieg entstanden (1614), wird in diesem Gemälde doch deutlich, dass die Frage nach dem richtigen Glauben nicht nur auf den Schlachtfeldern, sondern auch in der Kunst ausgefochten wurde.
Adrian van de Venne, Ölgemälde

M 2 **„Prager Fenstersturz"**
Zeitgenössische Darstellung

1618–1623
böhm.-pfälz. Krieg

Der Dreißigjährige Krieg (1618–1648)

Der Beginn eines langen Krieges

„Der Dreißigjährige Krieg war die zweite große Katastrophe in der deutschen Geschichte nach der großen Pest Mitte des 14. Jahrhunderts. Aber während die Pest ‚nur' Menschen hinweggerafft hatte, wurden im Krieg während der Lebenszeit einer ganzen Generation das Land verwüstet und die Städte zerstört", so die Aussage des französischen Historikers Joseph Rovan. Doch wie konnte es zu einem derartigen Krieg kommen?

Unter Kaiser Rudolf war den protestantischen Adligen in Böhmen im sogenannten „Majestätsbrief" von 1609 Religionsfreiheit zugesichert worden. Sein Nachfolger Ferdinand II., der seit 1617 böhmischer König war, nahm diese Zugeständnisse jedoch zurück. Die Vertreter des protestantischen Adels in Böhmen betrachteten diese Bestrebungen gegen die Reformation als Verletzung ihrer Rechte.

1618 drangen Vertreter der böhmischen Stände in die Prager Burg ein und warfen kaiserliche Beamte aus dem Fenster. Diese überlebten den Fall, aber der „Prager Fenstersturz" löste einen der längsten und grausamsten Kriege der deutschen und europäischen Geschichte aus.

Der böhmisch-pfälzische Konflikt

Die böhmischen Stände setzten Ferdinand II. als böhmischen König ab und wählten den Führer der protestantischen „Union", den Kurfürsten von der Pfalz, Friedrich V., zum neuen König. Es gab also im Kurfürstenkolleg mehr protestantische Kurfürsten als katholische, was den Kaiser zum Eingreifen nötigte.

Ferdinand erhielt zur Niederschlagung der „Rebellion" Unterstützung durch das Heer der katholischen „Liga". Am 18.11.1620 wurde das böhmische Heer am Weißen Berg bei Prag vernichtend geschlagen. Die Führer des Aufstandes wurden hingerichtet und ihr Besitz fiel an den Kaiser und seine Verbündeten. Feldherr Tilly verfolgte Friedrich von der Pfalz und eroberte dessen Hauptstadt Heidelberg. Um die protestantische Seite zu schwächen, wurde dem Pfalzgrafen auch die

M 3 **Glaubenszugehörigeit im 16. Jh.**

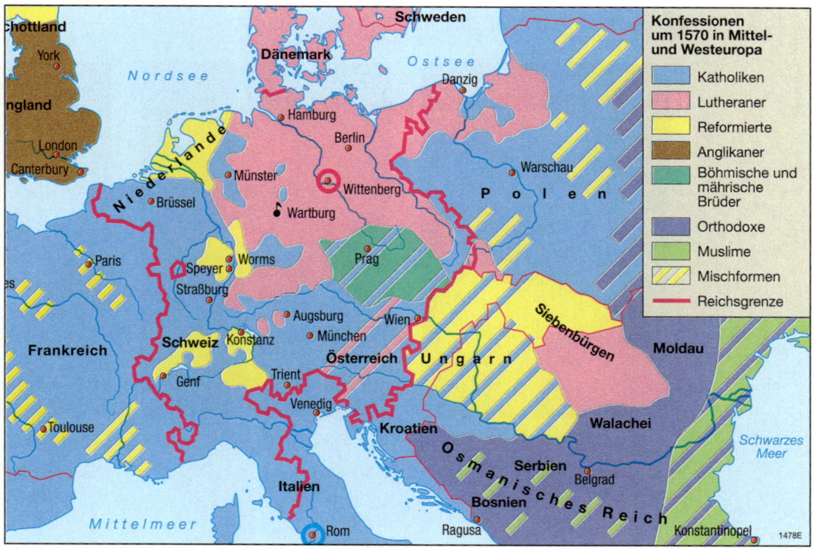

Kurwürde genommen. Sie wurde dem bayerischen Herzog Maximilian verliehen; 1628 erhielt dieser zusätzlich die „Obere Pfalz", die heutige Oberpfalz. Da Friedrich von der Pfalz nur einen Winter regierte, blieb ihm der Beiname „Winterkönig".

1624–1629
niedersächs.-dänischer Krieg

Das Reich wird zum europäischen Kriegsschauplatz

1625 griff der dänische König Christian IV., unterstützt von England und den Niederlanden, in den Krieg ein. Zu diesem Schritt veranlassten ihn sowohl konfessionelle als auch machtpolitische Gründe. Bis 1629 erlitt Christian IV. aber schwere Niederlagen gegen Tilly und den kaiserlichen Feldherrn Wallenstein. Dieser kämpfte zwar im Auftrag seines Herrn, betrieb aber den Krieg als Unternehmer auf eigene Rechnung. Seine Armee bestand aus Söldnern unterschiedlichster Herkunft und Konfession. Für Bezahlung, Unterkunft und Verpflegung seiner Soldaten wurde mit Zwangseinquartierungen, Plünderungen und Raubzügen gesorgt. Wer verschont bleiben wollte, musste bezahlen. Der „Krieg ernährte den Krieg".

Der Sieg des Kaisers und seiner Verbündeten bedeutete für die deutschen Protestanten den Verlust aller Gebietsgewinne seit 1555: Die Erzbistümer Magdeburg und Bremen, 12 Bistümer und 500 Abteien und Klöster mussten zurückgegeben werden.

Die wachsende Macht Wallensteins und das zunehmende Misstrauen der Fürsten gegenüber dem „Emporkömmling" brachten den Kaiser im August 1630 dazu, seinen Feldherrn zu entlassen. Auch Maximilian von Bayern hatte diesen zunehmend als Bedrohung seiner Selbstständigkeit betrachtet.

Aufgaben

1. Erkläre anhand des Textes, worin
   a) der Anlass und
   b) die Ursachen für den Krieg lagen.
2. Welche Position nahm der Maler ein?
   → M1

M 4 **Vertreter der katholischen Liga**

Kaiser Ferdinand

Kurfürst Maximilian von Bayern

Feldherr Johann t'Serclaes Graf von Tilly

Feldherr Albrecht von Wallenstein

M 5 **Aus dem Majestätsbrief Rudolfs II. (1609)**

Gleicherweise soll auch […] niemand, wie aus den höheren Ständen also auch aus den Städten, Märkten und das Bauernvolk, weder von ihren Obrigkeiten noch andern geistlichen und weltlichen Standespersonen von einer Religion abgewendet […] werden […]. Es soll auch wider obbestimmten Frieden […] kein Befehl […] von Uns, Unsern Erben und künftigen Königen zu Böheimb, auch von keinem anderen ausgehen […], und wenn gleich solches ausginge […], dasselbe doch keine Kraft haben […].

Geschichtliche Quellenhefte mit Überblick: „Die Welt im Wandel". Heft 4/5, S. 102 f.

M 6 **Besoldung**

Laut kaiserlichem Mandat von 1630 wurden folgende Sätze für ein Regiment zu Fuß erlassen:

Dienstgrad	**Gulden**
Obrist	600
Obristleutnant	150
Orbristwachtmeister	50
Quartiermeister	50
Schultheiß (Kriegsrichter)	30
Kaplan (Geistlicher)	30
Profoß (mit Polizeifunktion)	30
Wagenmeister	30
Freimann (Henker)	12
Stockmeister	8
Steckenknecht	8

Langer, Herbert: Hortus Bellicus, 1985

M 7 **Vertreter der protestantischen Union**

Kurfürst Friedrich von der Pfalz

König Christian von Dänemark

Oberbefehlshaber Moritz von Oranien

König Gustav II. Adolf

M 8 **Die Schlacht am Weißen Berg in Prag 1620**
Die Truppen des Kaisers besiegen die böhmischen Aufständischen.
Gemälde von Pieter Snayers, 17. Jahrhundert

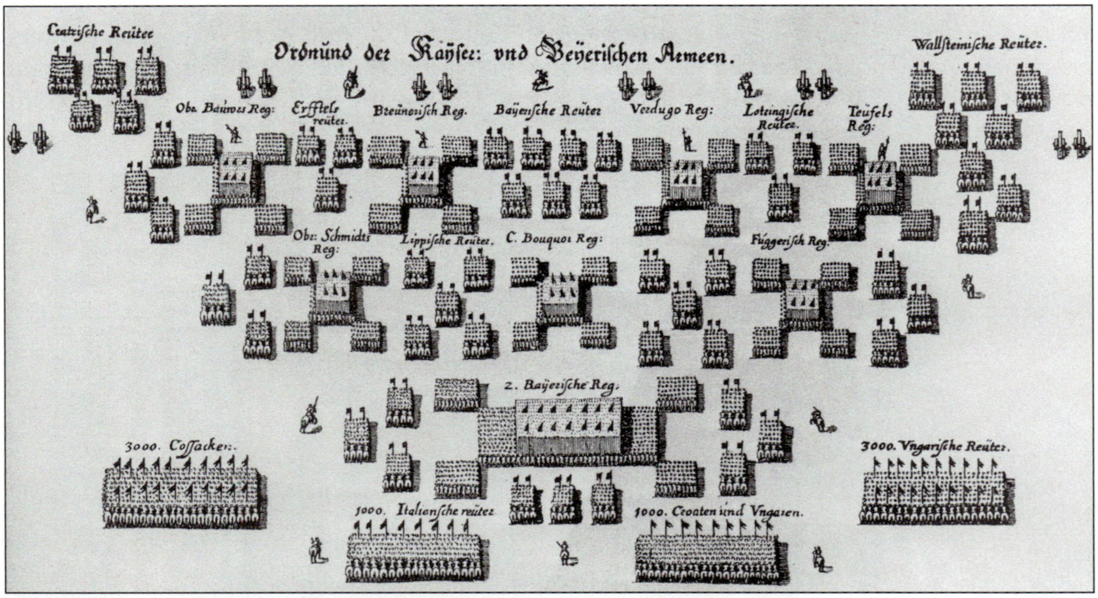

M 9 **Schlachtordnung der kaiserlichen und bayerischen Truppen in der Schlacht am Weißen Berg**

Aufgaben

1. Erkläre, worin die zentrale Aussage von M5 besteht.
2. Erkläre den Grundsatz „Der Krieg ernährt den Krieg" anhand der Besoldungstabelle. → M6, Text
3. Begründe, warum die Protestanten (in Bild M8 oben zu sehen) die bessere Ausgangslage hatten.
4. Schätze die Größe des kaiserlichen Heeres, wenn als Regimentsgröße ca. 1800 Mann anzunehmen sind. → M9

Der Krieg wird europäisch

1630–1635
schwedischer Krieg

Die Schweden im Reich

Der mit vielen norddeutschen Fürsten verwandtschaftlich verbundene König Gustav Adolf von Schweden, der sich schon in Kämpfen mit Russland und Polen einen Namen als Feldherr gemacht hatte, landete 1630 mit seinem Heer an der Odermündung. Er wollte:

- mit seinem Eingreifen den Protestanten im Reich zu Hilfe kommen,
- aber auch Schwedens Macht im Ostseeraum ausbauen.

Tilly hatte die Stadt Magdeburg erstürmt und bei den Kämpfen, Plünderungen und Bränden starben etwa 20 000 Menschen. Diese Ereignisse ließen die Stimmung der deutschen Protestanten zugunsten Gustav Adolfs umschlagen. Die protestantischen Fürsten zeigten sich jedoch lange Zeit zurückhaltend dem schwedischen König gegenüber, da sie die kaiserliche Herrschaft nicht voreilig gegen eine schwedische eintauschen wollten.

Die Schweden zogen quer durch das Reich, eroberten und verwüsteten viele Städte und Gebiete. Auch der bayerische Feldherr Tilly unterlag 1632 in der Schlacht bei Rain am Lech und starb an seinen Verwundungen. Der schwedische König Gustav Adolf zog in München als Sieger ein. In dieser Notlage holte der Kaiser Wallenstein zurück. Dieser konnte sich 1632 bei Lützen nahe Leipzig gegen die Schweden behaupten. In dieser Schlacht fiel Gustav Adolf. Wallenstein nahm Kontakt mit Schweden und Franzosen auf, woraufhin der Kaiser ihn zum Hochverräter erklärte. 1634 wurde Wallenstein von eigenen Offizieren ermordet.

M 1 Reitergefecht
Wenngleich hier nicht der Tod Gustav Adolfs dargestellt wurde, so ist er in einen Angriff von schwarz gepanzerten Kürassieren [Panzerreitern] der kaiserlichen Armee geraten. Dabei fand er den Tod. Gemälde von Jan Martsen d. J.

1635–1648
schwedisch-franz. Krieg

Frankreich greift in den Krieg ein

Das katholische Frankreich hatte längere Zeit bereits Gustav Adolf finanziell unterstützt, um damit den Kaiser zu schwächen. Nach der Niederlage der Schweden bei Nördlingen wendeten sich die protestantischen Stände von Schweden ab. Somit kämpfte nun das katholische Lager des Kaisers zusammen mit den Protestanten gegen das protestantische Schweden. Aus einer Auseinandersetzung um den richtigen Glauben wurde immer mehr ein Krieg um Macht und Einfluss.

Frankreich ging nun von der verdeckten zur offenen Kriegsführung über, da es den Krieg als Entscheidungskampf zwischen den Häusern Habsburg und Bourbon, das die französischen Könige stellte, betrachtete. Eine endgültige Entscheidung konnte aber nicht erzwungen werden. Noch dreizehn Jahre tobte der Krieg, in dem das katholische Frankreich gegen den katholischen Kaiser kämpfte.

Diese Entwicklung zeigt, dass weniger um den richtigen Glauben, als vielmehr um Macht und Einfluss gerungen wurde.

M 2 **Die gesiegelten Urkunden,** mit denen der Westfälische Frieden geschlossen wurde.

Der Westfälische Frieden von 1648

Nachdem es zu keinen militärischen Entscheidungen gekommen war, führten langwierige Verhandlungen in Münster (mit Frankreich und seinen Verbündeten) und Osnabrück (mit den Schweden) zum **Westfälischen Frieden.** Der Krieg wurde beendet und die Religionskonflikte zwischen den Reichsständen beigelegt:

- Die Calvinisten wurden als dritte Konfession anerkannt.
- Die Besitzverteilung wurde bis auf wenige Ausnahmen auf der Grundlage des Jahres 1624 festgeschrieben. Die Oberpfalz blieb zum Beispiel in bayerischem Besitz.
- Innerhalb des Reiches konnten sich die Reichsstände als Sieger fühlen.
- Frankreich ging als kontinentale Vormacht aus dem Krieg hervor, da das französische Staatsgebiet bis an den Rhein vorgeschoben wurde.
- Schweden konnte seine Macht im Norden ausbauen. Es wurde zur Vormacht im gesamten Ostseeraum.
- Die protestantischen Niederlande und die Schweizer Eidgenossenschaft schieden aus dem Reichsverband aus.

Die Folgen des Krieges waren in Deutschland katastrophal. Handel, Gewerbe und Landwirtschaft kamen zum Erliegen. Seuchen und Hunger führten zum Massensterben. Nach Schätzungen ging die Einwohnerzahl des Reiches von 21 auf 13 Millionen zurück. Es dauerte Jahrzehnte, bis sich die Länder von diesem Krieg erholten.

Aufgaben

1. Ergänze mithilfe des Textes folgende Tabelle in deinen Unterlagen.

Zeit	Ereignis	Ort
1630	...	Odermündung
...	Tilly stirbt	...
1634	...	...
...	...	Münster

2. Nenne Gründe, warum der Krieg so lange gedauert hat.
3. Erkundige dich, worin die Lehre Calvins bestand.

M 3 Klagen über Wallenstein

Die Klagen der Kurfürsten über Wallenstein auf dem Kurfürstentag zu Regensburg (1630):

Die Kurfürsten gaben genugsam zu verstehen, dass an den trübseligen Zeiten, an Schaden und Lastern, greulichen und unerhörten Kriegsdrangsalen, so täglich vorkamen, der neue Herzog aus Mecklenburg als General über die kaiserlichen Armeen einzig und allein die Ursache wäre, indem man demselben ohne der Stände Bewilligung eine solche Gewalt aufgetragen, die noch kein Einziger vor ihm gehabt hatte. So wäre auch das unsäglich gewordene Kriegsvolk zu nichts dienlich, als das allgemeine Vaterland zu verwüsten. […]
Die Kontributionen [„Sondersteuern“ durch Plünderungen] wären nach des Herzogs eigenem Wohlgefallen angesetzt und mehr als barbarischerweise den Leuten abgezwungen worden.
Weiter ward bestätigt, dass Kurbrandenburg allein diese wenigen Jahre her nur an Kontribution auf die 20 Millionen Gulden hergeschossen hätte. Nicht weniger hat man sich um höchsten beschwert wegen der großen Pracht, so der Herzog samt seinen Obersten und Befehlshabern sowohl an Kleidung, goldenem und silberem Geschirr als auch schönen und köstlichen Pferden verübt und getrieben. […]

Scherrinsky, Harald; Wulf, Walter: Geschichtliche Quellenhefte mit Überblick. „Die Welt im Wandel“ 4/5, S. 104–105

M 4 Gefangen

Der junge Daniel Friese aus Magdeburg überlebte die Plünderung seines Elternhauses im Jahre 1631:

Wir […] krochen unter das alte Dach. Da hörten wir erst, wie es in unserem Haus herging. Kisten und Kasten hörten wir aufschlagen, sahen auch durch die Ziegel, wie […] unsere Nachbarn gestoßen und gemartert wurden, und glaubten uns alle des Todes. Das ganze Haus war voll Soldaten, Pferden und dergleichen. Etliche wollten stracks auf den Vater los, aber der Soldat nahm sich unser an, sagte, wir seien seine Gefangenen, und ließ uns nicht antasten […]. Also gingen wir ungefähr um 10 Uhr aus dem Haus hinaus. Wir Kinder nahmen einander Paar und Paar bei den Händen und gingen […] geschwind vor den Eltern her und Soldaten nach. […] Als wir nun durch ein paar Gassen gegangen waren, sahen wir verschiedene Tote aneinanderliegen, mussten oft im großen Gedränge über die toten Körper hinwegschreiten.

in: Lohmann, Karl (Hg.): Die Zerstörung Magdeburgs. S. 210 ff.

M 5

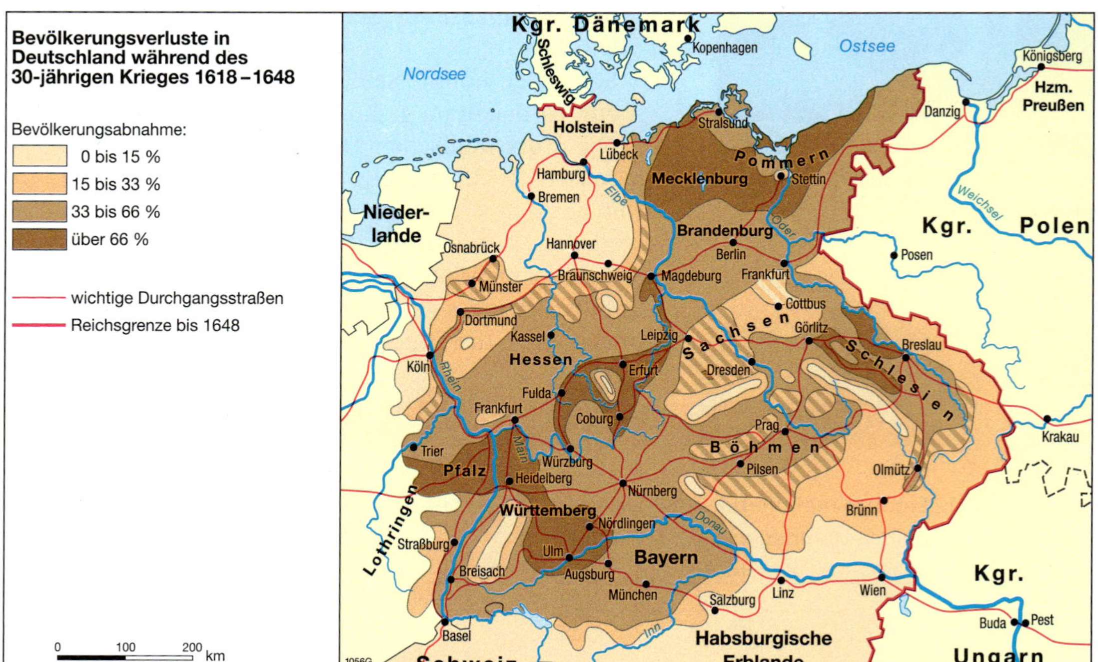

M 6

Aufgaben

1. a) Nenne die Kritikpunkte, die der Kurfürstentag gegenüber Wallenstein äußerte. → M3
   b) Welche anderen Gründe waren wohl auch mit verantwortlich, dass Wallenstein nicht mehr gewollt war?
2. Bringe die Begriffe „Kriegsgewinner und Kriegsverlierer“ in Verbindung. → M3, M5
3. Beschreibe die Gewalt, die den Menschen bei der Plünderung von Magdeburg widerfahren ist. → M4
4. Bringe Karte M5 und M6 in eine inhaltliche Verbindung.

Kriegsführung und Kriegsleid

Im 17. Jahrhundert nahmen die Mannschaftsstärken der Armeen deutlich zu. Die Vergrößerung der Armeen und die Ausweitung der strategischen Ziele trugen dazu bei, dass die Waffen vereinheitlicht wurden. Das bedeutete, dass die Waffen nun vom Staat und nicht mehr vom einzelnen Soldaten gestellt werden mussten.

M 1 Musketier
Laden einer Muskete, zeitgenössischer Stich

Soldaten und Kriegstechnik

Feuerwaffen erhöhten die Schlagkraft der Fußsoldaten. Die neuen Musketen – Gewehre, die von vorne geladen wurden – waren leichter zu bedienen. Trotzdem feuerten die Gewehre langsam. Ein Schuss erforderte etwa zwei Minuten Ladezeit. Die optimale Schussweite lag bei etwa 50 Metern.

Die Entscheidung in der Schlacht wurde meist über die an den Flügeln postierte Reiterei gesucht, die mit Säbel und Pistole bewaffnet war. Es war allerdings ein Problem, die vielen Pferde zu versorgen. So verendeten schon beim Anmarsch zur Schlacht von Lützen im Jahre 1632 etwa 4000 von 9000 Pferden der schwedischen Armee.

Die Artillerie gewann im Laufe des Krieges zunehmend an Bedeutung. Zudem wurden die Geschütze leichter und beweglicher. Besonders verwundbar waren die in Gruppen aufgestellten Soldaten. Sie stellten trotz der mangelnden Zielgenauigkeit und langsamen Schussfolge der Artillerie leichte Ziele dar.

Im Dreißigjährigen Krieg waren die Soldaten Söldner und gehorchten nur, wenn sie regelmäßig bezahlt wurden. So musste der Feldherr dafür Sorge tragen, dass seine Soldaten ihren Sold bekamen, was im geplünderten und gebrandschatzten Deutschland zunehmend Schwierigkeiten bereitete. Die Versorgung der Truppen wurde auf Kosten der Bevölkerung durchgesetzt (Kontribution). Große Armeen ab etwa 40 000 Mann konnten jedoch auch so nicht bedient und somit nicht kontrolliert werden.

M 2 **Übergriffe auf die Bevölkerung**

Tross

Gruppe von Menschen, die mit den Soldaten mitreist, um diese u. a. zu versorgen

Die Situation der Bevölkerung

Dass der 30-jährige Krieg für die Menschen katastrophale Folgen hatte, lag nicht nur daran, dass die Auseinandersetzung so lange gedauert hatte. Eine Vielzahl weiterer Gründe sind zu nennen:

- Manche Gebiete wurden im Laufe der Zeit mehrmals verwüstet.
- Aufgrund des Hungers und des Elends zogen viele Menschen mit den Soldaten in der Hoffnung auf Essbares umher, wodurch die ansässige Bevölkerung nicht nur von den Soldaten, sondern auch noch von dem *Tross* in Mitleidenschaft gezogen wurde.
- Viele Menschen starben nicht direkt durch die Kämpfe, sondern aufgrund von Hunger, Unterernährung und Krankheiten.
- Neben den körperlichen Verletzungen sind vor allem auch die psychischen Folgen zu nennen, mit denen die Menschen zurechtkommen mussten.
- Durch die Kontributionen wurden ganze Landstriche systematisch ausgebeutet.

Aufgaben

1. Bringe folgende Begriffe in eine sinnvolle Reihenfolge: Maximilian von Bayern – 95 Thesen – Westfälischer Frieden – Luther – Prager Fenstersturz – Kontribution – Augsburger Religionsfrieden – Bauernkrieg – Augsburger Bekenntnis.

M 3 Otto v. Guericke über die Zerstörung Magdeburgs (20. Mai 1631)

Da ist es geschehen, dass die Stadt mit allen ihren Einwohnern in die Hände und Grausamkeit ihrer Feinde geraten, die dann alle heftig und grausam, teils aus gemeinem Hass gegen die augsburgischen Konfessionsverwandten, teils dass man mit Drahtkugeln geschossen und sonst etwa von den Wällen geschälet, erzürnt und erbittert gewesen. Insonderheit hat ein jeder von den Feinden nach vieler großer Beute gefraget. Wenn dann eine solche Partei in ein Haus gekommen und der Herr etwas zu geben vermocht gehabt, hat er sich und die Seinigen so lang salvieren [retten] und erhalten können, bis eine andere wieder angekommen. Endlich aber, wenn es alles hingegeben und nichts mehr vorhanden gewesen, alsdann ist die Not erst losgegangen.

Da haben sie angefangen zu prügeln, ängstigen, gedrohet zu erschießen, spießen, henken usw., dass, wenn´s gleich unter der Erde vergraben oder mit tausend Schlössern verschlossen gewesen, die Leute dennoch hervorsuchen und herausgeben müssen. Unter welcher Wüterei dann, und da diese herrliche, große Stadt, die gleichsam eine Fürstin im ganzen Lande war, in voller brennender Glut und solchem großen Jammer und unaussprechlicher Not und Herzeleid gestanden, sind mit greulichem, ängstlichem Mord- und Zetergeschrei viel tausend unschuldige Menschen, Weiber und Kinder, kläglich ermordet und auf vielerlei Weise erbärmlich hingerichtet worden, also dass es mit Worten nicht genugsam kann beschrieben und mit Tränen beweint werden.

[…] Sobald sich aber die Hitze und Glut in etwas gestillt, hat der kaiserliche General von der Artillerie […] alle Braupannen, Glocken und anderes Kupfergeschirr zusammen auf unterschiedliche große Haufen führen und für sich als Beute verwahren lassen.

Scherrinsky, Wulf: Renaissance, Reformation und Glaubenskämpfe. S. 110 f.

M 4 Hellebarde

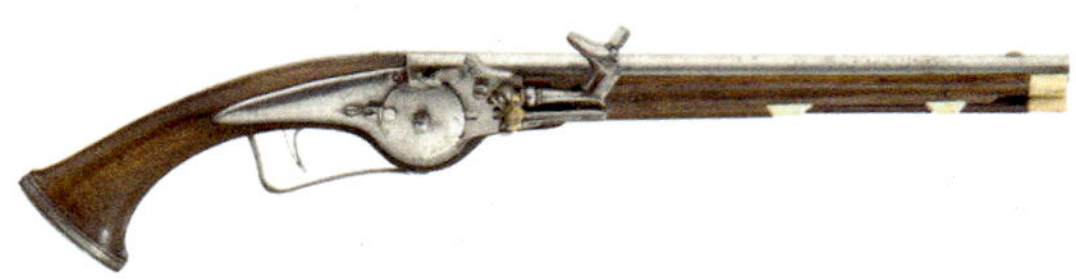

M 5 Radschlosspistole

M 6 Kanone

M 7 **„Die großen Schrecken des Krieges“**, Jacques Callot, Kupferstich um 1632

M 8 **Tränen des Vaterlandes, Andreas Gryphius**

Wir sind doch nuhmehr gantz/ ja mehr den gantz verheeret!
Der frechen völcker schaar/ die rasende posaun
Das vom blutt fette schwerdt/ die donnernde Carthaun
Hat aller schweis/ vnd fleis/ vnd vorraht auff gezehret.
Die türme stehn in glutt/ die Kirch ist vmgekehret.
Das Rahthauß ligt im graus/ die starcken sind zerhawn,
Die Jungfrawn sind geschändt/ und wo wir hin nur schawn,
Ist fewer/ pest/ und todt der hertz vnd geist durchfehret.
Hir durch die schantz vnd Stadt/ rint alzeit frisches blutt.
Dreymall sindt schon sechs jahr als unser ströme flutt,
Von leichen fast verstopfft/ sich langsam fort gedrungen,
Doch schweig ich noch von dem was ärger als der todt,
Was grimmer den die pest/ vnd glutt vnd hungers noth,
Das auch der selen schatz/ so vielen abgezwungen.

Andreas Gryphius, Gesamtausgabe der deutschsprachigen Werke, Band I

Aufgaben

1. Setze M3, M4, M5 und M6 kritisch in Verbindung.
2. Zeige anhand von M4, M5, M6, wie sich die Kriegsführung veränderte.
3. Aus welchem Jahr stammt das Gedicht von Andreas Gryphius? → M8

Beginn der Reformation (1517)

Bauernkrieg (1525)

Konzil von Trient (1545–1563)

1500 1515 1530 1545 1560

Lesetipp

Tilman Röhrig: In dreihundert Jahren vielleicht. Würzburg 1999

Eggebusch im Oktober 1641: Hunger, Elend und Furcht bestimmen das Leben in dem kleinen Ort. Nur wenige Menschen können sich noch an die Zeit vor dem Krieg erinnern.

Noch in Gedanken wandte sich der gedrungene Mann um und blickte über den Acker zum Wiesenhügel hinüber. Soldaten! In einer lang auseinandergezogenen Kette kamen Fußsoldaten den Hang herunter. Über den Fahrweg galoppierten Reiter, gefolgt von einem Pferdegespann. Als der Dorfvogt begriff, schrie er. Sein Schreien brüllte auf Eggebusch nieder. Er riss das Gewehr hoch. Der Schuss löste sich nicht. „Soldaten!“ Er schrie, stürzte nach der Pulverflasche, schrie, schüttete mit fliegenden Fingern frisches Pulver auf. „Soldaten!“ Endlich zündete der Funke. Der Knall dröhnte über die Dächer und schreckte die Menschen in ihren Hütten auf. Der Knall dröhnte weit über den Acker, über den Wiesenhügel. Auf dem Fahrweg rissen die Reiter an dem Zaumzeug. Die Gäule stiegen auf die Hinterhand. Der hohe Planwagen schleuderte, bevor er neben der Straße zum Stehen kam. Am Wiesenhügel stockte die auseinandergezogene Kette. Die Fußsoldaten feuerten einige Schüsse zur Antwort. Dann setzten alle zum Sturm an – mit gezückten Säbeln, grölend und johlend.
[…] Wieder fiel die Gewalt in Eggebusch ein. Pferde preschten vom Fahrweg her durch die enge Gasse, laut ratterten die Räder des Beutewagens über das Pflaster, mit Gebrüll stürmten die Fußsoldaten zwischen den ersten Hütten hindurch und alles sammelte sich auf dem Marktplatz.
Der Ort war eingenommen! Die Männer in den zerlumpten Uniformen lachten über den Sieg. So macht das Kämpfen Spaß! Sie legten die Gewehre ab. Befehle teilten den Haufen in kleine Trupps, und mit gezückten Säbeln schwärmten sie in alle Richtungen aus. […]
Niemand in Eggebusch hatte noch Zeit gefunden, die Türen und Fenster auszuheben, um die Hütten unbewohnt erscheinen zu lassen. Die Plünderer hatten leichtes Spiel.
In das Kreischen der Kinder mischte sich das verzweifelte Jammern der Frauen, wenn sie aus den Häusern gerissen wurden. Die Männer brüllten vor Schmerzen. Über Eggebusch zog sich ein Schrei der Verzweiflung. […]

S. 130–134

Dreißigjähriger Krieg (1618–1648)

Westfälischer Frieden (1648)

1590 | 1605 | 1620 | 1635 | 1650

Zusammenfassung

Filmtipp

Luther
Special Edition mit Dokumentation,
2 DVDs

Mit den **95 Thesen** von **Martin Luther** im Jahre 1517 begann ein Prozess, den man heutzutage als **Reformation** bezeichnet. Reformatoren wie Martin Luther legten in ihrem Kampf gegen die Missstände der Kirche die Aussagen der Bibel neu aus und wurden zu Gründern eigenständiger, **evangelisch-lutherischer** Kirchen. Die **katholische** Richtung war von diesem Zeitpunkt an nur noch eine unter mehreren christlichen **Konfessionen.** Diese Aufspaltung ging aber nicht friedlich vonstatten. Innerhalb Europas führten die religiösen Meinungsverschiedenheiten zu gewaltigen Konflikten. Schon die Bauernkriege zeigten zu Beginn von Luthers Wirken, welche Sprengkraft sich in diesem neuen Denken verbarg. Mit der Reformation wurde auch deutlich, wie stark Religion und Politik miteinander verwoben waren, was vor allem auch in den Personen **Karls V.** und **Maximilians von Bayern** deutlich wurde.

Der **Augsburger Religionsfrieden** (1555) konnte zunächst zu einer Beruhigung der gegensätzlichen Interessen beitragen. Es dauerte aber nur bis zum Jahr 1618, bis die Glaubensfrage erneut militärisch ausgetragen wurde.

Der **Dreißigjährige Krieg** (1618–1648), eine Auseinandersetzung um die Konfession, aber auch um Politik und Macht, die in der Mitte Europas stattfand, stellt für Deutschland eine der größten Katastrophen seiner Geschichte dar. Erst im **Westfälischen Frieden** von 1648 gelang es, Regelungen zu finden, die ein friedliches Zusammenleben zwischen den Konfessionen ermöglichten, wobei auch in der Folgezeit immer wieder um die Frage des richtigen Glaubens gerungen wurde.

Gutenberg-Denkmal in Mainz

Die Verbreitung des Buchdrucks

Blu-ray-Disc

Schreibende Mönche,
Buchdeckel aus Elfenbein, um 980

M 1 Hieroglyphen

M 2 Sumerische Tontafeln

M 3 Chinesische Zeichen

Schrift im Wandel

Wozu Schrift? Seit wann gibt es Schrift?

Jeder, der schon einmal mit Freunden „Stille Post“ gespielt hat, weiß, wie wichtig eine genaue Weitergabe von Informationen ist. Deshalb kamen die Menschen schon vor 5000 Jahren darauf, ihre Botschaften „aufzuschreiben“. Sie wollten so bedeutende Texte wie z. B. Gesetze für alle festhalten und vor dem Vergessen bewahren. Zuerst geschah dies in Sumer, also ungefähr in der Gegend um Euphrat und Tigris, dort, wo heute die Staaten Iran und Irak liegen. Archäologen fanden Tontäfelchen, in die Zeichen eingekratzt waren. Nach dem Aussehen wurde diese Schrift als „Keilschrift“ bezeichnet. Sie war mehrere Jahrtausende im Nahen Osten gebräuchlich.

In Ägypten entstand eine Schrift aus kleinen Bildern, die man Hieroglyphen nannte. Das bedeutet „heilige Schriftzeichen“, denn diese Zeichen wurden vor allem in Tempeln verwendet.

Der chinesische Weg

Im alten China hat sich eine Begriffsschrift entwickelt. Jeder Begriff wird durch einzelne oder zusammengesetzte Zeichen geschrieben. Damit kann man bei Dialekten Probleme bei der Aussprache vermeiden. Ein Nachteil ist die ungeheure Zahl an Zeichen: Mindestens 2000 bis 4000 müssen es schon sein. Insgesamt gibt es ungefähr 50 000 Zeichen.

Anfänge der Buchstabenschrift

Unsere Schrift ist ganz anders aufgebaut. Sie setzt sich aus Buchstaben zusammen und entwickelte sich in Palästina. Es wurden zunächst nur Konsonanten geschrieben, 22 an der Zahl, wie wir sie noch in der hebräischen und arabischen Sprache finden können. Erst die Griechen führten Vokale ein, damit verringerten sich Missverständnisse und man konnte die Texte leichter lesen. Diese griechischen Buchstaben wurden das Vorbild für die weiteren europäischen Schriften.

Weiterentwicklungen

Auch die lateinische Schrift stammt von der griechischen ab. Erste Zeugnisse kennt man aus der Zeit um 600 v. Chr. Durch den Aufstieg Roms zur Weltmacht wurden die lateinischen Buchstaben in allen Teilen dieses Reiches bekannt und gebräuchlich. Mit der Zeit veränderte sich diese Schrift immer wieder. Man kannte nun nicht nur eine Schrift, sondern es waren etliche im Gebrauch. Erst die sogenannte „Karolingische Minuskel“ sorgte wieder für eine einheitliche Schrift im ganzen Land. Der Name leitet sich von Kaiser Karl dem Großen ab, denn in seiner Zeit setzte sich diese Schrift durch. Außerdem gab es „kleine“ Buchstaben mit Ober- und Unterlängen (Minuskel). Im achten Jahrhundert hatte man übrigens keine Probleme mit der Groß- und Kleinschreibung, denn erst im 13. Jahrhundert ging man dazu über, unter anderem Namen großzuschreiben.

Auch danach wandelten sich die Schriften. Seit Gutenbergs Erfindung gibt es eine Vielzahl unterschiedlichster Schriftarten, die sich spielend leicht mit dem Computer verwenden lassen.

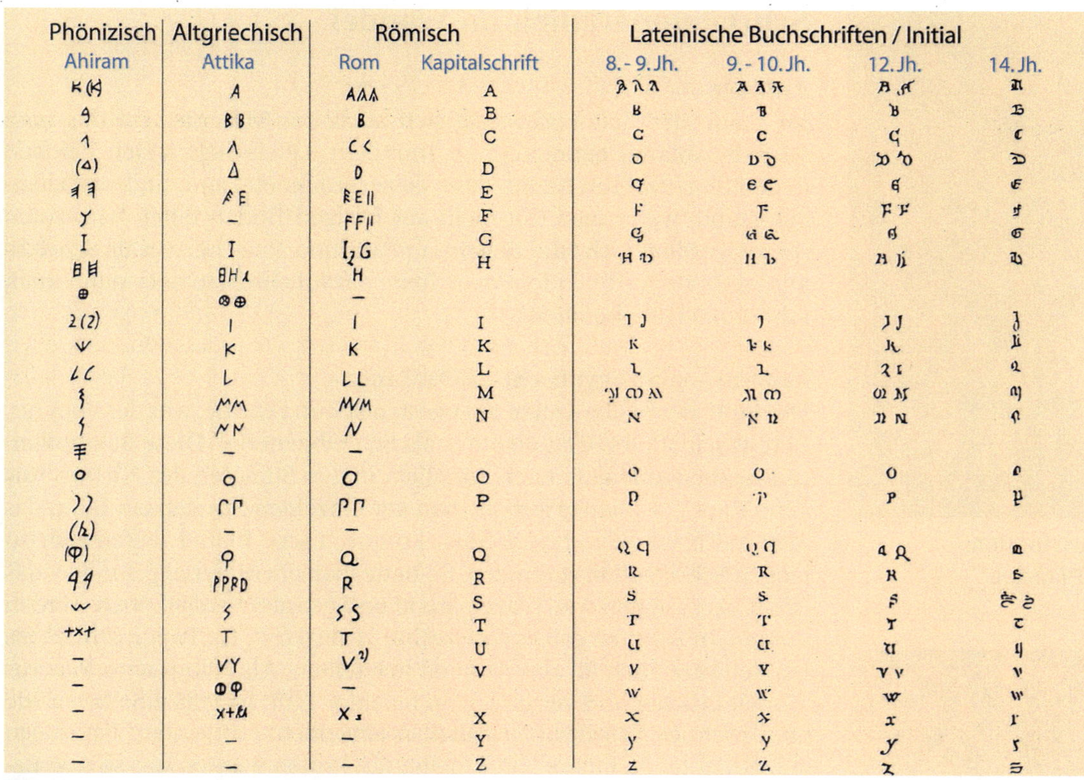

M 4 **Entwicklung des Alphabets**

M 5 **Griechische Münze**

M 6 **Piktogramme**

Aufgaben

1. Welche griechischen Buchstaben ähneln den heutigen sehr, welche kaum?
→ M4

2. Überlege dir Vor- und Nachteile der einzelnen Schriftarten. Denke dabei auch an Verwechslungsgefahr und Schreibgeschwindigkeit.

M 1 Papyrusstauden, Foto heutiger Pflanzen

M 2 Papyrusarbeiter in Ägypten

M 3 Papierherstellung im Mittelalter, Holzschnitt 1568

Schreibmaterialien im Wandel

Anfänge

Im Laufe der Zeit veränderte sich auch das Material, auf das man schrieb. Anfangs benutzte man Tontafeln. Leicht ließen sich Zeichen in den feuchten Ton ritzen, denn dieser trocknete dann und war ziemlich stabil, wenn man ihn nicht auf felsigen Boden fallen ließ. Auch später wurden noch zum Beispiel in Palästina Tonscherben als Schreibmaterial „recycelt", indem man Texte darauf einritzte oder dann auch schon mit Tinte beschrieb.

Papyrus – eine ägyptische „Erfindung"

Der Stoff, der in der Antike am meisten benutzt wurde, war der Papyrus. Bereits seit 3000 v. Chr. diente er als Schreibmaterial. Diese Schilfpflanze kommt auch heute noch vor allem in den Sümpfen des Nil vor. Aus dem Mark der Pflanze fertigte man aus einzelnen Streifen ein Blatt, das man auf einer Seite beschreiben konnte. Diese Blätter ließen sich zu langen Schriftrollen verbinden. So hatte man ein Material gefunden, das leicht herzustellen war, platzsparend und geordnet aufgehoben werden konnte. In Ägypten gab es regelrechte „Fabriken", die Papyrusrollen als Massenware auch für das Ausland herstellten. Allerdings wird Papyrus schnell brüchig und vermodert in feuchter Luft. In Palästina bewahrte man wichtige Schriftrollen daher in einzelnen, luftdichten Tonkrügen auf. Bedeutende Funde von Bibelhandschriften wurden uns so überliefert. Noch heute werden im Judentum Schriftrollen mit der Tora im Gottesdienst verwendet, nun allerdings aus Papier. Bis ins frühe Mittelalter war Papyrus im Gebrauch.

Alternative Materialien

Natürlich gab es andere Möglichkeiten Wichtiges aufzuschreiben. Wollte man nur mal eben etwas notieren, bevor man es vergessen hatte, so nahm der Römer oder Grieche sein Wachstäfelchen zur Hand. Mit einem Stylus, einem Stift, schrieb man und dieser diente auch dazu, die Buchstaben „auszuradieren", wenn man sie nicht mehr brauchte. So musste man sich nicht immer neues Material besorgen.

Vom Pergament zur Blu-ray-Disc

Schon vor Christi Geburt kannte man das Pergament, das aus Tierhäuten hergestellt wurde. Benannt nach der Stadt Pergamon, wo es angeblich erfunden wurde, hält sich dieses Material sehr lange. Im Mittelalter verwendete man es für die Herstellung von Büchern, die dadurch aber sehr teuer wurden.

Billiger ist das Papier, das in China im 2. Jh. n. Chr. entwickelt wurde und im späten Mittelalter in Europa aufkam. Heute wird es aus zu Zellstoff verarbeitetem Holz und Leim hergestellt.

Unsere Zeit ist gekennzeichnet von elektronischen Speichermedien, auf denen Unmengen von Daten aufbewahrt werden können, ohne das Papier allerdings abgelöst zu haben. Der Wandel von Diskette zur Bluray ist rasend schnell und stellt die Besitzer älterer Geräte vor Probleme. Ebenso ungelöst ist die Frage, wie lange sich Informationen auf DVDs, Festplatten etc. tatsächlich halten können und lesbar sind.

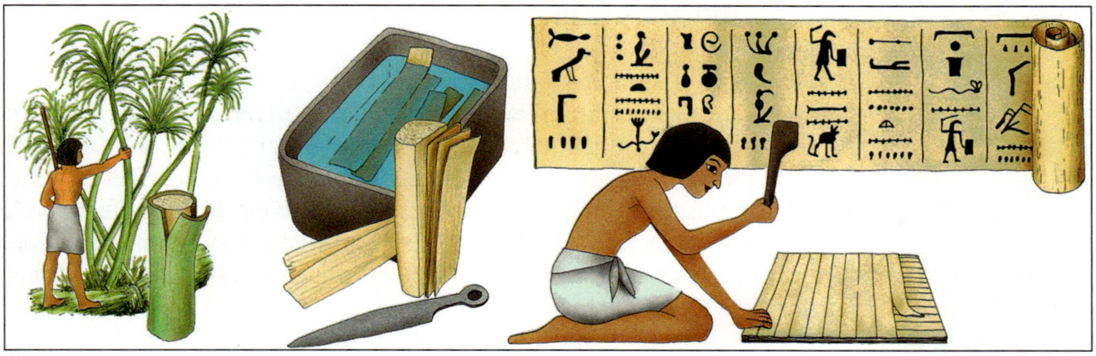

M 4 **Papyrusherstellung**

A Papierbreimasse von dem Rahmen lösen.
B Papierbrei erneut umrühren. Schöpfrahmen am Ende der Schüssel beginnend in den Papierbrei tauchen.
C Papierbogen in ein Tuch legen und Restwasser herauspressen. Trocknen lassen.
D Verschiedene Papiersorten in möglichst kleine Stücke reißen. Die Stücke sollten nicht größer als eine Briefmarke sein.
E Rahmen langsam und waagerecht aus der Schüssel heben.
F Wasser zugeben und kräftig umrühren. Das Papier muss mindestens einen Tag lang einweichen. Dann mit einem Handmixer die Papierschnipsel weiter zerkleinern.

M 5 **Aus Altpapier neues Papier herstellen**

Aufgaben

1. Beschreibe die Herstellung von Papyrus. → M1, M2, M4
2. Bringe die Schritte der Papierherstellung in die richtige Reihenfolge. → M5
3. Vergleiche beide Techniken hinsichtlich ihrer Vor- und Nachteile. → M1–M5
4. Stellt gemeinsam Papier her. → M5
5. Erkundige dich, wie viel Papier in deiner Schule im Schuljahr verbraucht wird.

Das Skriptorium: Buchherstellung im Mittelalter

M 1 **Ein Mönch radiert mit einem Federmesser Fehler aus.**

„Das geht doch auf keine Kuhhaut!"
Diese Redensart stammt aus dem Mittelalter, als man auf „Kuhhäute" schrieb. Um ein Buch herstellen zu können, war ein langwieriger und teurer Prozess notwendig. Man verarbeitete die Haut von Kühen oder Schafen und Ziegen zu Pergament, indem man die Häute in Kalkwasser legte und dann das Fell entfernte und sie mit einem speziellen Schabeisen glatt machte. Für ein Buch brauchte man schon mal hundert und mehr Kühe.

Natürlich gab es noch andere Tätigkeiten wie z. B. das Zeilenziehen zu erledigen. Der Füller des Mittelalters war die Gänsefeder, die mit einem Messer immer wieder nachgeschnitten werden musste. In Rinderhörnern bewahrte man die Tinte auf. Braune Tinte stellte man aus eingeweichten Dornenzweigen her, schwarze aus Ruß. Daneben brauchte man verschiedene Farben, die zur Ausschmückung dienten. So verwendete man Tinte aus Zinnober, um Überschriften zu schreiben. Dieser Mineralstoff konnte im Bergbau gewonnen oder aus Quecksilber und Schwefel hergestellt werden. Purpur war die edelste Farbe, die man aus der Drüse einer Schneckenart gewann. Für ein Gramm Farbstoff benötigte man fast 10 000 Schnecken. Als Bindemittel dienten vor allem Harze von Kirsch- und Pflaumenbäumen.

Bücher – Luxus für wenige
Die Bibel und ihre Texte wurden regelrecht verehrt. Kein Wunder also, dass man diese Schriften besonders verzierte. Dazu gehörten große Anfangsbuchstaben eines Kapitels, die Initialen. Auch Miniaturen, kleine prachtvolle Bilder, wurden ins Buch gemalt. Hauchdünnes Blattgold fand ebenfalls Verwendung, denn für die Heilige Schrift war nichts zu teuer. Verständlich, dass ein solches Werk kaum bezahlbar war und heute den Gegenwert eines Luxusautos hätte. Um einen Diebstahl in einer Klosterbibliothek auszuschließen, wurden Bücher oftmals auch angekettet.

Das Skriptorium: Arbeitsplatz für Spezialisten
Meist reiche Herrscher bestellten eine Bibelabschrift für ihr Ansehen. Man beauftragte ein Kloster, das über ein Skriptorium, also über eine Schreibstätte, verfügte. Dort waren die Mönche damit beschäftigt ein Buch abzuschreiben, eine Kopie herzustellen. Dies geschah wie in einer Fabrik in Arbeitsteilung, für jeden Arbeitsschritt war ein Spezialist zuständig. Da gab es Kopisten, die Buchstaben abmalen, aber nicht lesen konnten, dann wiederum Experten für Initialen, andere wurden mit dem Vorzeichnen der Miniaturen betraut. So arbeiteten Schreiber, Buchmaler und Handwerker zusammen, um dieses Werk durchzuführen. In der Regel benötigten sie ungefähr drei Jahre, bis eine Bibel fertig war.

Nur sehr wenige Menschen konnten damals lesen. Deshalb schrieb man nur religiöse Texte wie die der Bibel ab, die im Gottesdienst benötigt wurden. Außerdem waren Lesen und Schreiben noch keine Fähigkeiten, die man zusammen beherrschte. So gab es Menschen, die nur lesen konnten, andere wiederum konnten nur schreiben, aber nicht lesen, was sie abschrieben.

M 2 **Skriptorium im Kloster Fontenay**
Burgund, Frankreich 12. Jh.
Rechts befinden sich die Nischen für die Schreiber.

M 3 Beschreibung eines Skriptoriums

In seinem 1982 erschienenen Roman „Der Name der Rose“ beschreibt Umberto Eco sehr anschaulich, wie ein mittelalterliches Skriptorium aussah.

Ja, damals, in jener Stunde beginnender Dämmerung, erschien mir das Skriptorium wie eine fried- und freudvolle Werkstatt der Weisheit. [...] Restauratoren, Kopisten, Rubrikatoren und Forscher saßen jeder an seinem eigenen Tisch, je einer vor jedem Fenster. [...] Die hellsten Plätze waren den Restauratoren, den erfahrensten Miniaturenmalern und den Kopisten vorbehalten. Jeder Tisch hatte alles, was man zum Malen und Kopieren braucht: Tintenfässer, feine Federn, die einige Mönche mit winzigen Messerchen schärften, Bimssteine, um das Pergament zu glätten, und Lineale, um die Zeilenlinien zu ziehen. Neben jedem Schreiber oder auch am oberen Ende der schrägen Schreibfläche eines jeden Tisches stand ein Lesepult, auf dem der zu kopierende Codex (Handschrift) ruhte, festgehalten durch eine bewegliche Maske, welche die gerade abzuschreibende Zeile einfasste. Manche hatten auch goldene oder andersfarbige Tinten. Andere Mönche sah ich nur lesen und sich Notizen machen in Hefte oder auf kleine Täfelchen.

Eco, Umberto: Der Name der Rose. S. 98

M 4 Herstellung einer Handschrift

Aufgaben

1. Beschreibe in eigenen Worten und in richtiger Reihenfolge die Herstellung eines Buches im Mittelalter. Verwende folgende Stichwörter: Initialen malen, Haut glatt schaben, Linien ziehen, hölzernen Einband zurechthauen und mit Leder beziehen, Fell abkratzen, Vorlage in Wachstafel ritzen, schreiben, Miniaturen malen, Blätter zusammenbinden, Gänsefeder zuschneiden, Vorlage auswählen, fertiges Buch.
   → M3, M4
2. Überlege dir Gründe, warum im Skriptorium nur tagsüber gearbeitet werden durfte. → M2, M3

„Mehr als das Gold hat das Blei die Welt verändert, und mehr als das Blei in der Flinte jenes im Setzkasten der Drucker."

M 1 **Lichtenberg – Zitat**

Eine Erfindung, die die Welt veränderte

In einer Umfrage wurde Johannes Gutenberg zum Mann des Jahrtausends gewählt, denn seine Erfindungen revolutionierten die Herstellung von Büchern und damit die Verbreitung von Nachrichten, Informationen und Meinungen. Zwar gab es schon vorher den Holzschnitt, bei dem Texte und Bilder in eine Holzplatte geschnitzt wurden, doch durch Gutenberg bekam diese Technik ein neues Ausmaß. Er entwickelte die Idee der Einzelbuchstaben (Typen), die in einem Setzkasten aufbewahrt wurden.

M 2 **Gutenberg-Bibel,** um 1452

Der Buchdruck

Die zeitaufwendigste Arbeit war das Herstellen von Typen. Um zügig drucken zu können, brauchte man eine Vielzahl davon. Für den Druck der Bibel waren ca. 290 verschiedene Schriftzeichen (Großbuchstaben, Kleinbuchstaben usw.) notwendig. Wollte man gut vorankommen, musste man schon ungefähr 100 000 Typen als Vorrat haben. In einem halben Jahr hatte man sie gegossen. Dann musste man die Buchstaben zu Texten zusammensetzen, wozu zwei Jahre erforderlich waren. Die reine Druckzeit für die 1282 Seiten der Gutenberg-Bibel betrug ebenfalls zwei Jahre. Dennoch: Früher brauchte ein Kopist drei Jahre für eine Bibel, die Werkstatt schaffte in derselben Zeit 180, eingerechnet die Zeit für die Herstellung der Typen, die man nun weiter verwenden konnte.

Siegeszug des Buchdruckes

Schnell verbreitete sich die „schwarze Kunst", wie der Buchdruck auch genannt wurde, über ganz Europa. Bis 1500 gab es 260 europäische Druckorte mit ungefähr 1120 Druckereien, die 30 000 verschiedene Werke hergestellt hatten. Bei einer durchschnittlichen Auflage von 300 kommt man so auf 9 000 000 Bücher und Schriften, die in knapp 50 Jahren gedruckt wurden. Weitere Verbesserungen in der Drucktechnik machten das Buch im Laufe der Jahrhunderte zur Massenware und bewirkten so eine Ausweitung der Leserschaft. Immer mehr Menschen konnten und wollten lesen.

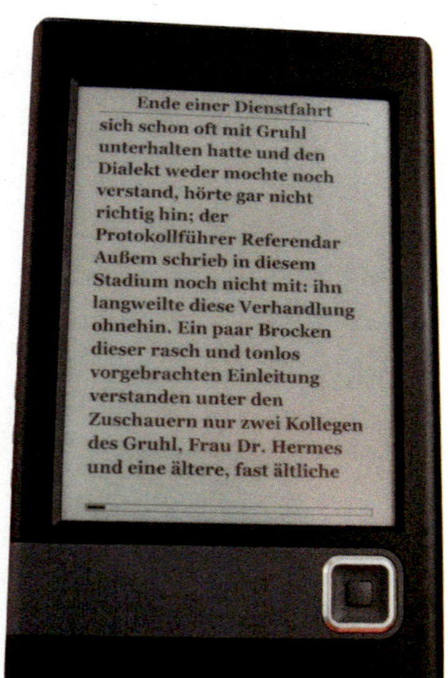

M 3 **E-Book,** heutiges Foto

Flugblätter: Der Buchdruck verändert die Welt

Rasch begriff man die neuen Möglichkeiten. Einblattdrucke waren billig herzustellen und leicht zu verteilen. In der Zeit der Reformation konnte man mit dem Flugblatt seine politische und religiöse Meinung schnell verbreiten.

Heutige Datenvielfalt

Im Computerzeitalter hat sich die Menge an Daten vervielfacht und die Verbreitung rasant beschleunigt. Mit E-Mail und PC lassen sich Texte, Bilder und sogar Filme weltweit in Sekunden verschicken. Ein Mausklick ins Internet und schon kann man an einer riesigen, oft unkontrollierten Informationsmenge teilhaben. E-Books versuchen dem Buch Konkurrenz zu machen. Man kann seine Lektüre aus dem Internet herunterladen und dann lesen. Und dennoch, immer noch gibt es Bücher, und auch dieses Geschichtsbuch verdankt seine Entstehung Johannes Gensfleisch, genannt Gutenberg.

M 4 Sebastian Brant über die Druckkunst

Der Schriftsteller lobt Gutenbergs Erfindung in einem „Gedicht über die Trefflichkeit der Druckkunst" und spricht dabei die unschätzbaren Vorteile an.

Was früher nur der Reiche und der König zu eigen besitzen konnte, selbst im bescheidensten Haus trifft man es jetzt: ein Buch. Dank sei den Göttern zunächst, doch sofort auch den Druckern, die durch ihr rastloses Mühen die treffliche Kunst meistern. Was den Gelehrten Hellas [Griechenlands] und römischer Technik verborgen geblieben ist, diese neue Erfindung stammt aus deutschem Geist.

Füssel, Stephan: Johannes Gutenberg. S. 140

M 5 „Die Daten-Sucht"

In einem Artikel werden Vorzüge, aber auch Gefahren des heutigen Mediums Internet erläutert.

Nie zuvor in der Geschichte gab es mehr Informationen, nie zuvor hatten mehr Menschen rund um die Erde günstiger und müheloser Zugang zu Wissen, Bildung und Kommunikation [...]. Wie kein anderes Medium hat das Internet nicht nur das Leben der Menschen verändert und, seine Bedürfnisse und sein Verhalten [...]. Das größte Problem des Internets ist die Kehrseite seines größten Vorteils – das Überangebot an Informationen. Suchmaschinen liefern zwar Millionen Treffer auf alle möglichen Fragen und sortieren hierarchisch nach ihrer Beliebtheit im Netz [...]. Bibliothekare sehen noch eine ganz andere Gefahr: den Fortschritt der Speichermedien. Die Hälfte aller vor dem Zweiten Weltkrieg gedrehten Filme sind für immer verloren, auf Floppy Disks, Mikrofilm oder Kassetten gespeicherte Daten sind schon jetzt oft nur noch schwer auffindbar. Papier und Pergament dagegen haben sich über die Jahrhunderte hinweg gut gehalten.

Der Spiegel Nr.33 (2008). S. 82 ff.

M 6 Setzkasten, Holzschnitt 1568

M 7 Chipherstellung

Aufgaben

1. Begründe, warum Lichtenberg mit seiner Behauptung recht hat. → M1
2. Vergleiche die Gutenberg-Bibel mit dem E-Book und stelle die jeweiligen Vorzüge dar. → M2, M3
3. Beschreibe mit eigenen Worten die Vor- und Nachteile von Büchern und Internet. → M4, M5
4. Schildere die Unterschiede zwischen der Herstellung eines Buches und eines Chips für elektronische Geräte anhand M6 und M7. Worauf muss man jeweils achten?

Ansicht der Stadt Nürnberg, aus dem 15. Jahrhundert

Drachenstich in Furth im Wald, Historienspektakel

Schloss Johannisburg, Aschaffenburg, heutiger Zustand

Bauernstube aus dem 16. Jahrhundert
im Bauernmuseum Schliersee

M 1 Burgruine Trimburg in Unterfranken
Der Zahn der Zeit nagt an vielen mittelalterlichen Gebäuden. Neben der Natur ist es der Mensch selbst, der seine eigenen Leistungen immer wieder zerstört.

Städte, Landschaften, Menschen – von der Zeit geprägt

Menschen greifen ein und verändern

Dort, wo der Mensch lebt, hinterlässt er Spuren. Am offensichtlichsten sind die, die man sehen und „greifen" kann – Gebäude, Straßen, Ackerland, Kunstwerke und vieles mehr. Viele durch den Menschen verursachte Veränderungen sind aber gar nicht mehr so leicht aufzuspüren. Das gilt vor allem für solche, die schon vor langer Zeit entstanden sind. Historiker suchen nach solchen Spuren, machen sie sichtbar und erklären sie.

Überall hat die Geschichte Spuren hinterlassen. Gerade die Überreste aus dem Mittelalter und der frühen Neuzeit prägen unsere Städte, Dörfer und die Landschaften bis heute, auch wenn es uns gar nicht mehr auffällt. In diesem Buch sind viele „Seiten" des Mittelalters beschrieben. Daher kann jeder nun selbst auf „Spurensuche" gehen und das Mittelalter sowie die frühe Neuzeit entdecken.

Was „Bayern" war …

Die wechselvolle Geschichte in Bayern fällt an jeder Ecke auf. Allerdings ist das, was wir heute unter Bayern verstehen – also das Bundesland –, nicht das, was es im Mittelalter war. Oder anders ausgedrückt: Bayerns heutige Grenzen sind andere als im Mittelalter. Das heutige

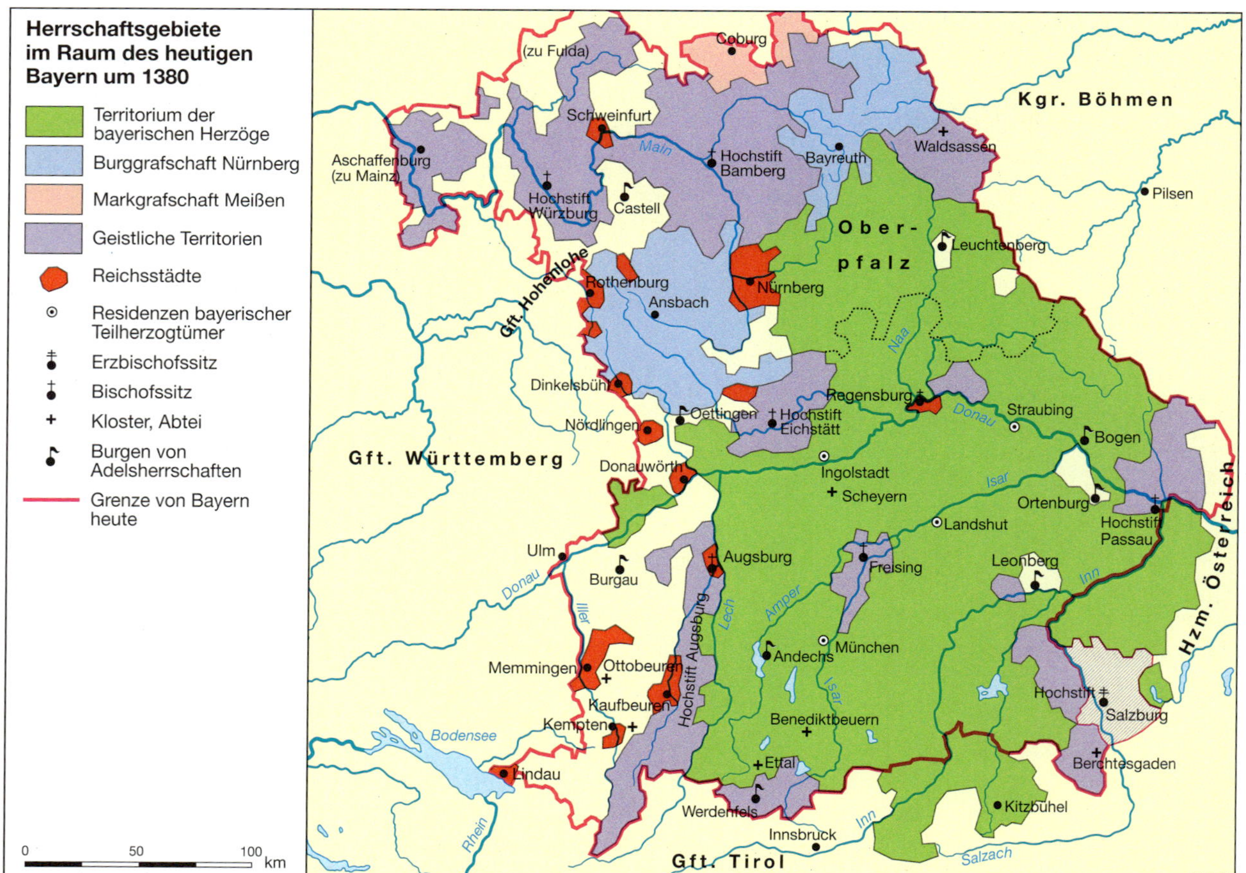

M 2 Gebiete und Staaten im heutigen Bayern, Gebietsverteilung um 1380

Bayern umfasste zum Beispiel im 14. Jahrhundert:

- das Herzogtum Bayern, das unter den Wittelsbachern größer und immer mächtiger wurde,
- die Burggrafschaft Nürnberg,
- mehrere Bistümer wie zum Beispiel Würzburg, Bamberg, Eichstätt, Augsburg, Regensburg oder Passau,
- freie Reichsstädte wie Schweinfurt, Donauwörth, Weißenburg, Kaufbeuren oder Augsburg,
- Ritterschaften und andere kleinere Gebiete mit Sonderrechten.

... und was man dort alles finden kann

Oft fällt uns gar nicht auf, dass der Mensch nachhaltig in seine Umgebung eingreift. Unsere Landschaften zum Beispiel sind noch weitestgehend vom Handeln der Menschen im Mittelalter geprägt. Die zahlreichen Ackerlandschaften etwa stammen häufig aus dem hohen Mittelalter, als die Bevölkerung stark anstieg. Folglich musste neues Ackerland gerodet oder Sumpfgebiet trockengelegt werden. Große Wälder und Sümpfe verschwanden und lediglich die Ortsnamen wie Ebenroth oder Roding deuten darauf hin, dass hier einst Wald abgeholzt wurde. Auch so manche Bachläufe, die im Mittelalter noch in zahlreichen Kurven verliefen, sind kein „Wunderwerk" der Natur, sondern wurden bewusst von den Menschen angelegt, z. B. um Äcker besser bewässern zu können.

Die Herrscher, der Adel, die Bürger der Städte und all die anderen in „Bayern" siedelnden Menschen prägten auch auf andere Weise ihre Heimat. Sie errichteten Bauwerke, die nicht nur einem bestimmten Zweck dienen sollten. Kirchen oder Rathäuser, Brücken oder Brunnen waren also nicht nur zum Beten, zum Regieren, zum Überqueren oder zur Wasserversorgung da. Sie sollten zugleich Ausdruck sein für das Denken, das Selbstbewusstsein oder die Vorlieben ihrer Auftraggeber und Bauherren. Gleiches gilt für Handwerk und Kunst, ja sogar für die Gestaltung der Landschaft.

Die „Handschrift" der Vergangenheit lässt sich gerade in Bayern noch heute sehr gut an den zahlreichen Trachten belegen. Im Mittelalter gab es strenge Kleidervorschriften und häufig einheitliche Kleidung für Menschen aus einer Berufsgruppe oder einem Ort. Diese Tradition hat sich bis heute in den Trachtenvereinen gehalten. Es gibt genaue Regeln, aus welchen Bestandteilen eine Tracht besteht, wie sie erneuert werden soll und wann sie getragen wird. Einzelne Bestandteile der Tracht wie die Knöpfe zeigen, welche Stellung oder welches Selbstbewusstsein der Träger genießt: Hornknöpfe wurden beispielsweise durch Metallknöpfe ersetzt und weisen auf den sozialen Aufstieg des Trägers hin. Auf vielen Festen, Umzügen oder Wallfahrten pflegen Trachtengruppen dieses Wissen und geben einen Einblick in unsere Vergangenheit.

M 3 **Trachten,** Historiendarstellung aus dem 19. Jh.
Im 19. Jh. griffen Heimatvereine alte Trachten wieder auf, veränderten ihr Aussehen jedoch häufig. Die Form der Kopfbedeckungen oder auch schmückendes Beiwerk wie Knöpfe, Gürtel oder Schuhe haben sich im Laufe der Jahrhunderte aber nur wenig gewandelt.

Aufgaben

1. Gestaltet in der Klasse eine Wandzeitung mit Fotos von Ruinen und anderen Überresten aus dem Mittelalter. Findet auch heraus, welche Ereignisse die Burgen und Gebäude zerstört haben.
2. Suche in einem Geschichtsatlas den Ort oder die Gegend, in der du wohnst, und finde heraus, zu welchem Herrschaftsgebiet dein Heimatort im Spätmittelalter gehörte. → M2

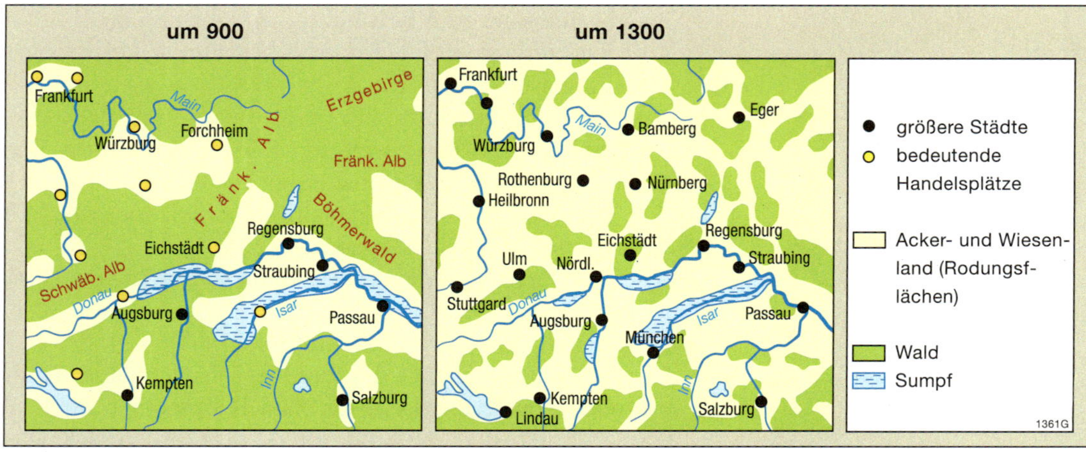

M 4 **Rodungsgebiete und Sumpftrockenlegungen im Mittelalter**

M 5 **Eingriffe in die Landschaft im Frühmittelalter**

M 6 Die Bedeutung der Fossa Carolina

Im Codex Vindobonensis, einer mittelalterlichen Chronik, wird deutlich, welche Bedeutung die Fossa Carolina, der Karlsgraben, ein Kanal zwischen den Flüssen Rezat/Rednitz und der Altmühl, für die Zeit Karls des Großen hatte:

Der König war […] überzeugt worden, wenn zwischen Rednitz/Rezat und Altmühl ein schiffbarer Graben angelegt würde, könne man bequem von der Donau in den Rhein gelangen, da der Fluss in die Donau, der andere in den Main fließe. Darum begab er sich sogleich mit seinem ganzen Gefolge zu dem Platz, sammelte eine große Menge Menschen und ließ den ganzen Herbst hindurch an diesem Vorhaben arbeiten […].

zit. n.: Eine Welt in Bewegung, Ausstellungskatalog, S. 83

M 7 **Luftbildaufnahme der Fossa Carolina (1985).** Der Karlsgraben ist besonders gut aus der Luft zu sehen: Der Kanal selbst ist von einer Baumallee verdeckt.

M 8 **Tilman Riemenschneider, Die Beweinung Christi**
Die Menschen beweinen den Tod Christi. Steinrelief von Tilman Riemenschneider, um 1510 in der Klosterkirche in Maidbronn (bei Würzburg).
Am unteren Bildrand sieht man Jesus und seine Eltern Maria und Josef, im Hintergrund sind Heilige dargestellt. Der nach rechts blickende Mann im Zentrum hinter Maria und Josef ist Nikodemus. Er trägt die Gesichtszüge Riemenschneiders.

M 9 **Rätselhafte Kratzspuren**
Bis heute kann man die Ritzspuren an manchen alten Häusern wie diesem in Nürnberg nicht abschließend klären. In diesem „Schlotfegerhaus" sollen die Schornsteinfeger Mützen und Arbeitsgeräte in den Sandstein geritzt haben.

Aufgaben

1. Suche auf einer Regionalkarte nach Rodungsorten in deiner Umgebung. Die Namen der Ortschaften enden häufig mit –schlag, -roth oder –reuth. → M4
2. a) Beschreibe in eigenen Worten, welchen Zweck die Fossa Carolina hatte. → M6
   b) Überlege, was es für die Menschen und die Natur bedeutete, wenn sie vom Menschen so verändert wird. → M4, M5, M6, M7
3. Riemenschneider hat sich häufiger selbst als Heiliger porträtiert. Überlege, was ein Künstler, der sich auf einem Kunstwerk verewigt, von sich selbst hält. → M8
4. Suche in deinem Heimatort an Kirchen oder anderen Gebäuden nach Alltagsspuren der Menschen. → M9
   Orientiere dich an der Methode „In Nachschlagewerken und im Internet recherchieren". → S. 134

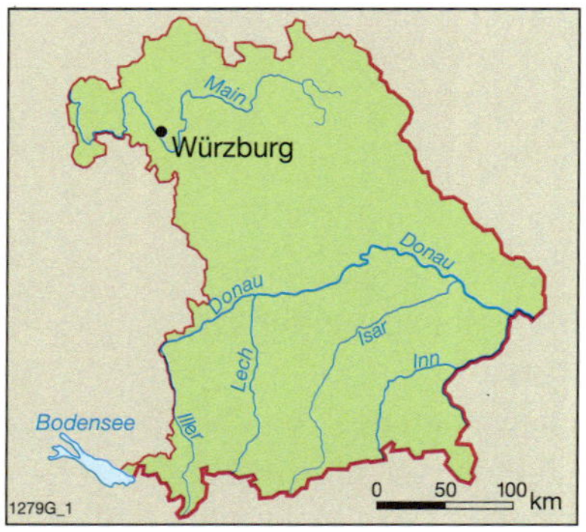

M 1 Würzburg
Lage der Stadt im heutigen Bayern

M 2 Mittelalterlicher Würfel
Der Würfel ist aus einem Knochen geschnitzt. Würfelspiel in Gaststätten wurde 1343 ausdrücklich vom Bischof verboten.

M 3 Marienkapelle am Marktplatz
Der gotische Kirchenbau ist die Stadtkirche – und damit die „Konkurrenz" zum bischöflichen Dom. Die Kapelle wurde auf den Grundsteinen der jüdischen Synagoge errichtet.

Geschichte vor Ort – in den Gassen Würzburgs

Überall in der Stadt: Misthaufen, Schlägereien, Glücksspiel

Liefe man im Würzburg des 14. Jahrhunderts durch die engen Gassen der Stadt, würde man weder seinen Augen noch seiner Nase und den Ohren trauen: Marktschreier preisen lauthals Gewürze wie Safran, Nelke oder Ingwer an, daneben beschimpfen sich Mägde, Knechte, aber auch vornehme Bürger in einer Sprache, die wir noch heute verstünden. Schweine streunen umher. Die Stadt hatte daher befohlen, dass Misthaufen nur 14 Tage lang in den Gassen liegen durften. Hin und wieder kommt es auf den Straßen zu Handgemengen, wobei schnell Messer gezogen werden – tödliche Verletzungen waren keine Seltenheit. Stillgelegte Brunnen dienten auch als Toilette: In einem fanden Archäologen Reste von Nüssen, Obst, Eierschalen und Knochen von Taube, Schwein und Katze. So kann man den Speiseplan der Menschen gut rekonstruieren.

Würzburgs Einwohner – eine bunt gemischte Schar aus Händlern, Handwerkern, Gelehrten, Knechten und Mägden, Spielleuten, Bettlern und vielen Geistlichen – benehmen sich so, wie wir es vielleicht gar nicht erwarten würden. Sie fluchen, trinken und erwarten sehnsuchtsvoll Feste wie Kiliani, das Fest zum Namenstag des Gründers des Bistums Würzburg, dem Heiligen Kilian. Einige gehen dem Glücksspiel nach und verlieren viel Geld. Die Menschen im mittelalterlichen Würzburg hatten aber eine große Sorge, die wir heute gar nicht mehr kennen: genug zu essen zu haben. Das galt nicht nur für die unteren Schichten, sondern häufig auch für die Adligen und reichen Bürger.

Ein Schimmer „heile Welt"

Verletzte und Kranke, Alte und Gebrechliche konnte man in Würzburg für die damalige Zeit gut versorgen. Es gab Apotheken und Spitäler. Diese waren jedoch keine Krankenhäuser wie heute, sondern eine Stätte der „Notversorgung" für alle, die wegen ihres Alters oder einer Krankheit litten. Der Begriff „Siechenhaus" trifft die Sache eher: Die „Dahinsiechenden", also Sterbenden, wurden versorgt. Die Kosten dafür übernahmen häufig wohlhabende Bürger.

Kirchen, Klöster, Stifte – und ein merkwürdiges Rathaus

Wer die Stadt Würzburg beherrschte, war jahrhundertelang umstritten: Der Bischof, der eigentlich außerhalb der Stadt auf der Marienburg wohnte, beanspruchte die Stadt für sich. Die zahlreichen Kirchen und Klöster deuten das auch an. Das Stadtbild lässt bis heute nur einen Schluss zu: Der Bischof beherrschte die Stadt.

Die Bürger der Stadt aber wurden immer selbstbewusster. Durch Handel und Weinbau wurde Würzburg zu einem Wirtschaftszentrum. Davon wollten auch die Bürger profitieren. Ohne Streit mit dem Bischof lief das aber nicht ab: Die aufstrebenden Stadtbürger bauten auf dem Marktplatz als Symbol ihrer Macht die Marienkapelle – keine fünfhundert Meter vom Dom entfernt. Und sie errichteten zwischen der Marienburg und dem Dom einen hohen Rathausturm, den Grafeneckart: So konnte der Bischof nicht mehr ungetrübt von seinem Wohnsitz zu seiner Bistumskirche blicken.

M 4 Stadtansicht Würzburgs,
15. Jahrhundert

M 5 Romanischer Torbogen des Hinteren Gressenhofs, heute ein Weinhaus. Die romanischen Elemente des Gressenhofs sind die wenigen bis heute erhaltenen der Stadt. Im Bauernkrieg trafen sich dort die Anführer der Bauernhaufen.

M 6 Tympanon (Fläche über einer Tür) mit Darstellung der Verkündigung Mariä
Die Darstellung an der Marienkapelle, der Bürgerkirche, zeigt, wie sich die Menschen im Mittelalter die Verkündigungsszene vorstellten: Ein Schlauch führt von Gott direkt ins Ohr von Maria.

Aufgaben

1. Finde in der Stadtansicht M4 Hinweise auf Aussagen im Text und schreibe drei auf.
2. Beschreibe das Verhältnis zwischen Stadt und Bischof.
3. a) Vergleiche die Baustile in M5 und M6.
   b) Beschreibe mit eigenen Worten, wie die Menschen sich die Verkündigung Mariä vorstellten. → M6

Augsburg – Reichtum, Reichstage und Religionsfrieden

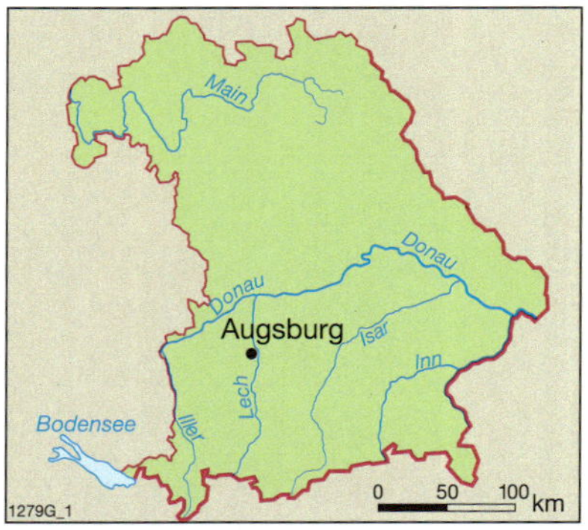

M 1 Augsburg
Lage der Stadt im heutigen Bayern

Mittelalterliche Stadt mit römischen Wurzeln

Augsburg war unter den Römern Provinzhauptstadt und damit eine wichtige Stadt nördlich der Alpen. Nach der Niederlage der Römer gegen die germanischen Alemannen blieb Augsburg Stadt: Die Germanen hatten erkannt, wie vorteilhaft es war, das römische Straßennetz, den Handel und die Gebäude weiter zu nutzen. Und ein Weiteres hatte Bestand: das Christentum. Augsburg wurde sehr früh Bischofsstadt. Im 13. Jahrhundert wurde sie zudem Freie Reichsstadt, in der wohlhabende Bürger aufsteigen konnten. Weil die Bürger so viel Macht anhäuften, verlagerte der Bischof seinen Herrschaftssitz nach Dillingen.

Reiche Bürger spekulieren an der Börse

Die wohlhabenden Bürgerfamilien, Patrizier genannt, regierten die Stadt. Dabei kam es immer wieder zu Streit und Aufständen, etwa der Handwerker, die sich benachteiligt fühlten. Die handwerklichen Zünfte wurden entmachtet, was den Aufstieg der Händler- und Kaufmannsfamilien förderte. Eine der *Dynastien,* die Fugger, wurde im Tuchhandel unermesslich reich. Einen Teil ihres Vermögens stifteten sie in Häuser für Arme. Die Fuggerei ist die älteste Siedlung, in der Einwohner der unteren Schichten für wenig Geld wohnen durften. Die Fugger achteten aber immer auch darauf, ihr Vermögen zu vermehren. Sie handelten nicht nur mit Waren, sondern begannen ihr Geld anzulegen, es gegen Zins zu verleihen. Die in Augsburg 1540 gegründete Börse – dort wurden Wechsel, also bargeldlose Zahlscheine, gehandelt – stand für den Aufschwung der Händler.

Dynastie

Familie, die sich über mehrere Generationen zurückverfolgen lässt und in Politik, Kunst, Wirtschaft oder Wissenschaft immer wieder Herausragendes leistet

Künstler wurden von der Stadt immer wieder unterstützt und so der Stil der **Renaissance** nördlich der Alpen verbreitet. Das Rathaus ist bis heute ein Symbol dieser Epoche. Maler wie Hans Holbein der Ältere konnten von der Stadt aufgrund ihres Reichtums angelockt werden, sodass Augsburg zu einem kulturellen Zentrum wurde.

Augsburger Religionsfriede und Schweden in der Stadt

Die Stadt war wirtschaftliches Zentrum und wurde während der **Reformation** zudem ein politisches Zentrum. 1530 bekannten sich die Augsburger zur lutherischen Lehre. Es dauerte aber noch einige Jahre, bis aller Zwist unter den Städtern beigelegt wurde, sodass protestantische und katholische Bürger Ämter untereinander aufteilten. 1555 wurde während eines Reichstags in der Stadt der Augsburger Religionsfriede verkündet – dann kehrte vorläufig Ruhe zwischen den Konfessionen ein. Der Tag, an dem der Vertrag zwischen den Reichsständen unterschrieben wurde, ist bis heute Feiertag in Augsburg.

Die „Ruhe“ der Zeit um 1555 währte jedoch nicht lange: Gebäude wie der Schwedenturm oder Straßen wie die Schwedenstiege künden noch heute davon, dass während des **Dreißigjährigen Krieges** die schwedische Armee die Stadt eingenommen hatte. Zu diesem Zeitpunkt war die Stadt von Ringwällen, einer durchgehenden Stadtmauer und anderen Wehranlagen wie dem Fünfgratturm umgeben. Die Stadtmauer kann man noch heute an vielen Stellen besichtigen.

M 2 Augsburger Rathaus
ein wichtiges Zeugnis der Renaissance in Deutschland

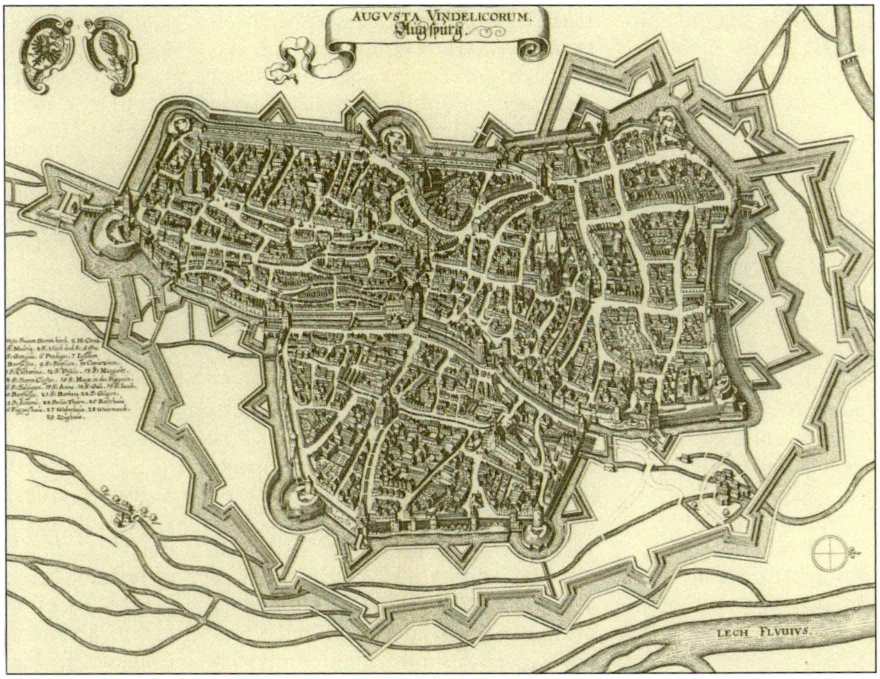

M 3 Befestigungsanlagen Augsburgs, Stich aus dem 17. Jahrhundert

M 4 Der „Stoinerne Ma", Steinfigur, 17. Jh.

M 5 Sage vom Steinernen Mann

Eine Sage erzählt aus den Wirren des Dreißigjährigen Krieges, als die Schweden Augsburg belagerten:

Einer, der besonders unter dem Elend litt, war der Bäcker Hackher. [...] Verzweifelt lief er auf die Straße, als er plötzlich eine Stimme vernahm. [...] "Nehmt Sägespäne und Ton!", lautete der seltsame Befehl. "Backt einen großen Laib, geht damit auf den Wall und zeigt Euer Brot den Kaiserlichen." Nach einigem Nachdenken gefiel Meister Hackher der Vorschlag. Er [...] machte sich an die Arbeit. [...] So laut er konnte, schrie er ihnen [den Kaiserlichen] zu: "Wir haben Brot genug. Holt es Euch, wenn Ihr könnt!" In hohem Bogen warf er den tönernen Laib [von der Stadtmauer] hinab. [...] Tatsächlich brachen die kaiserlichen Truppen die Belagerung noch am nämlichen Tage ab.

Augsburg in Gedichten. Sagen und Erzählungen.

Aufgaben

1. a) Zeige an der Stadtansicht, welche Wehranlagen es im 17. Jahrhundert in Augsburg gab.
   b) Erkläre, warum eine Stadt wie Augsburg so viele Wehranlagen benötigte.
   → M3
2. Beschreibe mithilfe des Textes, auf welche Weise die wohlhabenden Bürger Augsburg prägten.
3. Überlege, welche Wirkung die Sage vom Steinernen Mann für die Menschen in Augsburg hatte.
   → M4, M5

Abt/Äbtissin. Auf Lebenszeit gewählter Vorstand eines Klosters, der die Gemeinschaft der Mönche bzw. der Nonnen leitet.

Adel. Stand mit besonderen Rechten, dessen Macht sich im Mittelalter auf Grundbesitz und kriegerischen Erfolg stützte. Im Frankenreich erhielten Adlige vom König Land (→ Lehen), wofür sie als bewaffnete Reiter Heeresfolge leisten mussten. Der Adel war im Mittelalter von Steuern befreit. Im 12. Jh. bildete sich der Hochadel heraus, an dessen Spitze die → Kurfürsten standen. Zum niederen Adel zählten vor allem → Ritter.

Astrolabium. Gerät zur Navigation. Man konnte durch Anpeilung von Sternen und der Sonne den genauen Standpunkt errechnen.

Augsburger Religionsfrieden. Reichsgesetz, das zwischen König Ferdinand I. und den Reichsständen 1555 ausgehandelt wurde. Er besiegelte die Glaubensspaltung des Reiches, indem er die Lutheraner rechtlich anerkannte. Die Landesfürsten erhielten Konfessionsfreiheit und schrieben ihren Untertanen das Bekenntnis vor. Wer damit nicht einverstanden war, musste auswandern.

Balkan. Halbinsel in Südosteuropa, lange Zeit umstrittenes Gebiet, welches im Einflussbereich des Osmanischen Reiches, der Habsburger und Russlands lag.

Bann. Recht des Herrschers, etwas unter Anordnung von Strafe zu gebieten oder zu verbieten. Der Kirchenbann ist der vom Papst verhängte Ausschluss von den Sakramenten (Exkommunikation) und damit der Ausschluss aus der Gemeinschaft der Gläubigen. Der Bann kann durch Buße des reuigen Sünders aufgehoben werden. Der Kirchenbann war ein wichtiges Mittel im politischen Kampf des Papstes gegen die weltliche Macht (→ Investitur).

Beginn der deutschen Reichsgeschichte. Am Übergang von den letzten Karolingern zu den Nachfolgern im ostfränkischen Bereich findet sich der Beginn der deutschen Reichsgeschichte. Damals wurde mit Konrad I. ein Nicht-Karolinger zum König in Ostfranken gewählt. Erst dessen Nachfolger Heinrich I. konnte nach 919 die Zustimmung aller Stämme des ostfränkischen Reiches gewinnen. Unter Heinrich I. und seinem Sohn Otto I. wurden die politischen Strukturen angelegt, die das mittelalterliche Römisch-Deutsche Reich entscheidend prägten.

Benedikt von Nursia, um 480–21.03.547. Begründer des christlichen Mönchtums. In der katholischen Kirche wird er als Heiliger verehrt. Benedikt lebte zunächst als Einsiedler und gründete später auf dem Berg Monte Cassino eine Mönchsgemeinschaft, die nach festen Regeln zusammenlebte und sich dem Gebet und Glauben widmete.

Buchdruck mit beweglichen Lettern. Von Johannes → Gutenberg wurde der Buchdruck, bei dem vorher jede einzelne Seite komplett in einen Holzdruckstock geschnitten wurde, weiterentwickelt. Er erfand die Technik der beweglichen und der damit auswechselbaren Buchstaben. Diese wurden zunächst aus einer Bleimischung gegossen und dann zu Druckplatten zusammengesetzt.

Burg. Ein in sich geschlossener, bewohnbarer Wehrbau. Eine besondere Rolle spielte die Burg im Mittelalter, in dessen Verlauf sie eng mit der → Grundherrschaft verbunden war. Es gab unterschiedliche Burgentypen wie die Wasser-, Höhen- oder Felsenburg.

Bürger. Ursprünglich die Bewohner eines Ortes im Schutze einer Burg. Später die freien Einwohner der mittelalterlichen Städte. Sie erkämpften sich von ihren adligen Stadtherren zahlreiche Rechte, sodass manche Städte schließlich nur noch dem Kaiser untertan waren. Die Macht besaßen zunächst die reichen Kaufmannsfamilien (→Patrizier), später auch die → Zünfte der Handwerker.

Canossa. Burg in Oberitalien. Hier löste sich König → Heinrich IV. im Jahr 1077 bei Papst Gregor VII. aus dem Bann und wurde wieder in die Kirchengemeinschaft aufgenommen.

Columbus, Christoph, 1451–1506. Seefahrer in spanischen Diensten. Im Bestreben, einen Seeweg nach Indien zu finden, entdeckte er am 12.10.1492 die Amerika vorgelagerten Karibischen Inseln. Er löste damit eine Welle weiterer Entdeckungsfahrten und Besiedlungswellen aus.

Deutscher Orden. Während der → Kreuzzüge im Heiligen Land gegründeter geistlicher → Ritterorden, der aufgrund seiner Handelskontakte schnell zu einer mächtigen Organisation aufstieg. Im 13. Jahrhundert unterwarf der Deutschorden die heidnischen Pruzzen in Nordosteuropa und erhielt dafür im später Ostpreußen genannten Land im heutigen Polen große Gebiete.

Dreifelderwirtschaft. Art der Bodenbewirtschaftung seit etwa 800 n. Chr. In jährlichem Wechsel wird $^1/_3$ des Ackerlandes mit Wintergetreide bestellt, $^1/_3$ mit Sommergetreide, $^1/_3$ bleibt brachliegen, damit sich der Boden erholen kann.

Dreißigjähriger Krieg. Militärischer Konflikt, der von 1618–1648 dauerte. Ursachen waren religiöse Meinungsverschiedenheiten, aber auch Macht und Geld spielten eine große Rolle. Erst mit dem → Westfälischen Frieden fand der Krieg ein Ende.

Elbe und Saale. Zwei Flüsse im heutigen Ost- und Norddeutschland, die im Mittelalter lange Zeit als Grenze zwischen christlich-germanischer und slawischer Bevölkerung (östlich der beiden Flüsse) galten.

Erbfolge. Beschreibt in einem Königreich das automatische Nachrücken des ältesten Königssohnes auf den Thron. Während dies z. B. in England oder Frankreich üblich wurde, blieb das Römisch-Deutsche Reich ein Wahlreich: Jeder König wurde von den Adligen, später nur noch von den → Kurfürsten, in sein Amt gewählt.

Erneuerung des Kaisertums. Die Herrscher des antiken Römischen Reiches führten den Beinamen „Caesar“, aus dem das Wort „Kaiser“ hervorging. Die Kaiserkrönung → Karls des Großen im Jahre 800 setzte diese Tradition im Abendland fort. Mit ihr verband sich die Idee eines geeinten christlichen Weltreiches, dessen Herrscher als Beauftragte Gottes regierten. Als → Otto I. 962 das Kaisertum erneuerte, ging der Kaisertitel auf die deutschen Könige über. Die Kaiserwürde war lange Zeit mit der Krönung durch den Papst in Rom verbunden. Diese Tradition endete 1508, als die deutschen Könige nach ihrer Wahl in Frankfurt am Main und der Krönung in Aachen sogleich den Titel „Erwählter Römischer Kaiser“ annahmen.

evangelisch-lutherische Konfession. → Konfession

Friedrich II. 26.12.1194–13.12.1250, konnte seinem Vater erst nach heftigen innerdeutschen Auseinandersetzungen auf den Thron nachfolgen. Friedrich II. war während seiner Regierungszeit nur zweimal nördlich der Alpen. Sein eigentlicher Herrschaftsraum war das Königreich Sizilien (Unteritalien). Friedrich strebte letztmals nach dem alten kaiserlichen Anspruch auf weltliche Oberherrschaft und gleichzeitige Führung der Christenheit. Er scheiterte jedoch am Widerstand des Papstes und der Reichsfürsten.

Frondienste (althochdt. frô = Herr). Der hörige oder leibeigene Bauer musste für seinen Grundherrn unbezahlte Arbeit leisten. Je nach seiner rechtlichen Stellung waren diese Arbeiten nach Anzahl der Tage, Zeit, Ort und Art festgelegt. Zu den Frondiensten zählten besonders Bodenbestellung sowie Burg-, Haus- und Straßenbau.

95 (Fünfundneunzig) Thesen. → Reformation

Gegenreformation. Darunter versteht man den Versuch der inneren Erneuerung der katholischen Kirche, beschlossen auf dem Konzil zu Trient (1545–1563). Gleichzeitig war es der oft gewaltsame Versuch der Reichsfürsten, protestantisch gewordene Gebiete zur katholischen Lehre zurückzuführen.

Geozentrisches Weltbild. Ansicht, dass die Planeten sich um die Erde drehen, lange Zeit die Lehre der Kirche, ausgehend vom griechischen Gelehrten Ptolemäus.

Getto. Abgegrenztes Stadtviertel. Im Mittelalter wurden den Juden häufig eigene Wohnviertel oder Gassen von den städtischen Behörden zugewiesen. Im Spätmittelalter wurden diese Gettos oft durch Tore von der übrigen Stadt komplett abgeschnitten.

Goldene Bulle. Wahlgesetz von 1356, in dem die → Kurfürsten als alleinige Königswähler bestimmt wurden.

Gotik. Bau- und Kunststil des 12. bis 15. Jhs. Die Gotik ist geprägt von Spitzbögen, hohen, lichtdurchfluteten Räumen und zahlreichen Verzierungen.

Graf. Stellvertreter des Königs in einem bestimmten Gebiet mit dem Auftrag, den Frieden zu sichern und die Finanzen, d. h. die Zölle, zu verwalten.

Grundherr. Grundherrschaft war die Herrschaft über das Land und die darauf lebenden Menschen. Der Grundherr verfügte über die niedere Gerichtsbarkeit und verurteilte leichtere Vergehen; damit war er ein Teil der Obrigkeit. Grundherren konnten Adlige oder → Klöster sein, die Land zur Bewirtschaftung an Bauern vergaben und im Gegenzug deren Schutz garantierten. Die Bauern leisteten Abgaben und → Frondienste. Die Grundherrschaft formte die europäische Wirtschaft und Gesellschaft über Jahrhunderte, in Deutschland bis zum Beginn des 19. Jhs.

Gutenberg, Johannes, 1400–1468. Er gilt als Erfinder des Buchdrucks mit beweglichen Lettern. Durch seine Erfindung beschleunigten sich die Buchherstellung und damit die Verbreitung von Wissen erheblich.

(Haus) Habsburg. Europäisches Adelsgeschlecht, das von 1438 bis 1740 die Kaiser des Heiligen Römisches Reiches stellte.

Hanse (althochdt. = bewaffnete Schar), Zusammenschluss deutscher Kaufleute zur Sicherung ihrer Handelsinteressen im Ausland. Die seit 1358 im lockeren Bund organisierten Handelsstädte bauten den Nord- und Ostseebereich als Wirtschaftsraum aus und hatten eine Vormachtstellung in Nordeuropa. Seit Ende des 15. Jhs. wurde die Hanse durch den Atlantikhandel verdrängt.

Heiliges Römisches Reich. Das Herrschaftsgebiet des römisch-deutschen Kaisers wurde zunächst als „imperium romanum“ bezeichnet. Ab der Mitte des 12. Jhs. wurde auch die Bezeichnung des „sacrum imperium“, des „Heiligen Reiches“ benutzt. Beide verschmolzen schließlich zum „sacrum romanum imperium“, dem „Heiligen Römischen Reich“. Als sich in Europa die Nationalitäten stärker voneinander abgrenzten, wurde der Begriff zum „Heiligen Römischen Reich Deutscher Nation“.

Heinrich IV. (1050–1106). König des Reiches aus dem Hause der Salier. Die Auseinandersetzung mit Papst Gregor VII. und sein Gang nach → Canossa markieren den Höhepunkt des → Investiturstreits.

Heliozentrisches Weltbild. Neue Theorie im Zeitalter der → Renaissance, dass die Planeten, also auch die Erde, sich um die Sonne drehen, begründet von Nikolaus → Kopernikus.

Herzog. Bei den Germanen der oberste gewählte Heerführer eines Stammes. Diese Stammesherzöge erlangten eine vom König fast unabhängige erbliche Macht. Sie lenkten ihre Herzogtümer Bayern, Schwaben, Sachsen, Franken und Lothringen als Kriegsherren und Friedenssicherer, als Richter und Gesetzgeber.

Hildegard von Bingen, um 1098–17.09.1179. Stammte aus einer adligen Familie, trat in den Benediktinerorden ein und wurde zur → Äbtissin gewählt. Neben ihrem geistlichen Wirken war sie auch bereits zu Lebzeiten als Heilkundige bekannt. Ihre naturheilkundlichen Schriften und Erkenntnisse werden bis heute beachtet.

Humanismus (lat. humanus = menschlich). Künstler und Gelehrte, Fürsten und Päpste sammelten antike Handschriften und Kunstwerke und machten sie anderen zugänglich. Sie nannten sich Humanisten, denn sie waren überzeugt, dass die Menschen sich durch das Studium der klassischen Vorbilder vervollkommnen würden.

Insignien (lat.: insigne, „Abzeichen“, „Kennzeichen“). Zeichen, durch die Stellung, Macht und Amt nach außen sichtbar gemacht werden sollen. Bekannteste Herrschaftszeichen sind Krone und Schwert, aber auch Wappen, Schild oder Flagge. Der Besitz der Reichsinsignien, der Herrschaftssymbole des Königs, war unmittelbar mit der rechtmäßigen Herrschaft verbunden. Fehlten diese Insignien dem Herrscher, stand seine Macht infrage.

Investitur (lat. investire = bekleiden). Einsetzung eines Bischofs oder → Abts in sein geistliches Amt und zugleich die Übertragung von weltlichen Herrschaftsrechten. Als Zeichen der geistlichen Würde übergab der König Ring und Hirtenstab. Diese Herrschaftspraxis wollten die Vertreter der Kirchenreform nicht länger dulden. Es folgte der sogenannte Investiturstreit, der die religiösen und politischen Grundlagen des Mittelalters erschütterte. Papst und König setzten sich im Jahre 1076 gegenseitig ab und → bannten sich. Ein Kompromiss konnte erst 1122 mit dem → Wormser Konkordat erreicht werden.

Jerusalem. Heutige Hauptstadt Israels. Die Stadt beherbergt bedeutende religiöse Stätten des Judentums, des Christentums und des Islam und war immer wieder umkämpft. Im Mittelalter gab es mehrere → Kreuzzüge der Europäer, um die Stadt von den Arabern zurückzuerobern.

Karavelle. Hochseetaugliche Schiffsform, die von den Entdeckungsfahrern auf den Fahrten in die → Neue Welt benutzt wurde.

Karl der Große. (um 747–28.01.814), auch Carolus Magnus oder Charlemagne. Als König erweiterte er das Fränkische Reich vor allem nach Osten und Süden, in den Bereich des heutigen Deutschlands und Italiens. Karl stand in einem engen Schutz- und Vertrauensverhältnis zum Papst in Rom. Hieraus folgte die → Erneuerung der Kaiseridee am 25.12.800. Karl galt bereits im Mittelalter als bedeutendster König und Kaiser. Er wurde auch als Heiliger verehrt.

Karl V., Kaiser des Heiligen Römischen Reiches, der von 1500 bis 1558 lebte. Außenpolitisch regierte er ein Weltreich. Innenpolitisch strebte er u. a. danach, die Ideen der → Reformation zurückzudrängen.

katholische Konfession. → Konfession

Ketzer. Menschen, die zur offiziellen Kirchenlehre im Widerspruch stehen. Im 12. Jh. wurden z. B. in Südfrankreich die Katharer verfolgt, weil sie die Lehre der römischen Kirche ablehnten.

Klerus. Gesamtheit der Angehörigen des Priesterstandes (Kleriker), bezieht sich auf das christliche Priestertum. Man spricht auch von den Angehörigen des geistlichen Standes oder der Geistlichkeit.

Kloster. Ort, an dem Mönche bzw. Nonnen in einer christlichen Gemeinschaft und nach strengen Ordensregeln zusammenleben. Größere Klosteranlagen bestanden aus einer Vielzahl von Gebäuden, kleinere oft nur aus einer Kirche, Klostergang, Wohn- und Schlafraum der Mönche.

Konfession (lat. Bekenntnis). Sie umfasst alle Menschen, die das gleiche Glaubensbekenntnis ablegen und damit zur eigentlichen Glaubensgemeinschaft gehören. Katholiken und Protestanten bilden die beiden großen Konfessionen in Deutschland.

Konkordat. Vertrag zwischen der katholischen Kirche und einem Staat zur Regelung kirchlicher Angelegenheiten. Ein wichtiges Konkordat des Mittelalters war das Wormser Konkordat von 1122, welches die → Investitur neu regelte.

Kopernikus, Nikolaus. 1473–1543. Bedeutender Astronom, der das → heliozentrische Weltbild entwickelte.

Kreuzzug. Kriegszüge von Europäern ins Heilige Land (heutiges Israel). Die Kreuzzüge fanden zwischen 1096 und 1291 mehrmals statt und waren Unternehmungen zur Befreiung Jerusalems und des Heiligen Landes aus den Händen der muslimischen Araber. Trotz der vielen Schlachten und Belagerungen kam es auch zu friedlichem Kontakt zwischen Europäern und Arabern. Auch andere Kriegszüge gegen „Ungläubige“ und → Ketzer in Europa wurden als Kreuzzüge bezeichnet.

Kurfürsten (althochdt. kuri = Wahl). Ein Fürst, der das Recht hat, den Herrscher zu wählen. Allmählich erlangte im Deutschen Reich eine Gruppe von sieben Fürsten dieses Privileg und bildete so die Spitze des Hochadels. Es waren die Erzbischöfe von Mainz, Köln und Trier, der Pfalzgraf bei Rhein, der Herzog von Sachsen, der Markgraf von Brandenburg und der König von Böhmen.

Landesherr. Die Herzöge und Adligen wurden anfangs mit der Herrschaft und dem Gebiet vom König belehnt. Im Verlauf des Mittelalters zogen die Adligen immer mehr königliche Herrschaftsrechte an sich und stiegen zur obersten Gewalt in dem jeweiligen Gebiet auf. Die Entwicklung der Adligen zu Landesherren und die Entstehung der dazugehörigen → Territorialstaaten schwächten das römisch-deutsche Königtum.

Lehen. Ein Lehen war eine zeitlich unbegrenzte Übereinkunft zwischen Personen. Der Lehensherr vergab dabei Land, ein Amt oder ein Recht an den Lehensmann. Dabei schwor man sich gegenseitige Treue und verpflichtete sich zu Rat, Schutz oder anderen Diensten. Das Gesamtsystem des Lehenswesens war eine Übereinkunft unter Freien und hierdurch klar von der → Grundherrschaft abgegrenzt.

Leonardo da Vinci, 15.04.1452–02.05.1519. Er war Maler, Bildhauer, Architekt, Anatom und Ingenieur. Als umfassend gebildeter Naturforscher und Entdecker gilt er als Musterbeispiel eines Humanisten.

Luther, Martin. Deutscher Reformator, lebte von 1483 bis 1546. Er übersetzte das Neue Testament und leitete 1517 mit dem Anschlag der → 95 Thesen an die Wittenberger Schlosskirche die → Reformation ein.

Machu Picchu. „Stadt über den Wolken“, von den Inka errichtete Stadt im Hochgebirge. Bis heute ist nicht klar, wie lang diese Stadt bewohnt war, sicher ist jedoch, dass es die einzige Stadt war, die die Spanier nicht erobert haben.

Magellan, Ferdinand. 1480–1521. Portugiesischer Seefahrer in spanischen Diensten. Er begann die erste Weltumseglung und entdeckte in Südamerika eine Durchfahrt in den Pazifik. Er verstarb jedoch auf der Reise.

Maximilian von Bayern. Bayerischer Herzog und später dann Kurfürst, der von 1573–1651 lebte. Seine Herrschaft wird vor allem mit dem → Dreißigjährigen Krieg und seinem Kampf gegen die → Reformation in Verbindung gebracht.

Mittelalter. Bezeichnung für die Zeit zwischen 500 und 1500 in Europa. Die Grenzen des Zeitraumes sind nur schwer zu fassen. Für gewöhnlich nimmt man die Taufe des Merowingers Chlodwig im Jahr 496 und die Entdeckung Amerikas durch → Columbus im Jahr 1492 als die Epoche begrenzende Ereignisse.

Mobilität. „Beweglichkeit“. Der Begriff meint sowohl das Reisen und Umherziehen von Menschen von einem Ort zum anderen wie auch das Aufsteigen oder den Abstieg einzelner Gruppen innerhalb der Gesellschaft.

Neue Welt. So wurde und wird Amerika (speziell Nordamerika) bis heute genannt, im Gegensatz dazu wird Europa als die „Alte Welt“ bezeichnet. Dies deutet an, dass man vor Columbus nichts von der Existenz eines Kontinents zwischen Europa und Asien wusste.

Neuzeit. Die Geschichtsperiode von etwa 1500 bis heute wird in Abgrenzung zum → Mittelalter als Neuzeit bezeichnet. Als Beginn der Neuzeit werden die → Renaissance und → Reformation, die Eroberung Konstantinopels (1453) und die Entdeckung Amerikas angesehen.

Osmanisches Reich. Großreich, welches sich zu Beginn des 14. Jhs. bildete und von Osman I. begründet wurde, versuchte lange Zeit sich nach Europa auszudehnen, wurde aber nach 1683 zurückgedrängt. Bestimmend am Mittelmeer und im Nahen Osten bis 1923, Hauptstadt Istanbul (vormals: Konstantinopel).

Ostsiedlung. Im Hochmittelalter einsetzende Wanderbewegung von Mitteleuropa aus in die osteuropäischen Siedlungsgebiete der Slawen. Die Besiedlung wenig bewohnter slawischer Gebiete, die Gründung von Siedlungen und Städten sowie die landwirtschaftliche Tätigkeit der Siedler aus Mitteleuropa dauerte mehr als dreihundert Jahre an, verlief aber in unterschiedlich starken Wellen der Zuwanderung. Die mitteleuropäischen Siedler und die Slawen lebten weitgehend friedlich miteinander.

Otto I., 23.12.911–07.05.973, folgte seinem Vater als designierter König auf den Thron nach. Er begründete im Jahr 962 die Tradition des Römisch-Deutschen Kaiserreichs: Herrschaft über Italien, Kaiserkrönung, weltliche Oberherrschaft und Führung der Christenheit wurden zu prägenden Elementen bis zum Ende des Mittelalters.

Patrizier. Angehörige der Oberschicht einer mittelalterlichen Stadt. Sie sahen sich in der Nachfolge der römischen Adelsgeschlechter, die allein zur Regierung und Verwaltung der Republik berechtigt waren. Zu den Patriziern zählten reiche Kaufleute, Dienstleute des Stadtherrn und Adlige, die sich in der Stadt niedergelassen hatten. Konnte sich eine Stadt von ihrem Stadtherrn unabhängig machen, so übernahmen diese gesellschaftlichen Gruppen die politische Führung. Seit dem 13. Jh. kämpften in vielen Städten die → Zünfte gegen die Vorherrschaft des Patriziats und erlangten politische Mitsprache.

Pogrom. Gewaltsame Auseinandersetzung gegen eine Minderheit, meist einer anderen Nationalität oder Volks- bzw. Religionszugehörigkeit. Die in Europa lebenden Juden wurden in vielen Pogromen immer wieder verfolgt, aus ihren Häusern vertrieben und umgebracht.

Protestanten. Bezeichnung für alle Christen, die nicht zur römisch-katholischen Kirche oder zur orthodoxen Ostkirche gehören. Nach einem Reichstagsbeschluss von 1529 sollten alle kirchlichen Reformen verboten werden und die Anhänger Luthers der Reichsacht verfallen. Dagegen protestierten die reformierten Fürsten und Städte aus Gewissensgründen. Von dieser „Protestation“ leitet sich der Begriff her.

Quipu. Knotenschrift der Inkas, wurde vor allem für statistische Zwecke benutzt.

Reformation. Darunter versteht man den religiösen Umbruch Europas im 16. Jh., der zur Auflösung der kirchlichen Einheit des Abendlandes führte. Zu seinen Ursachen zählten kirchliche Missstände, wie der Lebenswandel vieler Geistlicher oder der Ablasshandel. Eingeleitet wurde die Reformation durch Martin → Luther (1517) und sie erfasste gegen den Widerstand der römischen Kirche sehr rasch breite Bevölkerungsschichten.

Renaissance (franz. Wiedergeburt). Im 15. Jh. wandten sich viele Menschen in den norditalienischen Städten der römisch-griechischen Vergangenheit zu. Dort suchten sie die Vorbilder für ihr Leben und trennten sich von der kirchlich-religiösen Bevormundung des → Mittelalters, das ihnen als finster und barbarisch erschien. Der einzelne Mensch rückte in den Mittelpunkt des Interesses, er sollte seine Fähigkeiten entfalten und durch eigenständiges Denken und Beobachten die Natur erkennen. Maler, Bildhauer, Dichter, Philosophen, Wissenschaftler und Forscher verbreiteten diese neuen Gedanken in Europa. Unterstützung fanden sie bei Fürsten und auch bei Päpsten.

Ritter/Rittertum (aus mittelhdt. Riter = Reiter). Um die Fußheere zu verstärken, setzten die Karolinger im 8. Jh. berittene Krieger ein, die in schwerer Rüstung kämpften. Aufgrund der kostspieligen Ausrüstung war jedoch nur der → Adel in der Lage, den Ritterdienst zu leisten. Als Besoldung teilte der Lehnsherr ein Ritterlehen aus, das zu vollem Kriegsdienst verpflichtete (→ Lehen). Die Abgaben und Dienste der hörigen Bauern (→ Frondienste), die auf diesem Lehen wohnten, sicherten die Existenz des Ritters. Da die Lehen bald erblich wurden, entwickelten sich die Ritter zu einem eigenen Stand (→ Ständewesen).

Ritterorden. Während der → Kreuzzüge entstandene geistliche Ordensgemeinschaften, die sich wie Mönchsorden verstanden, aber als ihre Hauptaufgabe den Kampf gegen die Muslime ansahen. Die bekanntesten in Jerusalem gegründeten Orden sind die der Templer, der Johanniter sowie der → Deutsche Orden.

Romanik. Baustil des 10. bis 12. Jahrhunderts. Die Romanik ist gekennzeichnet durch Rundbögen.

Sachsenspiegel. Der Sachsenspiegel ist eines der ältesten schriftlichen Rechtsbücher des Mittelalters. In volkstümlicher Sprache und mit vielen Bildern veranschaulicht der Verfasser viele Rechtsgrundsätze: z. B. das Lehnsrecht oder die Königswahl.

Spanische Eroberer. Auch Konquistadores genannt, abgeleitet von dem spanischen Wort für Eroberer. Speziell Hernan Cortez und Francisco Pizarro, die mit kleinen Armeen in Mittel- und Südamerika die dort ansässigen Hochkulturen vernichteten.

Ständewesen/Ständeordnung. Die europäische Gesellschaft war in Gruppen mit verschiedenen Rechten unterteilt. Jeder Mensch wurde in seinen gesellschaftlichen Stand hineingeboren. Diese strenge und verbindliche Rangordnung galt als gottgegeben. Die Geistlichen bildeten den ersten Stand, die Adligen den zweiten. Die große Masse der Bauern bildete den dritten Stand, zu dem später auch die → Bürger zählten. Außerhalb der Ständegesellschaft blieben sozial Verachtete (z. B. Henker, Spielleute, Dirnen) sowie die Juden.

Synagoge. Jüdisches Gotteshaus. Im Mittelalter erbauten viele jüdische Gemeinden in den Städten und Dörfern Mitteleuropas Synagogen, die nicht nur religiöses, sondern auch geistiges und gesellschaftliches Zentrum der jüdischen Gemeinden wurden.

Territorialstaat. Im Spätmittelalter beginnt ein Vorgang, der sich bis in das 17. Jh. hinein erstreckt. Die Fürsten (→ Landesherren) zogen Rechte an sich und formten so zusammenhängende Herrschaftsgebiete. Hierdurch wurde das Königtum im Römisch-Deutschen Reich geschwächt, die Ausbildung einer starken Zentralmacht verhindert.

Vasall (lat. vassus = Knecht). Im Mittelalter eine andere Bezeichnung für Lehensmann (→ Lehenswesen). Der Freie begab sich in den Schutz eines mächtigen Herrn, erhielt von ihm ein Stück Land zum Unterhalt und verpflichtete sich dafür zu Rat und Hilfe. Damit wurde zwischen dem Lehensherrn und dem Vasallen ein Treueverhältnis begründet, das beide verpflichtete.

Wahlrecht. Anders als in anderen europäischen Reichen wurde im Mittelalter im Römisch-Deutschen Reich die Wahl des Königs durch die Mächtigen des Reiches entschieden. Jeder römisch-deutsche König zwischen 919 und 1806 wurde in sein Amt gewählt. Ab 1336 wählten allein die sieben → Kurfürsten den König und erhielten dieses Recht in der → Goldenen Bulle 1356 endgültig garantiert.

Westfälischer Frieden. Bezeichnung für die 1648 in Münster und Osnabrück abgeschlossenen Friedensverträge, die den Dreißigjährigen Krieg beendeten.

Zunft. In den mittelalterlichen Städten schlossen sich die Handwerker des gleichen Berufs zu einer Zunft zusammen, um sich gegenseitig im Alter oder bei Krankheit zu unterstützen. Die Zunft regelte Qualitätsmerkmale und Preise, Ausbildung und Arbeitszeiten, Höchstzahl von Lehrlingen und Gesellen, Herstellungsmengen und Produktionsmethoden. Seit dem 13. Jh. kämpften die Zünfte gegen die Stadtherrschaft der → Patrizier.

9 M5 Walter, Gerrit: Epochen als Lesart der Geschichte; in: Meinhardt, Matthias (Hg.): Oldenbourg Geschichte Lehrbuch. Mittelalter. München 2007. S. 161 f.

12 M5: Padberg, Lutz E. von: Die Christianisierung Europas im Mittelalter. Stuttgart 1998. S. 230 ff.

12 M6 wie 12 M5

13 M8 wie 12 M5: S. 244 f.

16 M5 Rau, R. (Hg.): Quellen zur Karolingischen Reichsgeschichte 1 (Freiherr von Stein-Gedächtnisausgabe 5). 1956. S. 167 ff.

16 M6 Hartmann, W. (Hg.): Deutsche Geschichte in Quellen und Darstellung, Bd. 1. Frühes und hohes Mittelalter 750–1250. 1995. S. 31 f.

16 M8 wie 16 M6: S. 42 ff.

20 M7 wie 16 M6: S. 53 ff.

21 M9 Schieffer, Rudolf: Die Zeit des karolingischen Großreiches; in: Gebhardt (Hg.): Handbuch der deutschen Geschichte, Bd. 2. Stuttgart 2005. S. 132 ff.

24 M3 Franz, G. (Hg.): Ausgewählte Quellen zur deutschen Geschichte des Mittelalters, Bd. XXXI. Darmstadt 1967. S. 17

24 M5 Koschorrek, W.: Der Sachsenspiegel in Bildern. Frankfurt 1976. S. 118 f.

28 M6 Müller-Mertens, Eckhard: Die Reichsstruktur im Spiegel der Herrschaftspraxis Ottos des Großen. Berlin 1980. S. 269

28 M7 wie 16 M6: S. 154 ff.

29 M8 wie 16 M6: S. 158 ff.

31 M4 wie 16 M6: S. 143 ff.

36 M5 Quellen zum Investiturstreit, Teil 1. Ausgewählte Briefe Papst Gregors VII.; übers. von Franz-Josef Schmale. Darmstadt 1978. S. 149 ff.

36 M6 wie 16 M6: S. 294 ff.

37 M8 Quellen zur Allgemeinen Geschichte, hrsg. v. Gottfried Guggenbühl und Otto Weis. zürich 1946. S. 101 ff.

40 M6 Lautemann, W.: Geschichte in Quellen, Band 2. München 1975. S. 426

40 M7 wie 16 M6: S. 363 ff.

41 M9 wie 16 M6: S. 399 ff.

44 M5 Die Goldene Bulle; zit. n.: König Wenzels Prachthandschrift. 3. Auflage. Dortmund 1989. S. 97 ff.

53 M3 Aus der Chronik des Jean Froissart; in: Borst, A.: Lebensformen im Mittelalter. Frankfurt 1979. S. 273 f.

53 M4 Tuchmann, Barbara: Der ferne Spiegel. München 2006. S. 48–49

53 M5 Tschirch, F. (Hg.): Meier Helmbrecht. Ditzingen 1974. S. 21

56 M6 Leben auf der Burg; in: Kleinknecht, W. (Hg.): Materialien für den Geschichtsunterricht. Die Neuzeit. 1970. S. 37 f.

59 M3 www.astea.ch/physik/htmls/dietmar_von_aste.html (Stand: 19.11.2008)

60 M4 Der Ritterspiegel des Johannes Rothe; Übersetzung aus: Deutsche Geschichte in Quellen und Darstellungen, Bd. 2; hrsg. von Jean-Marie Moeglin. Stuttgart 1995. S. 450

60 M6 wie 60 M4: S. 452

60 M7 Bumke, Joachim: Höfische Kultur. Literatur und Gesellschaft im hohen Mittelalter. München. S. 431 f.

61 M8 Gottfried von Strassburg: Tristan; hrsg. u. übers. von Rüdiger Krohn. Stuttgart. S. 307 ff.

62 M4 www.lexikon.meyers.de/wissen/Heraldik+%28Sachartikel%29 (Stand: 20.11.2008)

66 M4 Goetz, Hans-Werner: Leben im Mittelalter. Beck 2002. S. 150 ff.

66 M5 Winterthur, Johannes: Aus dem mittelalterlichen Leben. Bern 1989. S. 83

66 M6 Epperlein, Siegfried: Bäuerliches Leben im Mittelalter. Köln 2003. S. 205 f.

69 M5 Augsburger Stadtrecht; zit. n.: Engel, E./Jakob, F. D.: Städtisches Leben im Mittelalter; in: Praxis Geschichte 4/2008. S. 32

69 M10 wie 69 M9: S. 32

71 M4 Bauer, M.: Liebesleben in deutscher Vergangenheit. Berlin 1924. S. 115 f. (gekürzt und leicht verändert)

71 M5 L. De Mause: Hört ihr die Kinder weinen. Frankfurt 1977. S. 296.

74 M5 Schopp, A.: Düren. Bonn 1920. S. 117.

75 M9 Jegel, A.: Alt-Nürnberger Handwerksrecht und seine Beziehungen zu anderen. 1965. S. 27

75 M10 Döll, E.: Städte und Bürger im Mittelalter. Tempora Quellen zur Geschichte und Politik. 2007. S. 44 f.

78 M6 Die rheinische Stadt. Kleve 1988. S. 33 ff.

79 M9 Fischer-Fabian, S.: Ritter, Tod und Teufel. Die Deutschen im späten Mittelalter. Köln. S. 122 f.

83 M15 Robert Grosseteste; zit. n: Kaiser, Ritter, Hanse; in: Geo Epoche 25. S. 81

86 M5 Fleischer, G.: Wenn du aufbrechen willst, sollst du Gott um seine Hilfe bitten; in: Praxis Geschichte 3/2001. S. 52

86 M6 Kerkeling, Hape: Ich bin dann mal weg. Meine Reise auf dem Jakobsweg. 35. Auflage. München 2007. S. 18, 31

87 M10 Walther v. d. Vogelweide; in: Älteste deutsche Dichtung und Prosa. Leipzig 1982. S. 126

90 M1 Guggenbühl, G.: Quellen zur allgemeinen Geschichte, Bd. 2. Zürich 1973.

90 M2 Gabrieli, F.: Die Kreuzzüge aus arabischer Sicht. Zürich 1973. S. 49

94 M6 Jakob von Vitry, Historia orientalis sive Hierosolymitana; zit. n.: Alain Demurger: Die Templer. Aufstieg und Untergang 1120–1314. München 1991. S. 17 f.

95 M10 A. Hemberger; in: Praxis Geschichte 1/2003. S. 38

98 M6 Pommersches Urkundenbuch II, Nr. 720; zit. n.: Lautemann/Schlenke: Geschichte in Quellen, Bd. 2. München 1975. S. 628 f.

103 M7a Annales Herbipolenses ad a. 1047, MGH SS 16, S. 3 f.; zit. n.: Heilige Gemeinden; hrsg. vom Stadtarchiv Würzburg. Würzburg 2007. S. 7

103 M7b Bericht des Efrajim ben Ja´aquv; übersetzt nach Neubauer; zit. n.: Heilige Gemeinden, hrsg. vom Stadtarchiv Würzburg, Würzburg 2007. S. 7

110 M6 Hale, J. R: Fürsten, Künstler, Humanisten. Hamburg 1973. S. 26

110 M7 Stützer, Herbert: Die italienische Renaissance. Köln 1977. S. 22

110/111 M8 Boccaccio: Das Decamerone; hrsg. von Klaus Bergdolt. 1989. S. 39 ff.

111 M9 Piccolomini: Aus der Beschreibung des Deutschen Reiches; in: Der deutsche Renaissance-Humanismus. Abriss und Auswahl; hrsg. von W. Trillitzsch. 1981. S. 144 ff.

114 M6 wie 111 M9: S. 338 ff.

115 M9 Grothe, Hermann: Leonardo da Vinci als Ingenieur und Philosoph. 1874. S. 63–65

119 M5 Ehrenberg, R. (Hg.): Das Zeitalter der Fugger, Bd. I. Jena 1912. S. 112; zit. n.: Praxis Geschichte 5/1992. S. 24

122 M5 www.europa.clio-online.de/2006/Article=96. (Stand: 20.11.2008)

122 M6 www.jrbooksonline.com/ALHAMBRA_DECREE.htm (Stand: 24.11.2008)

122 M7 Herschhorn, Lilli (Hg.): Zuflucht Saloniki: Die Sepharden im osmanischen Exil. Bochum 2005. S. 2

123 M8 Waldkirch, A. von: Wie Europa den Kaffee entdeckte. Reiseberichte der Barockzeit als Quellen zur Geschichte des Kaffees. Zürich 1988. S. 57 f.

127 M8 Christoph Kolumbus: Bordbuch. Frankfurt/M. 1981. S. 46, 49

129 M4 Schmitt, E. (Hg.): Dokumente zur Geschichte der europäischen Expansion, Bd. II München 1984. S. 387 f.

132 M6 Cortez, H.: Die Eroberung Mexikos. Tübingen 1975. S. 86 ff.

133 M11 Sepulveda, J.G. : Democrates alter, zit. nach: Dorner, Zvi: Kolumbus und das Zeitalter der Entdeckungen. Köln 1991. S. 236

134 links: Bode, Dieter: Lexikon Geschichte. Braunschweig 2001. S. 147 f.; oben: www.wikipedia.org/wiki/Inka; unten: www.helles-koepfchen.de/beitrag_neu.asp?id=843

138 M3 Entwicklungspolitik 19/29; zit. n.: Westermann Praxis Geschichte 1/92. S.38

138 M4 Portilla, L.: Rückkehr der Götter. Die Aufzeichnungen der Azteken über den Untergang ihres Reiches. 1962. S. 43, 55 f.

138 M6 Strosetzki, Ch.: Griff nach der Neuen Welt. Frankfurt/M. 1990. S. 274

147 M3 van Eickels/Brüsch (Hg.): Kaiser Friedrich II., Leben und Persönlichkeit in Quellen des Mittelalters. Düsseldorf 2000. S. 43 f.

147 M4 wie 147 M3: S. 46

149 M2 wie 147 M3: S. 319 f.

149 M4 wie 147 M3: S. 322

151 M3 wie 147 M3: S. 180

151 M4 wie 147 M3: S. 182 f.

156 M8 Bucher/Schmid (Hg.): Reformation und katholische Reform 1500–1712. Aarau 1958. S. 3

157 M10 Köhler, Walter: Dokumente zum Ablassstreit von 1517. Tübingen 1934. S. 125 f.

160 M6 Deutsche Geschichte in Quellen und Darstellung, Bd. 3; hrsg. von Ulrich Köpf. Stuttgart 2001. S. 175

160 M7 wie 160 M6: S. 176 f.

166 M6 Franz, G. (Hg.): Quellen zur Geschichte des Bauernkriegs. Darmstadt 1963. S. 102 ff.

167 M7a Wehr, G. (Hg.): Thomas Müntzer. Schriften und Briefe. Frankfurt/M. 1973. S. 206 ff.

167 M7b wie 167 M7a: S. 130 f.

171 M6 Brandi, K.: Kaiser Karl V., 3. Auflage. München 1941. S. 97

171 M7 Luthers Werke. Briefwechsel, Bd. 3. Weimarer Ausgabe 1883. S. 595

173 M13 www.ijon.de/echter/biogra08.html (Stand: 20.11.2008)

176 M5 Behringer, Wolfgang (Hg.): Der "Hexenhammer", Hexen und Hexenprozesse in Deutschland. München 2000. S. 96 f.

177 M8 wie 176 M5: S. 277 f.

178 M1 Parigger, Harald: Die Hexe von Zeil. München 2008. S. 96

178 M2 Kramer, Heinrich: Der Hexenhammer III. Nachdruck 1986. S. 84 ff.

182 M5 Geschichtliche Quellenhefte mit Überblick. Die Welt im Wandel 4/5: Renaissance, Reformation und Glaubenskämpfe; bearbeitet von Scherrinsky/Wulf. S. 102 f.

182 M6 Langer, Herbert: Hortus Bellicus. 4. Auflage. Leipzig 1985

186 M3 wie 182 M5: S. 104–105

186 M4 Lohmann, Karl (Hg.): Die Zerstörung Magdeburgs. S. 210 ff.

190 M3 wie 182 M5: S. 110 f.

191 M8 Andreas Gryphius, Gesamtausgabe der deutschsprachigen Werke, Band 1; hrsg. von Szyrocki/Powell. Tübingen 1963

192 Röhrig, Tilmann: In dreihundert Jahren vielleicht. Würzburg 1999. S. 130-134

201 M3 Eco, Umberto: Der Name der Rose. München 1982. S. 98

202 M1 www.zitate-welt.de/zitate/autor.php?autor=Georg+Christoph+Lichtenberg&id=646&eintrag=40 (Stand: 20.11.2008)

203 M4 Füssel, Stephan: Johannes Gutenberg. Reinbeck 1999. S. 140

203 M5 Der Spiegel Nr. 33/2008. S. 82 ff.

A1PIX, Taufkirchen: 46 M1 (ISP), 212 M2
© AISA: 70 M2
akg images, Berlin: 7 o., 8 M1 (Bildarchiv Steffens), 16 M7, 26 M2 (Bildarchiv Monheim), 40 M8, 50 u.li., 70 M1, 79 M12, 85 M3, 88 M1, 89 M3 (E. Lessing), 106 u. (Bildarchiv Steffens), 107 o. (E. Lessing), 108 M1, 109 M3, 113 M3 (E. Lessing), 114 M7, 115 M10–M11, 116 M1 (E. Lessing), 120 M2 (E. Lessing), 122 M4, 124 M1 + M2, 124 M3 (Bildarchiv Steffens), 125 M4 + M5, 128 M1 + M2, 131 M4 (W. Forman), 132 M5 (British Library), 133 M9 (W. Forman), 133 M10, 136 M1 (British Library), 144 o., 145 u.re., 150 M1, 150 M2 (Y. Travert), 152 o.li., 153 o.li. (E. Lessing), 156 M6, 157 M9, 161 M9 + M10, 167 M8, 168 M1, 169 M3, 170 M4, 173 M11, 175 M2, 176 M4, 177 M7 (H. Heine), 180 M2, 182 M4 li. (Nimatallah), 182 M4 re + Mi.re., 182 M7 li. + Mi.li. + Mi.re., 182 M7 re. (E. Lessing), 183 M8, 184 M1 (E. Lessing), 185 M2 (E. Lessing), 190 M4 + M6 (E. Lessing), 191 M7 (E. Lessing), 200 M2 (E. Lessing), 203 M6, 204 o., 207 M3, 213 M3
© Andia.fr, Pacé: 132 M7 (Mattes)
Arena Verlag, Würzburg: 192 u.
argus, Hamburg: 154 M2 (H. Schwarzbach)
Artothek, Weinheim: 182 M4 Mi.li. (W. Bahnmüller)
Askani, B., Schwetzingen: 20 M6, 65 M3
Augustinermuseum, Freiburg: 175 M3 (H.-P. Vieser)

Batchelor, J.: 127 M7
Baumbusch, U., Heidelberg 93 M3 + M4
Bayerische Staatsbibliothek, München: 34 M2, 68 M2 (Cgm 213, 12v), 204/205 (Hbks/F 15 f. – Übersichtskarte)
Bayerisches Nationalmuseum, München: 62 M1 + M2, 75 M11
Biblioteca Vaticana: 18 M3, 19 M5, 146 M1 Cod. Chigi. L VIII 296, fol. 65v.), 151 M5 (Cod. Chigi L VIII 296, fol. 75r.)
Bibliothèque nationale de France, Paris: Schutzumschlag oben und hinten, 90 M3
Bibliothéque Public, Dijon: 13 M10
Bibliothèque Royale Albert, Brüssel: 39 M5, 86 M7, 164 M1 (H. Tschanz-Hofmann)
Bildarchiv Monheim, Meerbusch: 82 M10 (G. Hagen)
Bildarchiv Preußischer Kulturbesitz, Berlin: 14 M2 (RMN), 18 M2, 19 M4 (Münzkabinett/SMB/K. März), 35 M4, 86 M6, 106/107, 117 M4 (D. Katz), 126 M6, 139 M7 (H. Buresch), 156 M7 (Hamburger Kunsthalle/C. Irrgang), 165 M3 + M4, 170 M5, 176 M6, 183 M9, 202 M2
Bildarchiv Steffens, Mainz: 6/7
Blase, D., Metelen: 159 M5
Bologna, Biblioteca Universitaria Friedrich II. De arte venandi cum avibus: 41 M10 (Ms 717 fol. 125 V: IV.66)
Bridgeman Art Library, London: 35 M3 (Vatikanische Museen und Galerie/Alinari), 76 M1 (Bibliotheque Municipale, Rouen/Lauros/Giraudon), 92 M2 (Centre Historique des Archives Nationales, Paris/Lauros/Giraudon), 112 M2 (© Muzeum Narodowe, Gdansk), 148 M1 (Bibliotheque Sainte-Genevieve, Paris)
Burgerbibliothek, Bern: 146 M2 (cod. 120 II, fol. 138v.)

Chavannes-près-Renens, Archives Cantonales Vaudises: 27 M4 (O. Rubin-Mazzara)

Das Fotoarchiv, Essen: 82 M12 (123luftbild)
Deutsche Stiftung Denkmalschutz, Bonn: 209 M9
Deutscher Taschenbuchverlag, München: 179 M3
Deutsches Historisches Museum, Berlin: 188 M1
Deutsches Schifffahrtsmuseum, Bremerhaven: 77 M5
Domkapitel Aachen: 21 M8 (A. Münchow), 31 M5 (A. Münchow)

Eulenspiegel Verlagsgesellschaft, Berlin: 162 M1

F1 online, Frankfurt/M.: 83 M13 (F. Stenson)
Fabian, M., Hannover: 154 M1
Fotolia.com: Schutzumschlag Mitte (Jgz); 57 M8 o.li. (Bergfee), 76 M2 (D. Freer), 80 M3 (R. Moreau), 81 M6 (R. Moreau), 83 M14 (Randera), 94 M5 (G. Japol), 130 M1 (rm), 131 M3 (photoinsel), 144 u.li. (michaelteupel), 195 o. (PJG) 196 M3 (S. Tokarev), 197 M6 (H. Niklas)
Fürstlich Waldburg-Zeil'sches Gesamtarchiv, Leutkirch: 166 M5

Galleria dell' Academia; Venedig: 114 M8
Germanisches Nationalmuseum, Nürnberg: 66 M7
Geus, E., Gochsheim: 8 M2

Heimatmuseum Schliersee: 205 o.
Herzog Anton Ulrich Museum, Braunschweig: 119 M4 (B.P. Keiser)
Herzog August Bibliothek, Wolfenbüttel: 23 M2 (Cod. Guelf. 3.1 Aug 2°, fol 66 v), 42 M2 (Cod. Guelf. 82.4 Aug. 2°, fol. 80r), 174 M1
Historisches Museum, Frankfurt/M.: 68 M1

imago, Berlin: 197 M5 (A. Neumeier), 198 M1 (PE-MAX). 204 u.re. (imagebroker/Siepmann), 213 M4 (F. Müller)
Institut für Stadtgeschichte, Frankfurt/M.: 44 M6
Interfoto, München: 160 M8 (Sammlung Rauch), 190 M5 (Hermann Historica GmbH), 211 M4 (Roni Schneiders)

Jeiter, M., Morsenich: 38 M2
© JOERGLANTELMÉ, Kassel: 154 M3
Jürgens Ost- und Europa-Photo, Berlin: 159 M3

Keystone Pressedienst, Hamburg: 202 M3 (S. Oelsner)
Kraichau-Verlag, Ubstadt-Weiher: 54 M2
Kriminalmuseum, Rothenburg o.d.T.: 74 M6
Kunsthistorisches Museum Wien: 7 u.li., 29 M9, 30 M1 (SK WS XIII/21), 30 M2 (SK WS XIII 7), 30 M3 (SK WS XIII/1), 48 u. (Reichskreuz) (SK WS XIII/21), 43 M4 (SK WS XIV 122), 48 u. (Heilige Lanze)
Kunstsammlungen der Veste Coburg: 172 M10 o.

Langner + Partner, Hannover: 24 M4, 71 M3, 155 M5, 172 M10 u.
Lotus-Film, Kaufbeuren: 198 M2
Louvre, Paris: 196 M2 (M.-L. Nguyen)

Mailand Civiche Raccolte d'aparte Applicata - Catello Sforzesco: 27 M3 (Inv.-Nr. A15)
Mainfränkisches Museum, Würzburg: 210 M2
mauritius images, Mittenwald: 50/51 (Age), 57 M8 o.re. (imagebroker), 60 M5 (Capa), 144/145 (fm), 164 M2 (imagebroker)

Niedersächsische Staats- und Universitätsbibliothek, Göttingen: 10 M2

OKAPIA KG, Frankfurt/M.: 54 M1, 149 M3
Österreichische Nationalgalerie, Wien: 67 M8

Picture Alliance, Frankfurt/M.: 7 u.re. (ZB/P. Förster), 10 M3 (dpa/M. Schrader), 43 M3 (akg-images/E. Lessing), 110 M5 (akg-images), 118 M1 (akg-images), 120 M1 (akg-images/E. Lessing), 158 M1 (akg-images/Schütze/Rodemann), 194 u.li. (dpa/H. Wieseler)
Presse Foto Design F. Fuchs, Erlangen: 203 M7

Reichert Verlag, Wiesbaden: 13 M9
Rheinisches Bildarchiv, Köln: 78 M8
Ricciarini: 196 M1
Rijksmuseum Amsterdam: 152/153, 180 M1
Rizzoli, Mailand: 58 M2

Scala, Florenz: 108 M2, 109 M4, 112 M1
Schneiders, T., Lindau: 118 M2
Seipelt, A., Vechelde: 25 M8
Staatliche Graphische Sammlung, München: 76 M3, 102 M6
Staatsarchiv Würzburg: 39 M4 (Mainz Domkapitel Urk. 1232 April/I)
Staatsbibiliothek, Bamberg: 58 M1 (Msc. Bibl. 59, 3R), 201 M4 (Msc. Patr. 5, fol. 1v.)
Stadtarchiv Prag: 78 M9
Stadtarchiv Würzburg: 74 M8, 101 M3, 208 M5
Stadtbibiliothek, Nürnberg: 50 u.re. (Amb. 2°, f. 46r.), 72 M1 o. (Amb. 2°, f. 18r.), 72 M1 u. (Amb. 2°, f. 66v.), 73 M3 (Amb. 2°, f. 46r.)
Süddeutsche Zeitung Photo, München: 138 M5, 204 u.li.

Tonn, D., Bovenden: 22 M1, 37 M9 + M10, 48/49 o., 56 M4, 61 M10, 69 M3, 79 M11, 104/105 o., 142/143 o. 155 M4, 192/193 o., 197 M4, 199 M5

transit-Archiv, Leipzig: 96 M2 (H. J. Kuertz)
Trinity College, Cambridge: 200 M1
Trummer, R. Freilassing: 81 M4, 103 M8 u.

ullstein bild, Berlin 25 M7 li. + re. (Archiv Gerstenberg), 103 M8 o. (Archiv Gerstenberg), 116 M2 (Sawatzki), 123 M9 (Imagebroker.net), 158 M2 (Archiv Gerstenberg), 189 M2 (Archiv Gerstenberg), 194/195 (cw.fotodesign)
Universitätsbibliothek, Heidelberg: 61 M9, 99 M7, 100 M2

vario images, Bonn: 133 M8 (J. Ritterbach)
Verkehrsverein Bad Aachen: 18 M1

Wandmacher, I., Bad Schwartau: 15 M3
Weippert, M. Estenfeld: 80 M1, 82 M9, 83 M16, 94 M8, 97 M4, 173 M12, 206 M1, 209 M8, 210 M3, 211 M5 + M6
Westermann Archiv: 198 M3
Widmann, P., Tutzing: 111 M10
Wrba, E., Wiesbaden: 8 M3
Wüpping, J., Essen: 51 u.
www.burgenwelt.de: 57 M8 u.li.

Zentralbibliothek, Zürich: 56 M7 (Rh. 15, fol. 6v)

alle übrigen Karten und Schaubilder: Westermann Kartographie/Technisch Graphische Abteilung, Braunschweig